KB265137

기업의 성공적 발전 MODEL

기업의 성공적 발전 MODEL

초판 1쇄 발행 2015년 12월 12일

지 은 이 문성수
발 행 인 권선복
편집주간 김정웅
내지디자인 용은순
표지디자인 김소영
전 자 책 신미경
마 케 팅 정희철
발 행 처 행복한 에너지
출판등록 제315-2011-000035호
주   소 (157-010) 서울특별시 강서구 화곡로 232
전   화 0505-613-6133
팩   스 0303-0799-1560
홈페이지 www.happybook.or.kr
이 메 일 ksbdata@daum.net

값 15,400원

ISBN 979-11-86673-27-0   13320

Copyright ⓒ 문성수, 2015

* 이 책은 저작권법에 따라 보호받는 저작물이므로 무단전재와 무단복제를 금지하며, 이 책의 내용을 전부 또는 일부를 이용하시려면 반드시 저작권자와 〈행복한 에너지〉의 서면 동의를 받아야 합니다.
* 잘못된 책은 구입하신 곳에서 바꾸어 드립니다.

행복한 에너지는 독자 여러분의 아이디어와 원고 투고를 기다립니다. 책으로 만들기를 원하는 콘텐츠가 있으신 분은 이메일이나 홈페이지를 통해 간단한 기획서와 기획의도, 연락처 등을 보내주십시오. 행복한 에너지의 문은 언제나 활짝 열려 있습니다.

기업의 성공적 발전 MODEL

문성수 지음

행복한 에너지

　중소형 가족기업(家族企業)을 경영하는 기업가를 위하여 이 글을 쓴다. 나 스스로 창업하고 – 때로는 물려받은 경우도 있다 – 내가 직접 경영하는 기업을 필자는 가족기업(家族企業)이라 부른다. 중소형은 규모에 관한 용어이므로 중소형 가족기업이라고 하면 창업을 하여 경영하고 있으나 아직 대기업에 진입하지 못한 중소규모의 가족기업을 말한다.

　필자가 굳이 중소형 가족기업의 기업가를 위하여 이 글을 쓰는 이유는 각별하다. 필자는 70년대 전반부터 90년대 초반까지 회사의 종업원으로 근무하면서 중소형 가족기업(家族企業)이 중견기업을 거쳐 대기업으로 성장해 가는 과정을 직접 보고 겪었다. 당시에는 당연히 그런 것이려니 여겼었다. 어느 기업이나 세월과 함께 커지고 그러다 보면 대기업이 되는 줄로 생각했었다.

　회사를 퇴직한 후 오늘에 이르기까지 기업의 경영 고문(顧問)으로 일하며 여러 회사를 겪어 본 결과, 필자의 생각이 대단히 어리석은 것이었음을 깨닫게 되었다. 중소형 가족기업이 대기업으로 성장하기 위해서는 얼마나 험난한 과정을 겪어야 하는지를 지켜보면서 필자는 때때로 30여 년 전의 직장으로 돌아가곤 한다. 그 당시 너무나 당연하게 여겼던 사건 하나하나가 사실은 절묘한 수순에 의해

진행된, 대기업으로 성장하는 과정이었음을 깨닫는 순간 필자는 경탄하지 않을 수 없었다. 그러한 깨달음이 필자가 지금의 일을 하는 데에 많은 도움이 되었다.

필자는 경영학 관련 서적을 뒤적거려본다. 젊은 시절, 회사에 근무하면서 보고 겪었던 대기업으로 성장해가는 과정에 관한 내용을 학문적으로 확인해보고 싶기 때문이다. 그러나 이는 부질없는 짓이다. 경영학 관련 서적 어느 구석에도 그런 내용은 없다. 경영학은 중소기업이 대기업으로 성장하는 과정에 대하여는 관심이 없다. 경영학의 관심은 이미 대기업이 되어 있는 경영 조직에 쏠려 있다.

서양 중심의 경영학이란 경영자를 위한 학문이지 기업가를 위한 학문이 아니다.(경영학에서 말하는 경영자는 소유와 경영이 분리된 상태에 있는 기업에서 일하는 전문 경영자이다. 동양에서 주류를 이루고 있는 가족기업의 주인과는 거리가 멀다) 물론 경영학의 학습 내용 중에 기업가에게 도움이 될 수 있는 지식이 전혀 없다고 말하기는 어렵다. 경영자를 위한 지식과 기업가를 위한 지식이 섞여있는 것이 사실이다. 그러나 경영자 부분이 압도적으로 많다. 기업가 부분이 조금 있다고는 하나 그것도 알고 보면 기업가 영역과 경영자 영역의 공통부분에 해당하는 것이다. 중요한 점은 경영학이 대기업을 위한 학문이라는 것이다. 중소형 가족기업의 기업가를 위해 지면을 할애할 이유가 없는 것이다.

중소형 가족기업의 문제는 경영대학의 교육내용에서 소외되어 있다. 경영학 교재에서도 다루지 않는다. 중소기업 경영론이라는 제목의 대학 교재용 서적이 몇 권 있기는 하나 내용을 보면 중소기업 경영을 위한 전문 서적이라고 말하기 어렵다. 대기업은 중소기업을 확대한 것이 아니며, 중소기업 또한 대기업의 축소형이 아니다. 중소기업과 대기업은 종이 다른 상이한 개체개념이다. 그러므로 대기업을 위해서 준비된 경영학 이론을, 규모를 감안하여 원용한다고 해서 중소기업 경영론이 되는 것은 아니다.

대학의 교재뿐만 아니라 서점의 서가를 빽빽하게 채우고 있는 인사, 재무, 마케팅 등 각종 전략부문의 전문서적들도 대기업을 위한 내용뿐이다. 서방 세계의 경영학의 대가들, 저명한 경영학 교수들 모두 대기업의 경영에 초점을 맞추고 있다. 대기업이라고 해도 단일 품목을 고수하는 전문 기업이 아니라 사업이 다각화되어 있는 세계적 기업을 다루고 있다.

대기업은 어디서 생겨난 것인가? 중소기업이 자라서 대기업이 되는 것이 정상적인 현상일 것이다. 대기업은 태어날 때부터 대기업이고 중소기업은 영원히 중소기업에 머물러있을 수밖에 없다면 국가, 사회의 경제는 활력을 잃을 것이다. 불행히도 그러한 현상이 지금 우리 사회에 나타나고 있다.

세기가 바뀌던 전환기의 10년을 보자. 약 1800개의 상장기업 중 1999년의 중소기업(상시 종업원 300명 미만 기준) 중에서 10년 후인 2009년에 대기업(상시 종업원 1,000명 이상 기준)으로 성장한 기업은 웅진코웨이, 엔씨소프트 등 5개사뿐이다. 중견기업(상시 종업원 300~1,000명 미만 기준)에서 대기업으로 진입한 기업도 고작 16개사뿐이다. 10년 동안 대기업으로 성장한 회사가 중소기업, 중견기업 다 합쳐봐도 21개사에 불과하다는 이야기이다. 고작 1%, 상장기업의 1% 정도가 10년 동안 천신만고(千辛萬苦) 끝에 대기업이 된 것이다. 중소기업이 중견기업으로, 다시 중견기업이 대기업으로 변신하던 7~80년대의 '기업 성장 신화'가 사라져버린 것이다.

이러한 현상은 지금도 크게 달라진 것이 없다. 경제 구조는 대기업과 중소기업으로 이원화되고 쌍방 간의 갈등이 심화되어, 여간해서는 해결될 것 같지 않은 악순환(惡循環)이 여전히 계속되고 있다. 대기업은 중소기업에게 고통을 떠넘기고 있고 중소기업은 대기업을 원망한다. 이를 해결하기 위하여 정부가 개입해야 한다고 생각하는 사람도 적지 않다. 그러나 정부의 개입 강도가 강해지면 – 이 문제를 해결하려다 보면 개입 강도가 강해지지 않을 수 없다. 그렇게 하지 않으면 유야무야(有耶無耶)되어 버리기 십상이기 때문이다. – 통제경제나 다를 바 없어져서 시장기능을 상실할 우려가 있다. 그렇게 되면 시장경제는 붕괴된다.

필요한 것은 정부의 직접적인 시장개입이 아니라 중소기업이 건강하게 존속할 수 있도록 건전한 시장 풍토를 조성해주는 것이다. 장기적으로 성장할 수 있는 환경과 여건을 조성해주는 것이다. 그러나 훌륭한 국가정책만으로 충분하다면 기업가가 왜 필요한가? 정치가만 있으면 족하지 아니하겠는가?

상공부 중소기업과가 신설된 것이 1960년이다. 이듬해인 1961년 12월에 중소기업은행(中小企業銀行)이 설립되었다. 이후 반세기 동안 금융지원제도를 비롯하여 중소기업을 위한 여러 가지 정책들이 심심치 않게 발표되었다. 국가 경제를 위해 열심히 일하고 있는 관료들에게는 미안한 말이지만 정부의 중소기업 관련 정책들이 얼마나 실효를 거두고 있는지 심히 의문스럽다.

중소기업의 기업가에게 지금 필요한 것은 정부의 정책이나 지원을 기다리는 것이 아니라 자력(自力)으로 성장할 수 있는 역량을 갖는 것이다. 자력으로 관문을 뚫고 강한 기업으로 변신할 수 있는 힘을 기르는 것이다. 기업이 어떻게 해야 강하게 성장할 수 있으며, 어떻게 해야 성장한 후 건강하게 존속할 수 있는가? 이 질문에 대한 해답을 찾고자 하는 간절한 마음으로 이 글을 쓴다.

- 문성수

목차

3장 청년기 기업의 존속

Successful development model of enterprise

기업의 탄생과 기업가

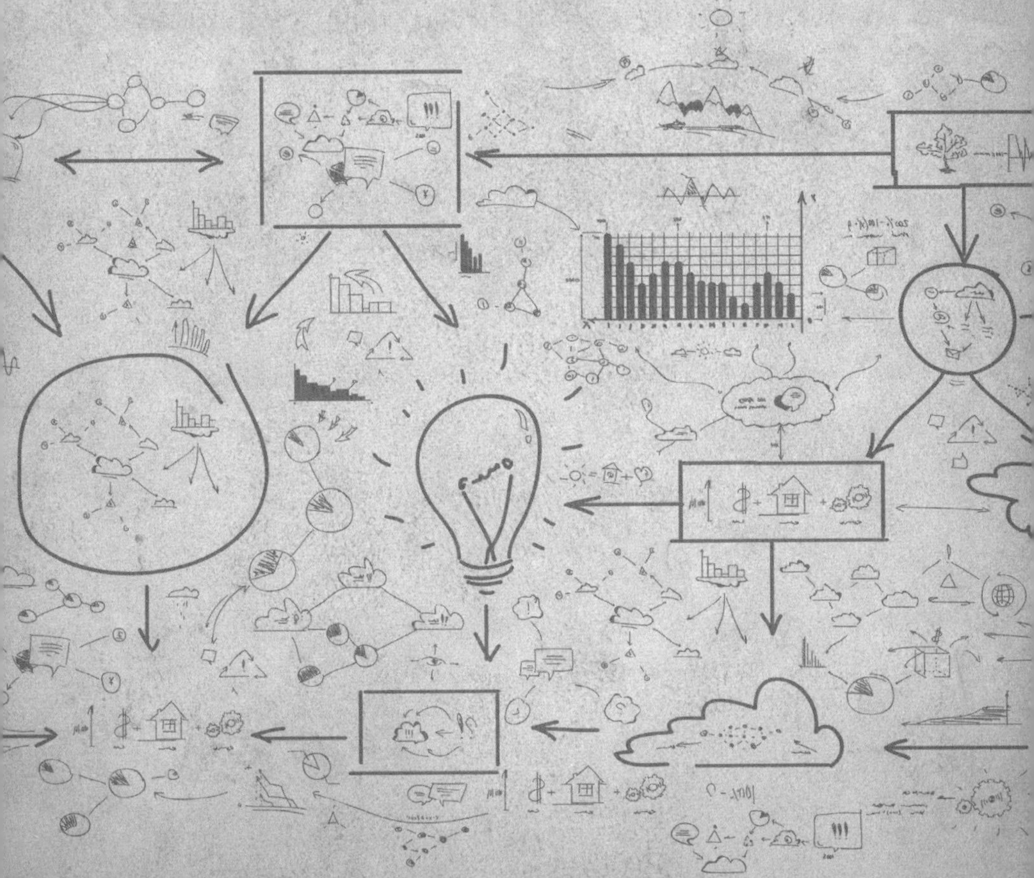

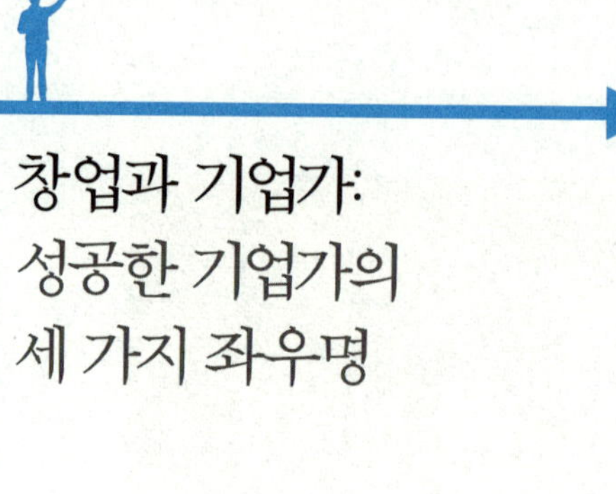

창업과 기업가:
성공한 기업가의
세 가지 좌우명

　기업은 기업가의 창업에 의해 탄생하는 실체이다. 그리고 창업과 함께 기업가가 탄생한다. 그러므로 기업의 탄생과 기업가의 탄생은 동시에 일어난다. 기업이 기업가이고 기업가가 기업 그 자체인 것이다.

　창업은 아무나 할 수 있는 것이 아니다. 게다가 모든 창업이 성공하는 것은 더더욱 아니다. 창업의 성공률은 지극히 낮다. 모처럼 한 차례 성공을 거두었다고 해도 오래가지 못한다. 창업이 번듯한 중견 기업으로 윤곽을 갖추기까지, 기업가는 무수한 문제에 부딪치게 된다. 그 과정 속에서 기업가는 무수히 많은 부분적 실패와 좌절을 겪는다. 그러나 결국은 일어서서 걷는다. 그들이 지금 우리 앞에 서 있는 기업가들이다.

　성공한 기업가의 좌우명은 이러하다.

1) 인생에 있어서 영원한 실패는 없다.

2) 문제는 많다. 그러나 해결할 수 없는 문제는 없다. 해결 방법
   의 수가 문제의 수보다 항상 더 많기 때문이다.

3) 가장 어려운 시기는 아직 도래하지 않았다. 그러나 언젠가는
   도래할 것이다.

기업가는 창업 이후 부딪치는 모든 문제를 스스로의 힘으로 풀
어야 한다. 기업가를 대신하여 짐을 짊어질 사람은 어디에도 없다.
그러므로 기업가의 길은 외롭고 고통스러운 길이다. 화려한 꽃마차
나 두툼한 돈방석부터 떠올리는 것은 망상이다.

창업을 한다고 해서 모두 기업가가 되는 것은 아니다. 단지 먹고
살기 위한 방편으로, 혹은 약간의 돈을 벌기 위하여 창업을 할 수도
있다. 동기가 어떠하든 창업은 창업이다. 그렇더라도 창업의 목적
을 확실히 해 둘 필요는 있다. 물론 목적에 따라 추구하는 것도, 추
진하는 방법도 달라야 한다.

창업의 목적과 관련하여 결정되는 중요한 내용 중 하나는 기업
의 규모이다. 창업 당시의 규모가 아니라 먼 훗날의 규모이다. 기
업의 규모는 사업이 잘 되면 커지고, 잘 되지 않으면 커지지 않
는 그런 것이 아니다. 창업의 목적이 단지 한 식구 먹고 살기 위한
것이라면 구태여 규모를 키울 필요가 없다. 작은 규모로 하되 위
험 부담만 없으면 그만인 것이다. 빚을 지고 금융을 일으키면서까
지 위험 부담을 안을 필요가 없는 것이다. 이따금 "하다 보니 여기

까지 오게 되었다."라고 말하는 기업가를 만나게 되는데 진심이 아닐 것이다. 만일 사실이 그렇다면 뒤늦게라도 생각을 정리할 필요가 있다.

만일 당신이 단지 한 식구 먹고 살기 위해 창업을 한 경우라면 당신은 이 책의 「제1장」만을 읽는 것으로 충분할 것이다. 필요하지 않은 많은 지식이나 지나친 권고는 당신을 피곤하게 할 뿐이다. 그러나 당신이 대기업의 주인이 되는 것을 목표로 하는 기업가라면 당신은 인내심을 갖고 적어도 이 책의 「제5장」까지는 읽어두는 것이 도움이 될 것이다.

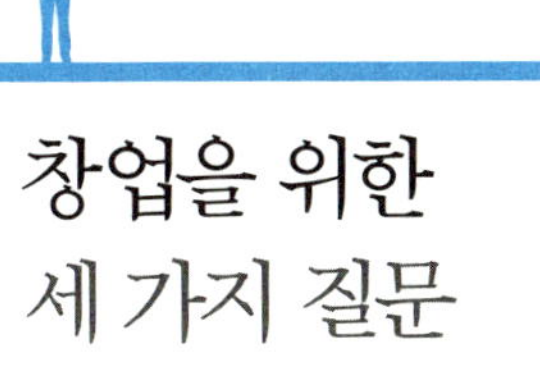

창업을 위한
세 가지 질문

당신이 창업을 할 생각이라면 우선 자신에게 세 가지 질문을 해 보라. 만일 세 가지 질문에 답하는 데 있어서 약간의 머뭇거림이라도 있다면 당신은 현재의 계획을 보류하는 편이 좋을 것이다.

질문 1) 지금 하려는 창업은 스스로 원해서 하는 것인가? 혹시 마지못해서 하는 것은 아닌가?

질문 2) 지금 하려는 업종은 내가 좋아하는 부문인가? 혹시 좋아하는 부문은 아니지만 잘되는 업종이라는 소문 또는 정보에 의한 결정은 아닌가?

질문 3) 지금 하려는 업종은 내가 잘 알고 있는 나의 전문 분야인가? 혹시 나의 전문 분야는 아니지만 유력한 협조자가 있어서 그에게 의지하려는 것은 아닌가?

상기 세 가지 질문은 창업을 구상하는 예비 기업가는 물론, 현재 사업 중인 중소기업의 기업가(특히 창업 2세인 중소기업의 기업가)에게도 매우 중요한 질문이다. 당신이 중소기업의 기업가라면 약간 수정된 세 가지 질문을 스스로에게 해 볼 것을 권고한다. 만일 세 가지 질문에 대한 대답이 회의적이라면 당신은 사업을 정리하거나 적어도 축소할 것을 고려해야 할 필요가 있다.

질문 1) 지금 하고 있는 사업은 스스로 원해서 하는 것인가? 혹시 마지못해 하고 있는 것은 아닌가?

질문 2) 지금 하고 있는 업종은 내가 좋아하는 부문인가? 혹시 좋아하는 부문은 아니지만 업종 전환이 용이하지 않아서 끌려가고 있는 것은 아닌가?

질문 3) 지금 하고 있는 업종은 내가 잘 알고 있는 나의 전문 분야인가? 혹시 나의 전문 분야는 아니지만 유력한 협조자가 있어서 그에게 의지하고 있는 것은 아닌가?

상기 세 가지 질문은 현재 사업 중인 중소기업의 기업가가 새로운 사업의 추가 여부를 결정하는 데 있어서도 매우 중요한 질문이다. 당신이 새로운 사업의 추가를 검토 중인 중소기업의 기업가라면 약간 수정된 세 가지 질문을 스스로에게 해 볼 것을 권고한다. 만일 세 가지 질문에 답하는 데 있어서 약간의 머뭇거림이라도 있다면 당신은 현재의 계획을 보류하는 편이 좋을 것이다.

질문 1) 지금 추가하려는 사업은 스스로 원해서 하는 것인가? 혹시 충동적으로 또는 어쩔 수 없어서 하려는 것은 아닌가?

질문 2) 지금 추가하려는 사업은 내가 좋아하는 부문인가? 혹시 좋아하는 부문은 아니지만 유망하다는 소문 또는 정보에 의한 결정은 아닌가?

질문 3) 지금 추가하려는 사업은 내가 잘 알고 있는 나의 전문 분야인가? 혹시 나의 전문 분야는 아니지만 유력한 협조자가 있어서 그에게 의지하려는 것은 아닌가?

상기 세 가지 질문이 창업을 구상하는 예비 기업가뿐만 아니라 사업의 추가를 검토 중인 중소기업의 기업가에게도 똑같이 유효한 이유는 사업 중인 중소기업에 있어서 새로운 사업에 대한 투자는 창업이나 다를 바 없기 때문이다. 규모가 작은 중소기업이 새로운 투자에서 실패할 경우에는 기존의 사업 기반도 위태로워진다. 그러므로 중소기업의 기업가는 새로운 사업을 검토함에 있어서 창업 당시와 같은 초심을 견지하여야 한다.

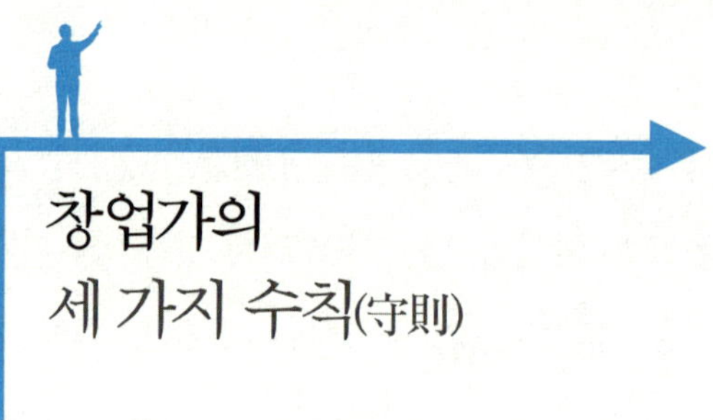

창업가의
세 가지 수칙(守則)

창업에 크게 성공하지는 못하더라도 적어도 실패하지는 말아야 한다. 그래야 상황이 여의치 않더라도 기회를 기다릴 수 있고, 훗날을 기약할 수 있다. 창업의 실패를 방지하기 위해 지켜야 할 최소한의 규칙을 소개한다.

수칙 1) 3현(三現) 원칙을 준수할 것

어떤 사업을 막론하고 책상에 앉아서 머리만 굴리는 것으로는 성공하기 어렵다. 사업을 벌일 현지(現地)에 가서 현황(現況)을 파악하고 현물(現物)을 직접 확인해야 한다. 너무나 당연한 이야기를 왜 하느냐? 그렇지 않다. 사소한 물건을 사는 일조차 통신 판매 등은 믿지 않고 3현(三現) 원칙을 주장하면서, 거금을 투자하는 부동산 매입에 있어서는 현지에 가서 현물을 보지도 않고 덜컥 계약을 한다. 도둑이 들려면 개도 짖지 않는다고 일이 잘못되는 경우에는 현물을 확인해 보라고 충고 한마디 해 주는 사람도 없다. 창업(또는 중소기업의 신규 사업)에 있어서 3현(三現)의 중요성은 아무리 강조해도 지나치지 않는다. 홍보용 안내문이나 그럴듯한 말만 믿고 일을 저지르면 필패(必敗)한다.

수칙 2) 적어도 3개월의 운전(運轉) 자금을 확보할 것

자금(資金)은 많을수록 좋다. 자금이 많을수록 성공할 수 있는 기회도 많아진다. 그러므로 많은 것은 걱정할 필요가 없다. 문제는 자금이 넉넉하지 않을 때이다. 이러한 경우 확보해야 할 최소한의 자금은 얼마인가? 한 마디로 단언하기 어려우나 경험적 수치로 말한다면 3개월 운전 자금 정도이다. 그 누가 운전 자금도 없이 사업을 하겠는가? 그렇지 않다. 적지 않은 사업가들이 운전 자금이 확보되지 않은 상황에서도 사업을 한다. 그런 류(類)의 사업가에게는 생산 설비만 확보되면 그만이다. 원재료는 외상으로 매입하고 월말에 한 달 치를 합산하여 어음으로 준다. 어음이 만기가 될 때쯤이면 그동안 판매한 제품의 대금이 회수되니 그 돈으로 어음을 결제하면 된다. 이론상으로는 문제가 없다. 사건은 제품 판매가 원활하지 않을 경우에 발생한다. 어음의 만기는 도래했는데 판매 부진으로 어음을 결제할 재원(財源)이 부족해지는 사태가 발생하는 것이다.

제품 판매가 원활한 경우라고 해서 문제가 전혀 없다고는 단언할 수 없다. 내가 원재료를 외상 매입하고 월말에 합산하여 어음을 끊어 주듯이 나의 고객도 나의 제품을 외상 매입하고 월말에 합산하여 어음을 끊어준다. 만일 고객으로부터 받은 어음이 부도 어음이라면 내가 발행한 어음도 부도 어음이 될 공산이 크다.(불특정 다수를 대상으로 현금 판매를 주로 하는 구멍가게라면 이런 종류의 위험에서 벗어날 수 있는 것이 장점이다)

여러 가지 측면에서 의지할 곳이 확실하지 않은 창업 기업의 경우, 자금에 문제가 생기면 그 여파는 바로 사업 중단으로 이어진다. 그러면 창업은 실패하는 것이다. 이러한 때에 사업의 명맥을 이어주고 재기의 기회를 노릴 수 있는 시간을 벌게 해 주는 것이 3개월 운전 자금이다. 기업가의 자금 관리 중 3개월 운전 자금의 확보는 기본 중에 기본이다. 그럼에도 불구하고 적지 않은 중소기업의 기업가들이 이를 무시한 채로 태연히 사업을 진행하고 있다. 대단한 뱃장이 아닐 수 없다.

수칙 3) 돈을 사랑하되 탐하지 말 것

기업가가 되려면 돈을 사랑해야 한다. 돈 싫어하는 사람이 어디에 있겠는가마는 돈을 좋아한다고 해서 모두가 돈을 사랑하는 것이라고 말할 수는 없다. 돈을 사랑한다는 것은 특별한 개념이다. 그것은 사람을 사랑하는 것과 크게 다를 바 없다. 사랑한다는 것은 무작정 가지려고 탐하는 것과는 근본적으로 다르다. 돈을 사랑하는 기업가는 돈을 얻기 위해 서두르지 않는다. 기회를 기다리며 참을 줄도 알고, 돈을 빨리 벌기 위해 부하를 채찍질하지 않는다.

돈을 사랑하는 것과 돈을 탐하는 것과는 근본적인 개념부터 다르다. 그중에서 중요한 개념은 악한 생각과 의롭지 않은 방법에 관한 것이다. 기업가가 돈을 벌기 위하여 어쩔 수 없이 의롭지 않은 방법을 사용하였다면 그는 돈을 탐한 것이며, 돈을 사랑한 것이라고 말할 수 없다. 만일 기업가가 돈을 벌기 위하여 악한 생각을 하고, 의도적으로 의롭지 않은 방법을 사용하였다면 그는 돈을 탐한 나머지 범죄 행위를 한 것이다. 범죄 행위로 돈을 번다면 이는 사업이라고 하기 어렵다. 예컨대 국민 건강을 해치는 불량식품이나 유통기한을 넘긴 식품을 판매하는 행위는 돈을 탐한 자에 의하여 저질러진 범죄 행위인 것이다.

이상 서술한 세 가지 항목은 창업을 통하여 기업가가 되려는 사람은 물론, 어떤 경로로든 이미 기업가의 위치에 있는 사람이라면 마땅히 지켜야 할 원칙인 바, 필자는 이를 창업가의 세 가지 수칙(守則)이라 칭하고, 창업을 위한 세 가지 질문과 함께 중요시하는 것이다.

창업가가
갖추어야 할
세 가지 기본 지식

기업가의 소질은 타고나는 것이며 훈련에 의해 배양되지 않는다는 것이 필자의 견해이다. 그러나 기업가의 소질은 기업가가 되기 위한 필요조건일 뿐 필요충분조건은 아니다. 비록 기업가의 소질을 타고 났다고 해도, 타고난 소질만으로 창업을 성공적으로 이끌 수 있는 것은 아니다. 성공적인 창업을 위하여 창업가는 기업가의 소질에 더하여 적어도 기업 경영에 관련된 기본 지식을 어느 정도는 숙지하고 있어야 한다. 열거하자면 많겠지만 가장 기본적인 분야는 다음의 세 가지로 압축된다.

1) 제품(또는 서비스)에 관한 지식

창업을 위한 세 가지 질문 중 '질문 3)'과 관련된 사항이다. 창업하려는 업종은 내가 좋아하는 부문일 뿐만 아니라 제품에 대하여도 잘 알고 있어야 한다. 내용도 모르면서 막연히 좋아하기만 해서는 곤란하다.(만일 그렇다면 창업은 실패할 확률이 매우 높다) 제품에 대한 지식은 매우 광범위한 것이지만 핵심적인 것은 제품의 기능과 용도, 그리고 특성이다. 부차적으로 재료 특성, 공정, 중요한 생산 조건 등을 알고 있어야 할 것이다.

2) 시장에 관한 지식

시장(市場)은 수요자와 공급자가 만나는 곳이다. 사는 사람과 파는 사람이 모인 곳이다. 그러므로 시장에 관한 지식은 사는 사람과 파는 사람에 관한 지식이다. 나의 제품과 같거나 유사한(= 용도의 대체성이 있는) 제품을 파는 사람이 누구이며, 얼마나 있으며, 그들이 파는 방법은 어떠한가? 제품을 사는 사람은 누구이며, 얼마나 있으며, 그들이 사는 이유는 무엇인가? 우선은 이 정도의 지식이면 된다. 더 깊은 내용은 사업을 해 가면서 터득하면 된다. 처음부터 고수(高手)가 되기를 바라는 것은 무리이다.

3) 가격 결정에 관한 지식

가격은 시장에서 존재하는 모든 요소 중 가장 중요한 요소이다. 소비자들의 소득이 늘어나고 생활수준이 높아짐에 따라 품질, 디자인 등 비가격요인의 중요도가 높아지고 있는 것은 사실이지만 구매자들이 제품을 사는 이유가 같은 경우라면, 가격은 구매자의 선택을 좌우하는 가장 중요한 요인이 된다. 게다가 가격은 판매자인 당신의 입장에서 보면 유일한 수입 요인이다. 가격을 너무 높게 정하면 당신은 한 푼의 수입도 얻지 못할 수 있다. 한편 가격을 너무 낮게 정하면 당신은 일시적으로 많은 수입을 얻을 수 있겠지만, 그 수입이 원가와 비용을 충당하지 못한다면 당신은 기업을 지탱하기 어렵게 될 것이다.

그렇다면 가격은 어떻게 정하는 것이 옳은 것인가? 이 질문에 대한 정답은 없다. 그러나 마케팅의 목적을 먼저 결정한다면 그 답은 저절로 얻어질 것이다. 공급과잉의 격렬한 경쟁 상태에서 최소한의 생존이 목적인가? 기존 시장에 침투하여 매출 성장률을 극대화하는 것이 목적인가? 높은 품질을 인정받고 높은 이익을 확보하는 것이 목적인가? 당신의 가격 정책은 마케팅의 목적에 따라 달라질 것이다. 그러므로 가격 결정에 앞서서 마케팅의 목적을 먼저 결정할 필요가 있는 것이다.

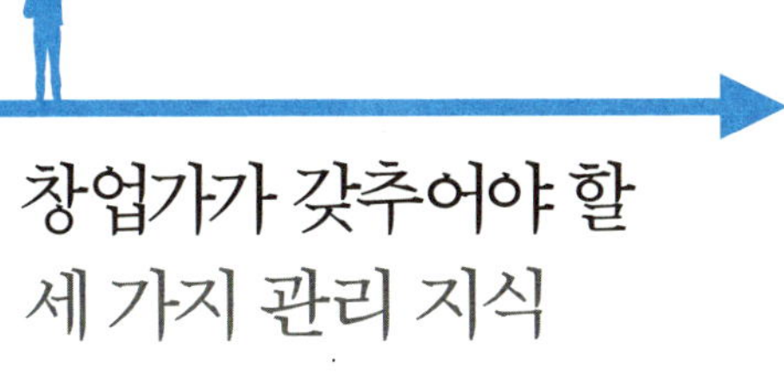

창업가가 갖추어야 할
세 가지 관리 지식

창업가는 위에서 언급한 세 가지 기본 지식에 더하여 기업 관리에 필요한 최소한의 관리 지식을 어느 정도는 숙지하고 있어야 한다. 열거하자면 많겠지만 가장 기본적인 분야는 다음의 세 가지로 압축된다.

1) 자금 흐름에 관한 지식

자금은 기업의 핏줄이다. 자금이 돌지 않으면 혈액 순환을 멈춘 동물처럼 기업은 생을 마감한다. 그러므로 대부분의 노련한 기업가는 자금의 흐름이 원활한지의 여부를 본능적으로 감지한다. 그들은 오랜 세월을 겪어 오면서 자금 경색(梗塞)으로 인하여 여러 번 죽을 고비를 넘긴 경험이 있기 때문이다. 그러나 창업한 지 얼마 되지 않은 초년생 기업가는 자금 경색이라고 해도 아직 실감이 나지 않는다. 심지어는 여러 해 동안 사업을 해 온 기업가 중에도 자금의 중요성을 간과하고 있는 경우를 간혹 볼 수 있다. 아마도 창업 이후 한 번도 자금으로 인한 고통을 겪어보지 않아서일 것이다.(운이 대단히 좋은 경우라 하겠다)

자기 자본과 고정 부채의 범위를 넘어서는 설비 투자는 자금 경색을 일으키는 주범(主犯)이다. 기업의 규모를 키우려는 욕심에 단기 금융으로 투자를 하면 사업의 귀재(鬼才)라 해도 자금 압박에서 벗어나기 어렵다. 큰 이익을 얻으려는 욕심에 기업의 규모에 비해 지나치게 큰 신규 사업에 뛰어 들면 사업의 귀재라 해도 자금 압박에서 벗어나기 어렵다. 순간적인 욕심이 자금 압박을 불러온다. 자금 압박으로 인하여 속이 바짝바짝 타들어가는 고통스러운 경험을 해 본 기업가라면 잘 알 것이다. 다시는 그러한 무모한 결정을 하지 않겠노라고 다짐했을 것이다. 기업가라면 돈을 사랑하되 탐하지는 말아야 한다.

2) 재무 회계에 관한 지식

기업 활동의 결과를 숫자로 나타낸 것이 재무제표(財務諸表)이다. 재무제표는 기업의 건강 진단 보고서이다. 대차대조표(貸借對照表)는 일정 시점에서의 건강 상태를 보여 주며, 손익계산서(損益計算書)는 일정 기간 동안의 경과를 보여 준다. 기업가라면 재무제표를 작성하지는 않더라도 볼 줄은 알아야 한다. 그래야 기업의 건강 상태를 파악하고 조치할 수 있지 않겠는가?

물론 재무제표는 재무 회계의 일부에 불과하다. 재무제표를 읽을 수 있다고 해서 대단해 할 일은 아니다. 경영자, 관리자, 경리부서 직원은 물론, 국가 기관의 공무원, 주식 투자가, 비즈니스맨 등이 대부분 재무제표와 친숙해진 지 오래되었다. 미래의 기업가를 꿈꾸는 창업 준비자라면 말할 필요가 있겠는가?

재무제표 보는 법을 익힌 후 여유가 있다면 재무 회계의 각론에 약간만 접근해 보자. 자산(資産)의 증감과 부채(負債)의 증감과의 연관성, 감가상각(減價償却)과 자금 유입의 관계, 자사 제품의 고정비(固定費)와 변동비(變動費)의 구성 등 기업 경영과 밀접한 관계가 있는 몇 가지 내용만으로 충분하다. 재무 회계와 관련된 내용을 회계 전문가들만의 영역으로 생각하면 곤란하다. 숫자만 나오면 머리가 아프다는 사람은 기업가의 길을 포기하는 것이 좋다.

기업가의 길은 숫자와의 싸움이다. 1원을 다투고 0.1%를 다투어야 한다. 숫자가 귀찮아지고 숫자에 밀리면 기업가는 끝이다.

3) 노동관계에 관한 지식

기업은 사람이다. 사람이 가장 중요한 자원이다. 두 회사가 똑같은 설비를 갖추고, 똑같은 원재료를 사용하지만, 사람으로 인하여 제품이 달라지고, 사람으로 인하여 승부가 난다. 사람 때문에 흥하기도 하고 사람 때문에 망하기도 하는 것이다.

창업 초기에는 필요한 인원을 창업가와 그의 주변 사람으로 충당하던 기업이라도 규모가 커지게 되면 생소한 사람들이 유입되는 것은 자연스러운 과정이다. 이 과정에서 사람과 사람과의 마찰이 생기고 충돌이 생길 수 있다. 사람을 채용하고, 업무를 주고, 실적을 평가하고, 실적에 따른 보상을 하는 일련의 과정은 그리 간단한 것이 아니다.

상하 수직 관계, 좌우 수평 관계에서 일어나는 마찰과 충돌은 때로는 구성원의 사기와 근무 의욕을 떨어뜨리고, 심한 경우에는 구성원의 이탈(= 퇴직)로도 이어진다.

사람을 모으고 사람을 잘 쓰는 것은 기업가가 갖추어야 할 중요한 덕목(德目)이다. 기업가 혼자서는 아무 일도 할 수 없다. 단, 용인(用人)에 있어서 간과해서는 안 될 한 가지 사실은 "군자(君子)는 귀하고 소인(小人)은 흔하다"는 것이다. 기업가에게 노동관계에 관한 지식이 필요한 것은 바로 이 때문이다.

합작 투자자의
세 가지 조건

합작 투자라 하면 일단 자금 방면을 떠올리게 된다. 사업에 필요한 자본이 부족할 때 합작할 투자자를 찾게 된다. 그러나 자본이 충분한 경우라도 합작할 투자자를 찾는 경우가 있다. 합작을 하는 이유는 매우 다양하다. 자본과 자본의 결합을 비롯하여 자본과 생산 기술, 자본과 마케팅 능력, 생산 기술과 시장 지배력 등 다양한 요소들이 상호 결합하면서 합작 투자를 성립시킨다.(이러한 이야기를 더 깊이 파고드는 것은 본서의 저술 목적과 멀어짐으로 이 정도로 하자)

합작 투자와 관련하여 필자가 말하려고 하는 것은 합작 투자자라는 인물에 관한 것이다. 어떤 이유에서 합작을 하게 되었으며 그 과정은 타당한 것인가 등의 문제는 별도의 과제가 될 것이다. 본 장(章)의 서술 목적이 성공적인 창업을 위한 것이므로 창업의 성패와 깊은 관계가 있는 합작 투자자에 관하여 지면을 할애하지 않을 수 없다.

합작 투자자가 당신의 성공적인 창업을 위하여 도움이 되는 상대인가를 판별하기 위하여 적어도 세 가지 조건을 확인해 볼 것을 권고한다. 여기서 말하는 합작 투자자는 당신과 함께 직접 경영에 참여하는 합작 투자자를 말한다.(단지 자본만 투자하고 경영에는 참여하지 않는 경우는 고려할 필요가 없다)

첫째, 당신들 두 사람은 모두 꿈을 가지고 있는가? 그리고 당신은 그의 꿈을 믿고 그는 당신의 꿈을 믿고 있는가? 당신이 창업을 생각한 이상 당신은 꿈을 가지고 있을 것이다. 그런데 당신과 합작을 생각하는 그도 꿈을 가지고 있는지는 확실하지 않다. 만일 그가 다른 생각을 하고 있다면, 그래서 서로의 꿈을 믿지 않는다면, 당신들 두 사람은 서로를 이용할 수 있을지는 몰라도 성공적인 창업을 기대하기는 어렵다. 초기에 성공한다 해도 머지않아서 결별할 것이다.

둘째, 당신의 합작 투자자는 학습에 대한 의욕이 강한가? 이 질문은 당신에 대한 질문이기도 하다. 창업을 하면 수많은 문제와 부딪치게 된다. 대부분이 이전에 겪어보지 못했던 새로운 문제일 것이다. 사업장을 구하고, 법인을 설립하고, 회계 장부를 구비하고, 세무 관련 업무를 파악해 두어야 할 것이다. 잘 아는 것 같았던 시장(市場)도 막상 부딪쳐 보면 모르는 것 투성이이고, 어제까지만 해도 유효했던 지식이 하루 사이에 진부한 것으로 변해버린다. 한편 배우면서 처리하다 보면 지치기도 한다. 이때 필요한 것이 왕성한 학습의욕이다. 이것만이 새로운 문제를 해결하느라고 지쳐버린 당신을 지탱해 줄 수 있다. 당신의 합작 투자자가 당신처럼 왕성한 학습의욕을 갖고 있다면 당신들의 힘은 더욱 강해질 것이며, 그렇지 않은 경우라면 서로의 힘은 약화될 것이다.

셋째, 당신의 합작 투자자는 신의(信義)가 있는가? 신의는 상업의 근본이다. 상업은 신의로부터 시작해서 신의로 귀결된다. 품질, 납기, 결재일을 지키는 것 등이 모두 신의이다. 당신의 합작 투자자가 말하는 것이 수시로 바뀐다면, 그는 비열한 정치가가 될 소질은 있을는지 몰라도 훌륭한 기업가와는 거리가 먼 사람이다.

이상 세 가지 조건 이외에 필자는 하나의 단서 조항을 첨언하지 않을 수 없다. 이것은 추가적인 조건은 아니다. 경우에 따라서는 아무런 장애가 되지 않을 수도 있다. 그러나 장애로 나타날 때는 감당하기 어렵다. 필자가 말하고자 하는 것은 '가치관의 충돌'이다. 특히 종교적 이유로 가치관의 충돌이 일어나면 문제가 심각해진다. 이 문제는 두 사람의 소양(素養)에 관한 문제일 수도 있다. 저마다 자기의 것을 지키되, 상대방의 가치관을 존중하고 자신의 가치관을 상대방에게 강요하지 않는다면 아무런 문제도 일어나지 않을 것이다. 그러나 아무래도 불편한 것은 사실이다. 노력하면 극복할 수는 있지만 스트레스를 수반하는 것이라면 구태여 자초할 것까지는 없는 일이 아니겠는가?

　기업을 경영하면서 기업가가 받는 스트레스는 기업의 어느 누구
보다도 크다. 합작 투자자는 또 하나의 창업가이다. 생사고락을 함
께할 동료이며 동반자이다. 어려울 때는 서로를 격려해 주고 서로
힘이 되어 주어야 한다. 그래야 할 합작 투자자가 오히려 스트레스
의 발생원이 된다면 더욱 견디기 어렵다. 당신이 신의 있고 훌륭한
기업가를 합작 투자자로 만난다면 당신의 창업은 이미 절반의 성공
을 거둔 것이나 다름없다.

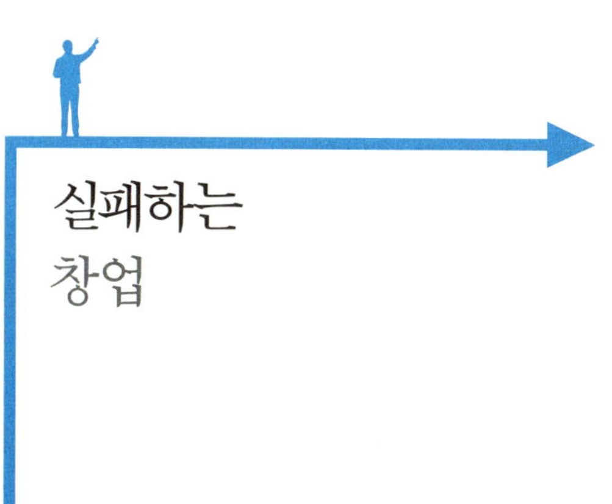

실패하는
창업

본서는 창업을 위한 지침서가 아니다. 중소기업이 대기업으로 성장을 해 나가는 과정을 그리려다 보니 기업의 탄생을 생략할 수 없었을 뿐이다. 그렇더라도 창업에 실패하면 중소기업이 생길 수 없는 것이므로 창업의 성공은 대기업의 출발점으로서 중요한 의미를 갖는다. 그래서 필자는 위에서 약간의 지면을 할애하여 창업이 성공하기 위하여 사전에 확인해야 할 세 가지 질문, 창업가의 세 가지 수칙(守則), 창업가가 갖추어야 할 세 가지 기본 지식과 세 가지 관리 지식 등을 서술하였다. 이제 우리 주변에서 흔히 볼 수 있는, 창업을 실패로 몰고 가는 경계해야 할 몇몇 행위를 지적하면서 본 장(章)을 마무리하고자 한다.

– 자신이 잘 알지 못하는 분야에 뛰어든다. 창업을 하기 전에 자 문해 보아야 할 세 가지 질문을 상기해보자. 잘 아는 분야도

성공이 만만치 않다는 사실을 잊지 말아야 한다.

– 큰 것을 노리고 자신의 능력을 벗어난 큰 규모의 투자를 감행
  한다. 창업가의 세 가지 수칙(守則)에 위배되는 행위이다. 고정
  비용(주로 지급 이자)이 크게 늘어나고 운영비용도 증가한다. 매
  출이 늘어나지만 매출 채권이 늘어나는 것이므로 현금 흐름이
  악화된다. 창업 초기에는 온건한 경영이 바람직하다. 낮은 원
  가를 확보하고 작은 규모로 운영하면서 안정된 현금 흐름을
  유지하는 것이 가장 중요한 관건이다.

– 경쟁에서 이기기 위해 맹목적으로 가격(價格)전을 벌인다. 창업
  가가 갖추어야 할 세 가지 기본 지식에 하나인 가격. 이는 양
  날의 칼이다. 가격은 마케팅의 변수 중 가장 신축성이 있고 효
  력이 빠른 무기이다. 적을 공격하는 데 있어서 이보다 빠른 수
  단은 없다. 그러나 가격이라면 적도 순식간에 반격할 수 있
  다.(공격 무기가 품질이라면 적이 반격하는 데는 시간이 필요할 것이다) 그
  런 의미에서 가격은 가장 유력한 공격 수단인 동시에 가장 무
  의미한 공격 수단이기도 하다. 쌍방이 가격이라는 칼을 마구
  휘두른다면 결과는 자명하다. 서로 깊은 상처를 입을 뿐이다.

– 기술이 확보되지 않은 상태에서 사업을 추진한다. 돈만 있으
  면 기술자를 살 수 있다는 안일한 생각이 문제의 시발점이다.

칼질도 못하면서 횟집을 여는 것과 다름없다. 돈은 고용된 주방장의 주머니로 다 들어가고 결국 횟집은 주방장에게 넘어간다. 만일 주방장이 고용된 자가 아니라 신의(信義)가 있는 합작투자자라면 이야기는 사뭇 달라진다. 그들은 같은 꿈을 꾸는, 자본과 기술이 결합된 성공적인 합작팀이 될 것이다.

– 모든 일을 혼자서 알아서 처리한다. 무슨 일이든지 다 잘할 수 있는 만능선수라면 얼마나 좋을까? 그러나 한 사람이 잘 처리할 수 있는 분야는 그리 넓지 않다. 그러므로 창업 후 부딪치는 적지 않은 문제들을 잘 해결하기 위하여 주위 사람들에게 자문을 구하는 것이 현명한 태도이다. 특히 선배 기업가의 조언은 당신의 문제를 효과적으로 해결하는 데 매우 유효할 것이다. 모르는 것을 묻는 것은 부끄러운 일이 아니다. 모르면서 아는 체하는 것이 오히려 부끄럽고 위험한 사고방식이다.

– 경영 성과에 대한 종업원의 공로를 경시한다. 채용 당시 주기로 약속한 급여를 확실히 주는 것으로 충분하다고 생각한다. 무엇이 잘못되었다는 것일까? 종업원과 약속한 연봉의 개념을 생각해 보자. 연봉으로 표시된 금액은 최소치인가 최대치인가? 아니면 확정된 금액인가? 이는 매우 중요한 개념인 동시에 기업가마다 같지 않다. 이 문제는 간단한 문제가 아니므로 다음 장(章)에서 자세히 다루기로 한다.

위에서 언급한 바와 같이 이 책의 저술 목적상 창업에 대하여는 더 이상 자세하게 다루지 않는다. 창업에 대한 구체적인 정보나 지식이 필요한 독자는 서점에 가보기 바란다. 당신이 원하는 정보가 주체하기 어려울 정도로 넘쳐나고 있을 것이다.

유아기에서 청년기로

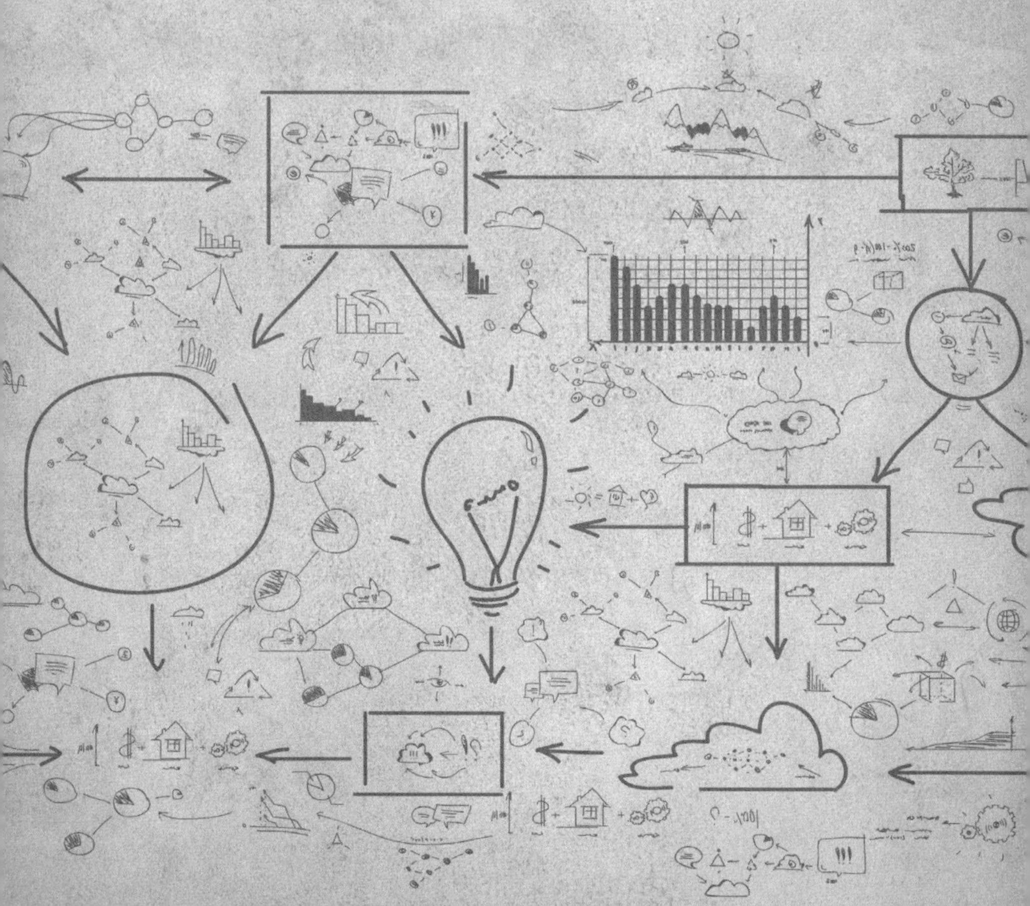

대기업에 이르는
두 단계의 과정

　어느 기업가(企業家)가 대기업(大企業)을 꿈꾸지 않겠는가? 어느 기업가가 큰 회사의 사장이 되기를 원하지 않겠는가? 그러나 처음부터 대기업으로 시작하는 것은 흔치 않은 일이다. 물론 재벌가에서 새로운 사업에 진출하면서 만들어지는 자회사, 사업의 분할을 목적으로 대기업의 일부 사업부가 분사(分社)되어 나오는 경우에는 처음부터 그럴듯한 골격을 갖춘 대기업이 탄생될 수도 있다. 그렇더라도 이는 우리의 관심사와는 거리가 멀기도 하려니와 또한 필자가 다루려는 대상도 아니므로 여기서는 그냥 그렇게 태어나는 기업도 있구나 하는 정도에서 멈추기로 하자.

　기업의 시작은 대체로 규모도 작고 힘도 미약하다. 당초부터 큰 규모에 강건한 힘을 가진 기업은 없다. 한국인이라면 누구나 알고 있는 S그룹이나 H그룹도 시작은 보잘 것 없었다. 오랜 세월이 흐른 지금 돌이켜보면 꿈만 같은 것이다. 그러나 그들이 걸어온 길은 엄연한 사실이며 역사이다.(S그룹이나 H그룹의 예를 들었다고 해서 그들이 중소기업의 성공모델이라고 오해하지는 말기 바란다. 필자는 다만 독자 여러분 누구나가 알고 있으리라 생각되는 대상을 예로 들었을 뿐이다)

기업이 작은 것에서 시작된 것이라면 그것은 어떤 단계를 거쳐서 대기업으로 성장하는 것인가. 여기에는 초기성장단계를 지나 청년기에 안착하는 1단계과정과 청년기에 힘을 비축하여 '규모의 늪'을 건너 장년기로 진입하는 2단계과정이 있다. 이와 같은 두 단계의 과정을 성공적으로 통과하면 대기업이라는 성에 입성(入城)하게 된다. 두 단계의 과정이 잇달아 진행되는 것은 아니다.(간혹 잇달아 진행되는 경우를 보는데 결과가 바람직하지 않게 끝나는 경우가 많다)

초기 성장 단계를 지나 청년기에 안착하면 상당 기간 동안 횡보를 계속한다. 이 과정을 통하여 힘을 기른다. '작지만 강한 기업'이 되는 것이 이 시기의 목표이다. 규모의 늪을 뛰어 넘기 위해서는 이륙(take off)을 해야 하지만 섣불리 시도해서는 안 된다.(국가 정책이 실패하면 세금이 뒤를 받쳐 주지만 기업가가 실패하면 아무도 뒤를 받쳐 주지 않는다는 사실을 명심해야 한다. 기업가는 결코 만용을 부려서는 안 된다)

여건이 무르익으면 자연스럽게 이륙이 이루어진다. 순리를 따르며 기다릴 줄 아는 것도 실력이다. 오랜 기간 준비한 결과가 이륙의 성공으로 실현되면 대기업의 문턱을 넘어 선다. 입성이 꼭 즐거운 것만은 아니다. 그러나 대기업으로 성장하기를 원한다면 이는 필연적으로 거쳐야 하는 과정이다.

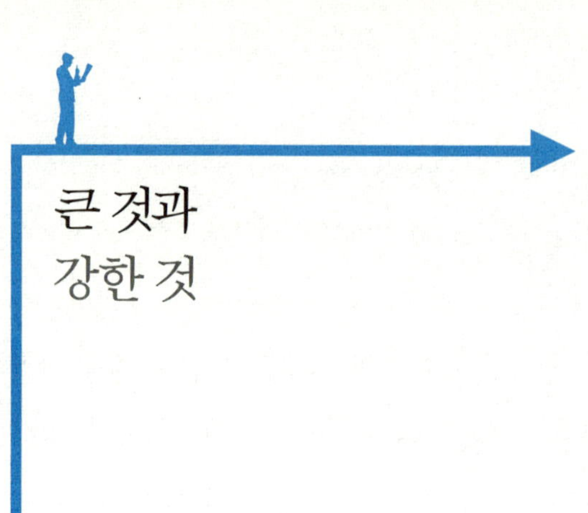

큰 것과
강한 것

　기업의 크기는 어떠한 의미를 갖는 것인가. 많은 사람들이 크면 클수록 좋다고 생각하는 듯하지만 E. F. 슈마허 같은 사람은 "작은 것이 아름답다"고 말한다. 어느 쪽이 맞는 말이냐고 묻지 말았으면 좋겠다. 필자가 말하려는 것은 규모의 크기에 따르는 선악의 개념이 아니다. 많은 기업가들이 기업을 키우기를 원하지만 단지 크고자 하면 결국 크지 못한다. 필자가 말하고자 하는 것은 바로 이 점이다. 기업이 크기 위해서는 먼저 강해져야 하는 것이다.

　기업의 규모가 작은 것을 두려워할 것이 아니라 체질이 약한 것을 두려워해야 한다. 특히 강하지 않으면서 크기만 한 것을 경계해야 한다. 기업을 일시적으로 키우기는 어렵지 않다. 어려운 것은 강해지는 것이다. 강해지지 않으면 커졌더라도 지켜낼 수 없다. 결국 강해지지 않으면 커질 수 없는 것이다.

강하다니 무엇이 강해야 한다는 말인가? 강자만이 살아남을 수 있는 전쟁을 생각해보면 쉽게 답이 나올 것이다. 승리하는 군대에는 뛰어난 장수와 탄탄한 보급이 있듯이 강한 기업에는 뛰어나고 충성스러운 인력과 탄탄한 재무가 있다. 그러나 이 두 가지 요소를 창업 초부터 확보한다는 것은 용이한 일이 아니다.

많은 기업이 창업 초에는 부족한 인력과 자금을 가지고 작은 규모로 꾸려나간다. 어찌 처음부터 강하기를 바라겠는가. 새로 창업을 한 동네식당을 눈여겨보자. 부족한 인력은 가족으로 보충하고 부족한 자금은 규모를 작게 유지함으로써 버티어내는 것이다.

인력이 부족하다고 해서 외부 인력을 채용하고, 자금이 부족한데도 불구하고 욕심을 앞세워 처음부터 규모를 크게 가져간다면 아마도 오래 버텨내지 못할 것이다.

동네식당이라고 해도 다 비슷한 것은 아니다. 어떤 식당은 빠른 시간 내에 규모를 키우는가 하면, 어떤 식당은 여러 해가 지나도 여전히 그 상태이다. 쑥쑥 커지는 식당이 잘되는 줄 알았는데 어느 날 갑자기 문을 닫는다. 소문에 의하면 장사가 안 되서 사업을 포기하고 빚에 쪼들려 피신 중이란다. 규모를 키울 욕심에 무리하게 자금을 끌어 썼다는 이야기도 나돈다. 한편, 여러 해 동안 그럭저럭 꾸려나가기는 했으나 신통치 않아 보였던 식당의 주인은 소리 소문도 없이 권리금까지 받고 식당을 다른 사람에게 넘긴다. 다른 사업을 시작했는데 사업 규모가 만만치 않다는 이야기이다.

수준 높은 경영학 관련서적에 익숙해져있는 사람에게는 동네 식당 이야기가 우습게 들릴는지 모르겠으나, 이것이 현실이며 우리 모두의 이야기이다. 사업을 키울 욕심에 무리하게 자금을 끌어 썼다가 사업이 여의치 않아 빚에 쪼들려 피신 중이라는 대목에서 우리는 단순히 웃고 넘어갈 수 있는가.

기업가라면 적어도 한두 번 쯤은 자금난(資金難)을 겪게 된다. 겪어 보아야 자금난이 무엇인지 알게 된다. 경솔했던 점을 후회하고 다시는 이런 일은 없을 것이라고 다짐도 하지만, 세월이 흘러 시절이 좋아지면 옛날 일을 잊게 된다. 무엇에 홀린 듯이 방만한 경영을 하고 다시 자금난을 겪게 된다. 두 번째로 하는 후회와 다짐은 기업가에게는 마지막 기회이다. 기업이 커지면 자금의 규모도 따라서 커진다. 처음 고통이 수 억(億) 때문이라면 두 번째 고통은 수 십 억 때문이다. 세 번째가 되면 수 백 억 또는 수 천 억이 되어 감당하지 못할 것이다.

강한 기업이 되기 위한 조건으로 인력과 자금을 들었거니와 인력 또한 만만치 않다. 식당사업에서 솜씨 좋은 주방장이 있으면 좋다는 것을 그 누가 모르겠는가. 그러나 주방장 급여를 주고 나면 남는 것이 없을 수도 있다. 투자에 대한 보수는커녕 기업가 한사람 몸값조차 건지기 어렵다면 사업을 어떻게 끌고 갈 것인가. 초기성장단계를 거쳐서 청년기에 안착하는 1단계과정조차 통과하지 못할 것이다.

　초기성장단계는 기업의 미래를 결정하는 매우 중요한 단계이다. 이 기간 동안 기업의 성격과 체질이 형성되는데, 이때 형성된 정신적 특성이 향후 기업문화를 만들고 눈에 보이지 않는 정신적 자산을 만들어낸다. 이 기간 동안 충분히 강해지지 못한 기업은 청년기에 진입했다고 해도 몸만 청년일 뿐 정신적으로는 취약한 저능아와 다름없다. 힘을 비축하여 '규모의 늪'을 건너 대기업으로 진입하는 2단계과정을 이루어 내기에는 아무래도 역부족이다.

　적지 않은 기업들이 청년기에 진입한 후 체질을 강하게 만들려는 노력은 도외시하고, 단지 대기업이 되려는 일념에 몸집 키우기에 주력한다. 결국은 '규모의 늪'에 빠져 허우적거리다가 생을 마감한다. 개별적으로 안타까운 일이기도 하려니와 국가 경제적으로도 크나큰 손실이 아닐 수 없다.

중소기업 규모의 한계

중소기업이다 대기업이다 하는 구분은 규모에 따른 구분이다. 종업원 수, 자산 규모, 매출액 규모 등 여러 가지 지표를 이용하여 구분한다. 규모라는 것이 여러 가지 기준으로 구분될 수 있는 것이 아니겠는가. 구분하려는 의도나 필요성에 따라서 생산액이나 자본금 또는 설비 투자의 규모 등도 구분의 기준이 될 수 있을 것이다. 중요한 점은 어떤 지표를 사용하든 구분의 결과는 대동소이(大同小異)하다는 것이다.

학문적 구분이 필요한 경우, 또는 법적 혜택의 수혜(受惠) 여부를 따지는 경우가 아니라면 그냥 우리의 느낌으로 구분해도 큰 문제는 없을 것이다. 어차피 상시(常時)종업원 수로 구분한다 해도 경계선에서는 한 사람에 의해 달라질 것이고 자산총액으로 구분한다 해도 경계선에서는 한 푼에 의해 경계를 넘나드는데 무슨 큰 의미가 있겠는가. 그러니 그냥 느낌으로 구분하자. 내 느낌에 중소기업이면 누가 뭐래도 중소기업이고 내가 대기업이라고 느끼면 대기업이다.

　그건 그렇다 치고 정작 궁금한 것은 중소기업과 대기업의 구분이 아니라 중소기업 규모의 한계이다. 바꾸어 말하면 "중소기업은 과연 어느 규모까지 커질 수 있는가?" 하는 것이다. "상시종업원 수가 300명이 넘으면 대기업이 되니 중소기업의 한계는 그 직전까지의 규모이다."라는 식의 답변은 개그 쇼에나 어울리는 답변이다.

　'중소기업 규모의 한계'에 관한 질문은 매우 진지한 사안이다.
　이는 기업가와 직결되는 사안이기 때문이다. 단적으로 말해서 중소기업이 커질 수 있는 규모의 한계는 기업가의 그릇의 크기가 말해준다. 다시 말하면 중소기업은 기업가의 그릇 이상은 커질 수 없다는 말이다. 그러나 대기업은 기업가의 그릇보다 훨씬 더 커질 수 있다. 어째서 그러한가? 기업가의 그릇이란 무엇을 말하는 것인가?

기업가의 소질

기업가의 그릇이라고 했지만 비단 기업가만이겠는가. 제왕의 그릇이 다르고 재상과 장수의 그릇이 다른 것이다. 그릇을 결정하는 두 가지 요소가 있으니 하나는 소질이고, 다른 하나는 안목이다.

우선 소질부터 이야기해보자. 소질은 천부적이다. 그러므로 노력에 의해 배양되지 않는다. 기업가의 소질은 예술가나 운동선수 등의 소질과 크게 다를 바 없다. 예술, 체육, 문학 등의 부문에 있어서 소질이 없는 경우에는 아무리 노력해도 대가(大家)가 될 수 없다. "천재는 1%의 소질과 99%의 노력"이라고 하면서 노력이 대부분임을 강조하지만, 이는 비록 천부적인 소질을 타고 났더라도 노력이 없으면 어떠한 것도 저절로 이루어지지 않는다는 말이지 누구나 노력만 하면 모든 것을 이룰 수 있다는 뜻은 아니다.

소질이 없는 사람들은 음악을 전공하고 미술을 해봐도 어느 수준에 이르면 더 이상 진전(進展)하지 못한다. 이러한 현상은 체육 분야나 바둑 등에 있어서도 예외가 아니다. 예컨대 바둑에 천부적인 소질을 갖고 태어나지 못한 사람은 아무리 노력해도 프로에 입문하지 못한다. 혹시 운 좋게 입단을 했더라도 그것이 한계이다. 아무리 정진해도 어느 정도 이상은 올라가지 못한다. 비록 '1%의 소질'이라고 말하지만 이것이 없으면 결코 대가가 되기 어렵다.

"천재는 1%의 소질과 99%의 노력"이라는 말은 뒤집어 해석하면 '1%의 소질'이 없는 보통 사람은 아무리 노력해도 대가가 될 수 없다는 말이 되는 것이다. 그러므로 열심히 노력하는 것은 가상한 일이지만 너도 나도 김연아(피겨 스케이팅)나 이창호(바둑)가 될 수는 없는 것이다. 소질만 믿고 노력을 하지 않으면 아무 것도 이룰 수 없지만, 소질이 없는데 무조건 노력만 한다고 해서 모두 대가가 되는 것은 아니라는 말이다.

그렇다면 소질이 없는 사람은 무엇을 해도 안 된다는 말인가? 그러니 아무 것도 시도하지 말라는 것인가? 이 대목에서 오해하지 말기를. 소질이 없는 경우 단지 대가가 되기 어렵다는 말이지 전혀 아무 것도 할 수 없다는 말이 아니다. 대가가 되겠다는 야무진 꿈만 꾸지 않는다면 어떤 분야에서든 시도해보지 못할 이유가 없다.

노력만으로도 99%까지는 갈 수 있으니까. 다만 99%와 정상(頂上)과의 차는 단지 1%에 불과하지만 그 차이는 매우 크다는 사실만은 간과하지 말아야 한다. 그래야 불필요한 실망과 좌절을 겪지 않을 수 있다.

　엄격히 말한다면 기업가의 소질은 위에서 말한 예술, 체육 등의 소질과 조금 다르다. 예술이나 체육 등의 소질이 후손에게 유전되지 않는 것은 사실이지만 적어도 체질유전은 이루어진다. 그런데 기업가의 소질은 후손에게 유전되지 않는 것은 물론, 체질유전조차 이루어지지 않는다. 이러한 이유로 음악가 집안에서는 음악가가 대를 잇기 쉽지만 기업가 집안이라고 해서 기업가가 대를 잇는 일은 만만한 일이 아니다. 이 문제는 기업가가 자수성가(自手成家) 후 기업을 전승(傳承)할 때 일어나는 일로 뒤(제6장)에서 다시 다루도록 한다.

　기업가로서의 소질이 갖는 이와 같은 특성으로 인하여 "기업가는 가르칠 수는 있으나 배양할 수는 없다."는 말이 생겨난 것이다. 소질이 있는 기업가를 가르쳐서 실력을 더욱 향상시킬 수는 있지만, 소질이 없는 사람을 가르쳐서 기업가로 만들 수는 없다는 이야기이다. 현실에서는 소질이 없는 사람이 조상 덕에 사장 자리에 앉아 있기도 하지만 사장 자리에 앉아 있다고 해서 모두가 기업가인 것은 아니다. 또한 창업가 교실 등을 통하여 기업가를 배양하겠다는 교육 프로그램이 있기는 하지만 그런 과정을 통해서 훌륭한 기업가가 배출되는 것은 아니다. 피아노 학원에서 조금 배운다고 해서 훌륭한 피아니스트가 될 리 없지 않은가. 그저 조금 피아노 치는 시늉을 할 수 있는 정도일 것이다.

기업가의
안목

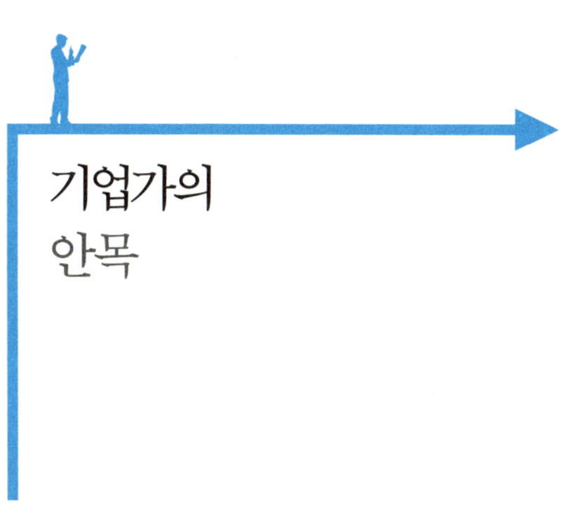

　기업가의 그릇을 결정하는 두 가지 요소 중 하나는 소질이고, 다른 하나는 안목(眼目)이라고 말한 바 있다. 이제는 안목에 대하여 알아보자. 안목이란 사물을 보고 분별하는 견식이다. 무언가를 보고 분별해내는 실력이다. 무엇을 보는가? 때와 사람을 본다.

　때를 본다는 것은 무언가를 할 때인지 아닌지를 분별하는 것이다. 움직여야 할 때는 움직이고 움직이지 않아야 할 때는 가만히 때를 기다린다. 이것은 크게는 천하를 경영하는 자가 그리고 작게는 기업을 경영하는 자가 갖추어야 할 기본적 능력이다. 이 능력을 갖추지 못한 자는 천하를 도모해서는 안 된다. 이를 어기면 비참한 최후를 맞을 수밖에 없다. 마찬가지로 이 능력을 갖추지 못한 자는 기업을 도모하지 않는 편이 행복하다. 이를 어긴다고 해서 비참한 최후까지야 맞겠는가마는 애를 써봐야 이렇다 할 소득이 없는 것이라면 당초부터 시작하지 않는 편이 좋지 않겠는가.

때를 분별해낸다는 것은 사업의 성패를 좌우하는 가장 중요한 요소이다. 이 개념은 천하를 도모하는 제왕의 사업이든, 기업을 도모하는 사장의 사업이든 크게 다를 바 없다. 때를 볼 줄 모르는 장수는 기다려야 할 때 움직이고, 세차게 공격해야 할 때 머뭇거림으로써 좋은 기회를 날려버린다. 전진해야 할 때 후퇴하고, 후퇴해야 할 때 전진함으로써 무수한 병사들의 억울한 영혼들을 전쟁터에서 잠들게 한다. 때를 볼 줄 모르는 사장이 때를 볼 줄 모르는 장수와 무엇이 다르겠는가.

안목과 관련된 또 하나의 대상은 인재를 알아보는 시력이다. 천하를 제패한 제왕들이 인재를 구분해내는 안목과 용인술(用人術)을 보자. 한고조(漢高祖) 유방(劉邦)은 항우(項羽)에게 중용(重用)되지 못한 한신(韓信)을 대장으로 삼아 천하통일의 위업을 달성한다. 중국 역사상 가장 훌륭한 정치를 펼쳤던 것으로 평가받는 정관지치(貞觀之治)는 당태종(太宗) 이세민(李世民)이 정적(政敵)이었던 위징(魏徵)을 기용한 결과 출현한 역사적 산물이다. 중국 역사상 최대의 판도를 이룩했던 원세조(元世祖) 쿠빌라이(忽必烈)는 불과 18세밖에 되지 않은 안중(安重)이 인재임을 알아보고 안중 자신의 사양과 주위의 질시에도 불구하고 안중을 우승상(右丞相)으로 발탁한다. 안중은 재임 5년째 되던 해에 그의 실권을 박탈하려는 권신들로 인하여 위기를 맞지만 그가 인재임을 확신하는 원세조의 강력한 후원에 힘입어 지위를 확고히 한다. 그 후 병으로 세상을 떠나는 49세까지 도합 31

년간에 걸쳐 원초(元初)의 국가적 안정과 번영에 공헌한 바는 지대하다.

금세기에 기업에 있어서 가장 중요한 자원은 무엇인가라는 질문에 한 목소리로 인재(人才)라고 답변한다. 그렇다면 인재를 어떻게 알아낼 수 있는 것인가? 인재의 척도는 과연 무엇인가? 학력인가? 경력인가? 용모인가? 성격인가? 필자는 이 질문에 답할 자신이 없다. 사실은 덕(德)과 재(才)라고 말하고 싶지만 겪어 보지도 않고 덕과 재를 갖추었는지 어떻게 미리 알 수 있느냐고 물어 오면 답변이 궁해진다. 그래서 필자가 말할 수 있는 것은 인재가 인재를 알아보고 그릇이 그릇을 알아본다는 이야기 정도이다. 그래서 영웅은 영웅끼리 어울리는 것인가?

직원을 채용할 때 회사마다 예외 없이 실시하는 것이 면접이다. 독자가 중소기업의 사장이라면 반드시 면접에 참석할 것을 권유한다. 면접의 경험이 쌓임에 따라 인재를 식별하는 안목이 길러진다. 면접 당시의 판단을 잘 기억하고, 채용 후 자세한 관찰을 통하여 자신의 안목이 어느 정도인지를 확인하는 과정이 필요하다. 이러한 과정을 통하여 기업가 자신의 안목도 확인하고 채용된 직원의 능력도 확인한다. 이러한 과정이 어디에 도움이 되고 무엇에 활용되는 것인지는 새삼 말할 필요가 없을 것이다.

여러분은 무능한 직원을 채용한 대가로 속을 썩어본 일은 없었는가? 또는 반대로 너무 유능한 직원을 채용한 대가로 사업의 일부를 도둑맞은 적은 없었는가? 그런 일이 있었다고 해도 누구를 탓하겠는가. 자신의 안목을 탓할 수밖에. 그나마 다행스러운 것은 안목은 소질처럼 천부적인 것은 아니라는 점이다. 안목이 없다고 해서 실망하고 포기할 것까지는 없다. 다만 어느 정도의 안목이 길러지기 위해서 투자가 수반되는 것은 감수해야 한다.

기업가의
그릇

앞서 「중소기업 규모의 한계」에서 "중소기업은 기업가의 그릇 이상 커질 수 없다."고 말한 바 있다. 그렇다면 중소기업의 크기는 기업가에 의해 이미 처음부터 정해져버리는 것이 아닌가. 다행스럽게도 그건 그렇지 않다. 기업가의 그릇이 태어날 때부터 정해져버리는 것이 아니기 때문이다.

그릇을 결정하는 두 가지 요소는 소질과 안목인데, 소질은 천부적이지만 안목은 그렇지 않기 때문에 그릇의 크기는 고정적이지 않은 것이다. 연륜과 함께 경험이 축적되면 그릇이 커지는 것이 일반적일 것 같지만 반드시 그런 것만도 아니다. 연륜과 함께 아집이 형성된 경우에는 오히려 그릇이 작아지는 현상도 볼 수 있다.

그릇이 커지든 작아지든 중요한 것은 그릇의 크기가 변한다는 사실이다. 하긴 세상에 있는 모든 것이 변하는데 사람의 그릇인들 변하지 않겠는가? 그러므로 변해지기를 기다릴 것이 아니라 변하려고 하는 의식적인 노력이 필요하다. 특히 기업가는 더욱 그래야 한다. 그릇도 변하고 스타일도 변하고 역할도 변해야 한다. 당신이 진정으로 대기업의 영수(領袖)가 되기를 원한다면 당신은 적어도 세 개의 관문(關門)을 통과해야 하며, 관문을 통과할 때마다 당신 자신을 바꾸지 않으면 안 된다. 그러나 그것은 먼 훗날의 이야기이며 지금은 제1관문인 '어떻게 초기성장단계를 무사히 통과하는가?'에 관해서만 생각하기로 하자.

초기성장단계의 높은 사망률

기업이 탄생해서 유아기를 거쳐 청년기에 진입할 때까지의 기간을 초기성장단계(初期成長段階), 또는 유아기(幼兒期)라 부르기로 하자. 현실적으로 표현한다면 창업을 해서 어느 정도 기반을 잡을 때까지를 말한다. 이 단계가 기업의 사망률이 가장 높은 시기이다. 법에 의해 인격화된 존재 즉, 법인(法人)으로서의 기업이 길게는 수백 년 존속하는 경우도 있지만 평균 수명이 사람에 비해 훨씬 짧은 것은 유아기의 사망률이 높기 때문이다.

초기성장단계에 기업의 사망률이 가장 높다는 것은 이 단계가 가장 극복하기 어려운 단계라는 뜻이다. 역설하자면 이 단계에서 죽지 않고 살아남으면 그 후에는 여간해서는 죽지 않는다는 말이 된다. 그런데 기업은 어째서 유아기에 쉽게 죽는 것인가?

사람은 일정기간의 유아기를 거쳐 성인(成人)이 된다. 다른 동물들도 마찬가지이다. 이 기간 동안 새끼들은 부모 - 경우에 따라서는 부모 중 어느 한쪽 – 의 보호를 받으며 자란다. 그러므로 동물들은 부모에게 버림받지 않는 한, 여간해서는 이 기간에 죽지 않는다. 기업은 어떠한가? 법인을 낳은 법(法)이라는 놈은 낳기만 할 뿐 키우지는 않는다. 그러므로 기업은 태어나는 순간부터 고아(孤兒)가 된다. 생존에 필요한 모든 것을 스스로 해결해 나가면서 스스로 자라야 한다. 무력하고 조그만 어린 것이 자력으로 험한 세상을 살아가는 것을 생각해보라. 그것이 어찌 어렵지 않겠는가? 사고라도 당하면 운이 좋아야 부상이고 운이 나쁘면 사망이다. 그러니 유아기의 사망률이 높을 수밖에 없는 것이다.

예외가 없는 것은 아니다. 세상 어디에나 예외는 있게 마련이니까. 특수한 경우에 어미가 있는 기업이 태어나기도 한다. 어미가 있는 기업을 우리는 자회사(子會社)라 부른다. 어미(모회사)의 보호를 받고 자라는 자회사는 동물들의 새끼처럼 부모에게 버림받지 않는 한, 여간해서는 유아기에 죽지 않는다. 물론 자회사라고 해서 형편이 다 같은 것은 아니다. 사람의 자식이라고 해도 어떤 부모를 만나느냐에 따라 팔자가 다르듯이 자회사의 팔자도 모회사(母會社)의 형편에 크게 좌우된다. 그렇더라도 스스로 자라야 하는 중소형 가족기업보다는 훨씬 살아가는 것이 쉬울 것이다. 어쨌든 이런 형태의 특별한 회사들은 우리의 연구대상이 아니므로 이 정도에서 끝내기로 하자.

중소형 가족기업이 고아라고 해서 슬퍼할 필요는 없다. 거의 모든 기업이 고아로 태어나며 어미가 있는 회사가 오히려 예외이니까. 유아기에 있는 중소형 가족 기업의 과제는 탈 없이 잘 자라서 하루라도 빨리 유아기를 벗어나 청년이 되는 일이다.

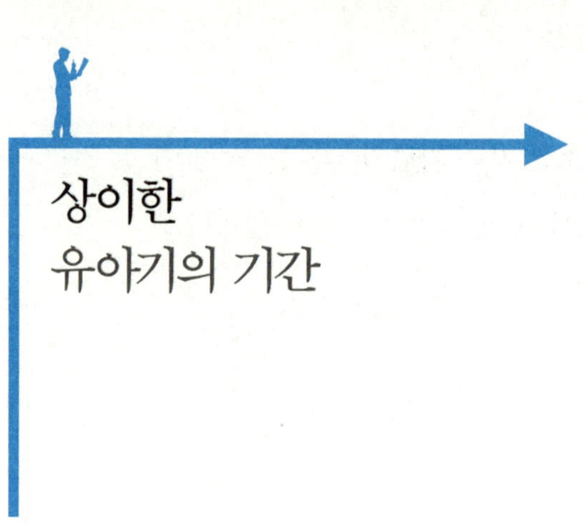

상이한
유아기의 기간

사람은 대체로 비슷한 기간의 유아기를 거친다. 사람마다 개인적인 차이가 있겠으나 대체로 보아 20세 전후면 성년이 된다. 이에 반하여 기업은 유아기의 기간이 저마다 다르다. 다를 뿐만 아니라 일정한 기준도 없다. 불과 몇 년 만에 성년이 되어 청춘을 구가하는 기업이 있는가 하면, 몇 십 년이 되어도 여전히 제대로 걷지도 못하는 기업도 없지 않다. 왜 이처럼 편차가 큰 것일까? 기업의 유아기를 결정하는 주요 변수를 생각해보면 답이 나온다.

변수 1: 기업가의 소질

기업가로서의 천부적 소질로 교육으로는 배양되지 않음.

변수 2: 타이밍(timing)

시운(時運)이라고 하나 단지 운만을 말하는 것은 아님.

시(時)를 택하는 안목(眼目)을 말함.

변수 3: 기업가의 그릇

　　　기업가의 소질과 안목에 의해 결정되는 기업가의 역량.
여건 변화, 본인의 노력 등에 의해 어느 정도까지는 바뀔
수 있음.

변수 4: 기본권의 사회화 정도(程度)

　　　기업가가 가지고 있는 세 가지 기본권을 사회화(社會化)하
는 정도. 세 가지 기본권이란 소유권, 처분권, 경영권을
말함.(뒤에서 자세히 설명하겠음)

　기업의 성장은 '변수 1'과 '변수 2'의 복합적 요인에 의해 결정되며, 성장하는 규모는 '변수 3'이 한계이다. '변수 4'는 기업가의 그릇을 기업가가 가지고 있는 세 가지 기본권을 사회화(社會化) 하는 측면에서 말한 것으로 '변수 3'의 또 다른 표현이라고 보면 된다.

　기업가의 소질과 안목에 의해 결정되는 기업가의 역량 즉, 기업가의 그릇('변수 3')은 그야말로 천차만별(千差萬別)이다. '변수 3'이 기업가에 따라 개인차가 큼에 따라 기업이 유년기를 거쳐 성년이 되는 데까지 소요되는 기간 역시 천차만별일 수밖에 없다. 위에서 '하루라도 빠른 시기에 유아기를 벗어나 청년이 되는 일'이 유년기의 기업에게 중요한 과제임을 언급한 것은 '변수 3'이 개인차가 크고 그에 따른 영향이 절대적이기 때문이다. 결국 기업가의 역량이 기업의 성장과 존속에 미치는 영향은 지대하며, 그 어느 요소와도 비교될 수 없는 것이다.

　　창업 이후 유아기가 길어지면서 아무리 노력해도 청년기에 진입하지 못하는 경우, 기업가는 환경이나 여건을 탓하기에 앞서 자신의 역량을 돌아보아야 한다. 스스로 판단해도 역량이 부족하다고 결론이 날 경우에는 소질도 없고 취향에도 맞지 않는 기업가의 길을 구태여 고집할 필요가 없지 않겠는가? 적당한 임자를 찾아서 적당한 가격에 사업을 넘기는 것이 자신에게도 행복한 일이며 국가경제의 관점에서도 바람직할 것으로 사료된다.

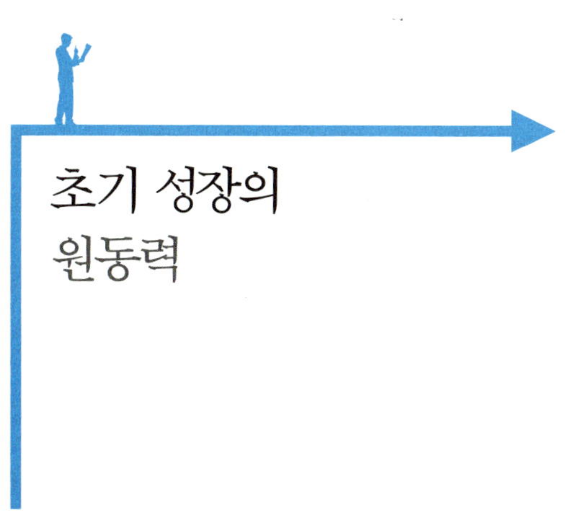

초기 성장의
원동력

창업 초기, 기업의 첫 단계 성공은 매우 중요하다. 첫 단계 성공을 체험한 기업가는 첫 번째 전투에서 승리한 장수와 흡사하다. 매사에 자신감이 생기고 두려움이 크게 줄어든다. 그래서 자신 있게 두 번째 전투에 임할 수 있다. 기업이 첫 단계에서 성공하는 핵심적 요소는 무엇일까? 노회한 경제학자나 경영학자들은 말한다. "자본, 노동, 자원" 3요소 아닌가. '너무나 당연한 것을 묻고 있다'는 표정이다. 조금 젊은 교수들은 "자금, 인재, 기술"이라고 말한다. 훨씬 느낌이 신선하다고? '자금=자본, 인재=노동, 기술=자원'이라면 같은 이야기 아닌가? 그렇다면 재론의 여지가 없는 정답인가? 아니다!

창업 초기에 무슨 풍부한 자금과 걸출(傑出)한 인재와 확실한 기술이 있겠는가? 돈도 사람도 기술도 모두 부족하기 마련이다. 그런 것들이 다 구비되어 있으면 이미 중견기업 또는 대기업이지 어찌 창업 초기의 중소기업이란 말인가?

'자금, 인재, 기술'이 중요하지 않다는 뜻이 아니다. 기업이 존속하기 위하여 규모보다는 강한 것이 더 중요하다. 무엇이 강약을 결정하는가? 승리하는 군대에는 뛰어난 장수와 탄탄한 보급이 있듯이 강한 기업에는 뛰어나고 충성스러운 인력과 탄탄한 재무가 있다고 앞서 언급한 바 있다. 그러나 이 두 가지 요소를 창업 초부터 확보한다는 것은 용이한 일이 아니다. 그렇다면 창업 초기에는 무엇이 있는가?

1983년에 해외 프로젝트 업무 수행을 위해 튜니지아 – 아프리카 북단 지중해 연안에 있는 나라 – 에 머무른 적이 있었다. 튜니지아는 당시 사회주의 경제체제여서 모든 토지가 국유화되어 있었다. 농민의 주된 생산품은 올리브였는데 매년 정해진 땅에서 정해진 양의 올리브를 따서 정부에 바치고 노동의 대가로 정해진 보수를 받는 방식이었다. 정해진 기준보다 더 많은 양의 올리브를 따도 개인의 소유가 금지되어 있고 그렇다고 초과 생산에 따른 수당을 더 주는 것도 아니었으므로, 농민들은 적당히 일하고 그럭저럭 살아가는 정도였다. 당시 남남 협력의 기류를 타고 국가 간에 교류가 활발해지기 시작하면서, 시야가 넓어진 튜니지아 정부는 일부 특정 지역에 자본주의 방식을 실험적으로 도입하였다. 일정 면적당 기준 생산량을 정하고 기준을 초과하는 생산량은 농민 개인의 소득으로 인정하는 한편, 그동안 지급해왔던 정해진 보수는 없애버렸다. 새로운 방식을 도입한 첫 해에 농민들은 예년의 4배에 해당하는 양을 생산하였고 정해진 양의 올리브를 납부한 후 남은 올리브를 팔아 3년 치에 해당하는 소득을 올렸다.

농민은 무엇을 가지고 그와 같은 성과를 올렸는가? 자금인가, 인재인가, 아니면 기술인가? 농민에게서 달라진 생산 요소는 아무 것도 없다. 다만 정신 상태가 달라졌을 뿐이다. 농민들은 어느새 기업가로 변한 것이다. 소위 주인의식이 생긴 것이다. 일 년 품삯을 받는 머슴에서 스스로 농사를 짓는 농장주(農場主)가 된 것이다.

내 일을
내가 한다

　기업가는 자기 자신의 일을 한다. 누가 시켜서가 아니라 자신의 생존을 위하여 스스로 일을 한다. 실패한다면 그야말로 설 곳이 없어진다. 자신뿐만 아니라 일가족 전체의 삶이 막막해진다. 창업 당시 친척이나 친구로부터 자금이라도 빌렸다면 그들에게까지 피해를 주게 된다. 그러니 어쩌겠는가? 자신과 가족의 생명을 지키기 위하여, 자신을 믿고 소중한 돈을 빌려준 주위 친지들에게 피해와 실망을 주지 않기 위하여 사력을 다하지 않을 수 없다. 실제로도 기업가들은 적어도 창업 초기에는 사력을 다하여 노력하고 성공을 쟁취한다. 이러한 점에서 기업가는 전문경영자와는 확연히 구분되며 일반 종업원과의 차이는 말할 필요도 없다.

　창업 초기의 종업원들은 어떤 사람들인가? 사람을 구하기도 마땅치 않고 봉급도 충분히 높게 줄 수 없는 창업 초기에는 종업원이라고 해봐야 대체로 식구나 친척인 경우가 적지 않다. 멀다고 해도 친척이나 친구를 통하여 연줄로 맺어진 일가나 다름없는 사람들이다. 그들은 비록 전문가에 비하면 실력도 부족하고 경험도 부족하지만 기업에 대한 애정과 충성심만은 대단하다. 회사 일이 나의 일이고, 회사의 돈을 내 돈처럼 아낀다. 절약해라, 절감해라 말할 필요도 없이 원가와 비용에 누수가 없다. 이러한 정신이 부족한 실력을 보완하며 기업 존속의 버팀목이 된다.

이러한 창업 초기의 정신 – 이것이 곧 주인의식이다 – 이 언제까지 지속될 수 있을까? 또한 이후 들어오는 새로운 식구들에게 어떻게 주인의식을 갖게 할 것인가? 이러한 것이 기업가가 해결해야 할 중요한 과제이다.

종업원에게 주인의식이 있는가? 없는가? 이것이 초기성장의 핵심적 요소이며, 동시에 유아기의 장단(長短)을 결정해주는 핵심적 요소이다. 어쩌면 주인의식은 유아기뿐만 아니라 기업의 전 생애에 걸쳐서 기업의 존속을 지배하는 핵심적 요소일는지도 모른다.

왜 그런 생각이 드는 것인가?

엄청난 규모의 대기업이 어처구니없이 하루아침에 쓰러진다. 돈이 부족한 것도 아니고, 기술도 인재도 부족하지 않다. 경제학자가 말하는 생산의 3요소 중 어느 것 하나도 부족한 것이 없다. 그렇다면 왜 쓰러지는 것인가? 다만 주인이 없을 뿐이다. 구태여 어느 회사라고 이름을 밝히고 싶지는 않다. 그들의 자존심을 지켜주자.

어떤 기업들은 엄청난 혜택과 지원을 받으면서도 적자를 기록한다. 소위 공기업(公企業)이라 말하는 괴물들이다. 공기업에는 주인이 없다. 공기업(公企業)이 아니라 공기업(空企業)이다. 공기업은 무주공산(無主空山)이다. 자신의 일처럼 일하는 사람은 없고 모두가 남의 일하듯 일한다. 그러니 일에 정신이 깃들 리 없다. 무주공산에서 근검절약(勤儉節約) 따위를 말한다면 그 사람은 바로 비웃음거리가 된다.

공기업이 아니더라도 주인이 없는 대기업이 있다. 기업의 규모가 거대해지고 사회화(社會化)가 극에 달하면 기업가의 삼권(三權)이 공중분해 되어 주인 없는 기업이 된다. 일단 주인 없는 기업이 되면 쓰러지는 것은 시간문제이다. 누가 무어라 해도 기업에는 주인이 있어야 한다. 그렇다고 해서 형제끼리 서로 주인임을 주장하며 싸우라는 말은 아니다.

종업원에게 주인의식을 갖게 하는 것은 기업가의 몫이라고 앞서 말한 바 있다. 이제는 어떻게 해야 종업원에게 주인의식을 갖게 할 수 있는지를 논해야 할 때가 된 것 같다.

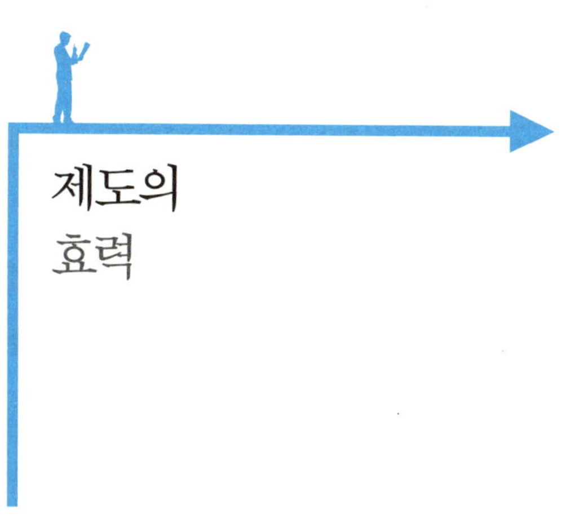

제도의
효력

여기서 잠깐 튜니지아의 올리브 농장으로 돌아가 보자. 새로운 방식을 도입한 첫 해에 농민들은 예년의 4배에 해당하는 양을 생산하였다. 무엇이 생산성에 그와 같은 자극을 주었는가?

땅도 그대로이고 농민도 그대로이고 생산방식도 그대로이다. 소위 생산의 3요소 중 어느 것 하나 바뀐 것이 없다. 다만 농민들의 정신 상태가 달라진 것뿐이다. 무엇이 농민들의 정신을 바꾸어 놓았는가? 제도(制度)이다. 제도가 바뀐 것이다. 단지 제도 하나가 바뀜으로써 똑같은 자금, 인재, 기술로도 더 많은 생산이 가능하게 된 것이다. 새로운 제도는 어느새 농민을 기업가로 변신케 하였다. 농민들은 새로운 제도로 인하여 일 년 품삯을 받는 머슴에서 주인의식이 충만한 농장주(農場主)가 되어버린 것이다.

'자본주의 방식의 실험적 도입'에 참여한 튜니지아의 농민들은 모두가 지원자들이었다. 한 번도 해보지 않았던 실험에 자발적으로 뛰어든다는 것은 그리 용이한 일이 아니다. 더구나 사회주의 경제 체제에 익숙해 있는 경우에는 더욱 그러하다. 그런 의미에서 새로운 제도의 도입 첫 해에 실험에 참여한 농민들은 비교적 진취적이고 실험정신이 강한 사람이라고 말할 수 있다. 본서와 관련지어 말한다면 기업가의 소질이 있는 편에 속하는 사람들이다. 그들은 실험에 참여하지 않았다면 매달 받을 수 있었던 보수도 포기한 채, 올리브 수확이 끝날 때까지 분투노력(奮鬪努力)한 사람들이다. 일 년 정도 보수 없이 버틸 수 있는 생활 자금이 있었고, 매달의 급여보다는 1년 성과에 대한 배당을 택한 그들은 확실히 기업가의 소질이 있는 사람들이라고 말할 수 있다.

결국 그들은 노력에 상응하는 보상을 받았다. 그러나 어떤 이유에서든 실험에 참여치 않은 다른 농민들은 정해진 보수를 받으며 여전히 빈들거리면서 그럭저럭 살 것이다. 기업의 이익이 얼마가 되었든 정해진 급여만 받도록 되어 있는 종업원에게 목숨을 걸고 분투노력하기를 기대할 수는 없는 일이다. 그들에게 주인의식을 갖도록 하려면, 그리하여 그들이 회사의 일을 자신의 일처럼 해주기를 기대한다면, 그들이 노력한 만큼 기업의 이익 분배에 참여할 수 있도록 하지 않으면 안 된다. 시무식 때마다 "열심히 하여 성과를 내면 연말에 보상하겠다."고 호언장담하는 기업가가 적지 않은데 모르긴 해도 별로 효과가 없었을 것이다. 연말에 보상하겠다고 했지만 막상 연말이 되어 현실적으로 보상을 실행하기 어려울 경우가 왕왕 발생한다. 이익이 나지 않은 경우도 있고, 이익은 났지만 자금이 여의치 않은 경우도 있다. 어떤 연유에서든 약속이 이행되지 않으면 다 틀어진 것이다. 그 후로는 여간해서는 믿지 않는다. "열심히 하여 성과를 내라. 그러면 보상하겠다."고 말해도 "미리 줘 보세요. 그러면 열심히 하겠습니다."라고 응수한다. 결국 닭과 달걀의 딜레마에 빠지게 되고, 그렇게 되면 좀처럼 신뢰를 회복하기가 쉽지 않게 된다.

어떠한 시도이든, 실효를 거두기 바란다면 호언장담보다는 신뢰할 수 있는 제도를 만들어야 한다. 자금, 인재, 기술이 부족함을 두려워 말라. 창업 초기라면 그런 것은 다 부족하다. 주인의식을 갖도록 하는 좋은 제도 하나로 3요소의 부족함을 보충할 수 있다. 이것이 '제1관문'을 돌파하는 첫 번째 열쇠인 바, 이름 하여 '이익분배의 제도화'이다.

기업가의
삼권(三權)

이익분배의 제도화를 설명하려면 먼저 기업가의 삼권(三權)에 대한 설명이 선행되어야 할 것 같다. 앞서 「변수 4: 기본권의 사회화 정도」에서 잠깐 언급한 바 있거니와, 기업가의 삼권이란 기업가가 창업을 하는 순간부터 갖게 되는 세 가지 기본적 권리이다. 세 가지 기본권이란 소유권, 처분권, 경영권을 말한다. 그 내용의 골자는 다음과 같다.

1) **소유권:** 재산 소유권의 약칭(略稱).

창업으로 인하여 탄생된 기업의 모든 재산은 기업가의 소유이며 따라서 기업가 임의로 기업의 재산을 소유 또는 처분할 수 있는 권리를 말함.

2) **처분권:** 이익 처분권의 약칭.

사업 기간 동안 발생한 기업의 이익에 대하여 기업가

가 임의로 처분할 수 있는 권리를 말함.

3) **경영권**: 인사 경영권의 약칭.

기업 활동과 관련하여 기업가가 직접 기업을 경영하거나 또는 전문 경영자 및 관리자의 임용을 기업가 임의로 결정할 수 있는 권리를 말함.

기업가는 이러한 권리를 갖는 대가로 사업에 대한 모든 리스크를 떠안는다. 또는 사업에 대한 모든 리스크를 떠안는 대가로 이러한 권리를 갖는 것일 수도 있다. 따라서 기업가의 삼권은 모두 기업가 1인의 것이며 그 누구도 침해할 수 없는 독점적, 배타적 권리이다. 창업 초기 삼권의 상태는 그러하다. 이를 칭하여 삼권의 가족화(家族化)라 부르기로 하자.

기업이 성장하여 규모가 커지면 기업가는 삼권의 일부를 양도 또는 위임의 형식으로 타인에게 나누어 주게 된다. 이를 칭하여 사회화(社會化: socialization)라고 부르기로 하자. 왜 삼권의 사회화가 불가피한 것인가? 그것은 기업가 한사람이 관리할 수 있는 범위가 유한하기 때문이다. 경영학에서 말하는 '통제의 범위'이다. 이 범위를 벗어나면 보이지 않고, 들리지 않는 부분이 생기고, 그 부분에서 관리의 누수현상이 일어나게 된다.

기업가가 삼권의 가족화 상태를 계속 유지하기를 원한다면 기업은 일정 한계 이상 커질 수 없다. 혹여 규모가 커지더라도 강해지지 못하므로 결국 제자리로 돌아오게 된다. 강해지지 못하면 커진 규모를 유지할 수 없기 때문이다. 약한 군대가 넓은 지역을 지켜낼 수 없는 것은 당연하지 않은가. 단적으로 말한다면, 기업은 기업가가 가지고 있는 세 가지 기본권을 사회화하는 정도만큼 커질 수 있다.

삼권을 얼마만큼 사회화할 것인가는 기업가의 그릇과 관련이 있다. 그러므로 「변수 4: 기본권의 사회화 정도」에서 "변수 4는 기업가의 그릇을 기업가가 가지고 있는 삼권의 사회화 측면에서 말한 것으로 변수 3의 또 다른 표현이다."라고 말한 것이다. 그러나 무작정 기업가의 삼권을 사회화하기만 하면 기업이 커진다는 이야기는 아니다. 사회화는 해야 하되 수순과 타이밍이 정확해야 한다. 어떠한 수순이 옳은 것이며 언제가 정확한 타이밍인지 차분히 생각해보기로 하자.

가족기업(家族企業)의
힘

　　가족기업에는 경영학 이론으로는 설명할 수 없는 비논리적(非論理的)인 힘이 있다. 경영학에서는 기업 조직과 업무 분담에 있어서 한사람이 겸임(兼任)해서는 안 되는 상극적(相剋的)인 부문이 있다. 회계와 출납, 구매와 창고관리, 생산관리와 품질관리 등이 대표적인 예이다. 이런 상극적인 부문을 한사람이 겸임하면 부정과 횡령의 여지가 생긴다. 이제 가족기업이 경영하는 한 식당으로 가보자.

　　이 식당은 부부가 경영하고 있다. 남편은 사장 겸 주방장을 맡고 있다. 부인은 아침 일찍 시장에 가서 음식 재료를 사가지고 와서 (구매 업무) 필요한 양은 주방에 넣고(불출 업무) 남은 양은 창고에 보관(창고 관리)한다. 주방에서 준비가 끝나면 식당 문을 열고 하루의 영업이 시작된다. 부인은 손님을 맞고 주문을 받으며 계산까지 한다.(수주에서 수금에 이르는 영업 활동의 전 과정을 담당한다) 일이 끝나서 문을 닫고 나면 그날의 벌이를 결산하고 장부에 기록한다. (회계) 남편

이 돈이 필요하다고 말하면 부인이 지급한다.(출납)

이 식당의 부인은 경영학에서 하지 말라는 건 다 하고 있다. 남편이라고 다를 것 없다. 제품을 생산하고 품질을 보증하는 것은 남편 한사람의 몫이다. 그를 대신해 제품검사 따위를 해주는 사람은 아무도 없다. 상극적인 업무가 겸임되어 진행되고 있지만 횡령 등의 사건은 일어나지 않는다. 내 것을 훔치는 도둑이 어디 있겠는가. 두 사람이 각자 다른 마음을 먹지 않는 한 아무 일도 일어나지 않을 것이다.

이 식당이 사업이 번창하고 일손이 부족해지자 아들과 며느리가 가세(加勢)하였다. 부부 두 사람이 할 때는 순이익이 500만 원이었는데 아들 부부가 가세한 후에는 순이익이 1,000만 원으로 늘어났다. 식당 주인은 아들 부부의 가세로 인하여 늘어난 순이익 500만 원을 고스란히 아들 부부에게 주었다. 손님은 계속 늘어나고 사업은 순풍에 돛을 단 것처럼 번창하였다. 종업원이 어느새 40명이나 되었고 순이익도 1억 원을 돌파하기에 이르렀다.

아들 부부는 생각한다. 이 상태로 계속된다면 종업원 80명이면 순이익 2억 원, 종업원 200명이면 순이익 5억 원이라는 계산이 나온다. 식당은 아들 부부의 생각대로 계속 커졌고 종업원도 마침내 200명이 되었다. 이상한 것은 매출은 종업원이 40명일 때의 다섯 배가 되었는데, 순이익은 오히려 당시보다 감소하여 1억 원을 밑도는 것이었다. 아들 부부는 이러한 결과를 믿기 어려웠지만 현실은 그렇게 나타나고 있었다.

주인 내외와 아들 내외 이렇게 네 사람이 사업을 할 때는 네 사람 모두 한식구이고 주인이었다. 모두 자신을 위하여 내 일을 했기 때문에 응집력도 강하고 책임감도 강했다. 누가 누구를 관리할 필요도 없었다. 관리 중에 가장 높은 수준인 자기관리(自己管理)가 이루어지고 있는 상태이므로 누수가 발생할 리 없다.

종업원이 40명이 될 때까지는 그럭저럭 관리가 유지되었다. 네 사람의 주인이 1인당 10명씩 관리하면 되었으므로 그런대로 '눈에 보이는 관리'의 효과가 유지되었다. 그러나 그 이상으로 커지면서 '눈에 보이는 관리'의 효과는 없어지고 여기저기에서 누수(漏水)가 생기기 시작한 것이다. 관리의 공백을 메우기 위해 반장(班長)을 두고 반원들을 관리하게 한다. 반장의 수가 늘어나다 보니 반장들을 관리할 지배인(支配人)이 필요해진다. 결국 지배인과 부지배인 두 사람이 18명의 반장을 관리하고 18명의 반장이 180명의 종업원을 관리하는 방대한(?) 조직이 형성되었다.

지배인과 반장들에게는 일반 종업원에 비해 높은 급여를 준다. 그렇다고 해서 그들이 주인의식을 갖고 아들 부부처럼 일하는 것은 아니다. 일반 종업원들도 나름대로 불만이 있다. 그들은 지배인이나 반장들이 자신들보다 열심히 일을 하는 것도 아니면서 급여만 높은 것에 대하여 수긍할 수 없는 것이다. 결국 규모만 커졌을 뿐 이렇다 할 실속이 없는 데다가, 머리만 복잡해진 것을 깨닫게 된 식당 주인은 단출했던 옛날을 회상하게 되고 그렇게 되면 식당의 규모는 원상태로 돌아오게 마련이다. 어째서 이런 일이 발생하는 것일까? 도대체 무엇이 잘못된 것일까?

기업가 삼권(三權)의
사회화(社會化) 과정

　기업이 성장하고 규모가 커짐에 따라 기업가의 삼권이 사회화 과정을 거치는 것은 지극히 당연한 일이다.(삼권을 다 움켜쥐고 할 수 있는 사업이란 구멍가게뿐이니까) 문제는 수순에 대한 견해가 사람에 따라 다르다는 데 있다.

　여기서 수순(手順)이란 "삼권 중 어느 것부터 사회화하는 것이 옳은가"하는 것에 관한 이야기이다. 이 대목에 이르면 필자는 매우 곤혹스러워진다. 대부분의 사람들이 필자와는 다른 견해를 갖고 있으며, 설사 같은 견해를 가진 기업가라고 해도 실제로 사회화하는 과정을 보면 필자의 견해와는 다르게 진행되고 있기 때문이다. 많은 기업가 그리고 학자들까지도 필자와 견해를 달리하기 때문에 곤혹스러운 것은 사실이지만 그렇다고 해서 필자의 견해가 틀렸다는 생각은 추호(秋毫)도 없다. 필자의 견해가 옳은 것임을 입증해주는 사례가 흔하지는 않지만(흔하지 않은 이유는 그렇게 하는 회사가 별로 없기 때문이다) 여러 곳 있으며, 반면에 틀렸다는 사례는 찾아볼 수 없기 때문에 이 부분에 관한 필자의 확신은 견고하다.

기업가의 삼권 중 가장 먼저 사회화해야 하는 것은 과연 무엇일까? 많은 기업가와 학자들은 입을 모아 '경영권의 사회화'를 말한다. 한편 필자는 '이익처분권의 사회화'가 먼저라는 주장이다. 사실 기업가 삼권의 사회화는 2단계가 끝나면 재산소유권만 기업가에게 남고, 3단계가 끝나면 삼권 모두가 사회화된다. 논쟁의 대상은 1단계 사회화 과정에서 어느 것부터 사회화하느냐인데, 수순에 따라 기업의 미래가 아주 달라지는 것이다. 2단계가 끝나면 재산소유권만 기업가에게 남고, 3단계가 끝나면 삼권 모두가 사회화된다면 결국 그게 그거지 무슨 차이가 있느냐고? 여기에 결코 간과해서는 안 될 중요한 수순의 묘가 있는 것이다.

어떻게 해도 3단계까지 가는 것이라면 별 차이가 없을 수도 있다. 그러나 다음 단계로 갈 수 있는지 여부를 결정하는 데 있어서 수순이 중대한 역할을 한다면 이야기는 전혀 달라진다. 삼권(三權) 중 이권(二權)이 사회화되는 것은 먼 훗날의 일이다. 삼권 모두가 사회화되는 것은 어쩌면 일어나지 않을 수도 있다. 첫 번째 단추를 잘못 끼우면 2단계 사회화 과정에 진입도 못하고 도중하차(途中下車)할 수도 있는 것이다. 여기에 수순의 중요성이 있는 것이다. 그런데 많은 기업가와 학자들이 입을 모아 '경영권의 사회화'를 우선적으로 말하는 근거는 어디에 있는 것인가?

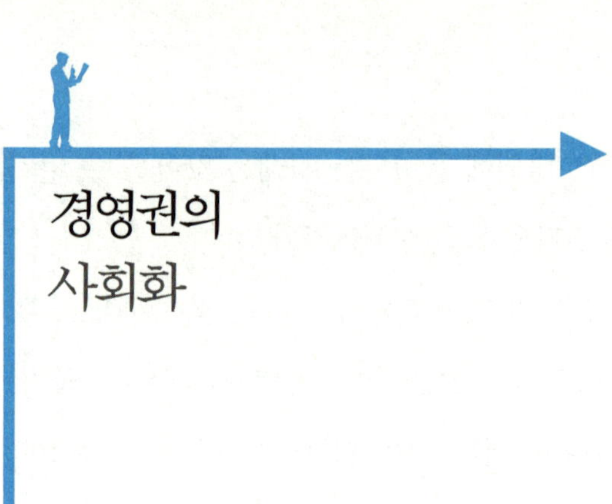

경영권의
사회화

　이 글에서 말하는 경영권은 인사(人事)경영권(經營權)의 약칭이다. 경영권의 사회화라 함은 기업가가 전문경영자나 부문별 전문 관리자에게 인사권을 포함한 기업 경영권을 위임하는 것이다. 이것은 다분히 소유와 경영을 분리해서 생각하는 미국적(美國的) 방식이다. 기업가는 소유자 신분으로 뒤에 앉아 있고 일선 경영은 이사회에서 선임된 전문경영자가 맡는다. 전문경영자는 정해진 보수를 받으며, 기업가는 주주로서 사업성과에 따른 배당금을 받는다. 여기서 기업가의 삼권(三權)이 어떻게 이동되는지 눈여겨보자.

　소유권(所有權)은 기업가의 것으로 이동하지 않는다. 그건 원래부터 그렇다. 경영권은 이미 전문 경영자에게 위임하는 형태로 이동되어 있다. 그럼 처분권(處分權)은 어떠한가? 기업의 손익은 주주의 이익과 직결되어 있다. 배당금의 형태로 기업에서 주주로 이동되기 때문이다. 주주가 배당금의 원천을 많이 만들어낼 수 있는 전문경영자를 선호하고, 자신에게 돌아올 배당금을 타인에게 양보할 의사가 없는 한, 기업가의 처분권은 이동하지 않고 고스란히 주주에게 귀속된다.

이러한 제도 안에서는 전문경영자가 자신의 몸값을 높이기 위하여 열심히 일할 수는 있으나 그에게 주인의식을 기대하기는 어렵다. 그는 지금보다 월등히 유리한 조건을 제시하는 곳이 나타나면 가차 없이 지금의 자리를 박차고 일어날 것이다.

경영권이 먼저 사회화되고 처분권이 요지부동인 조직 내에서, 기업 활동의 성과는 단순히 주주와 전문경영자 사이만을 오갈뿐, 종업원과는 아무 관계도 없는 것이 되어버린다. 기업 활동의 성과가 조직에서 일하는 종업원과는 아무 관계도 없는 것이라면 어느 종업원이 열과 성을 다하여 일을 하겠는가? 그럼에도 불구하고 미국 경영학에 젖어 버린 대다수의 학자들과 그들에게서 경영학을 배운 제자들 그리고 기업가들이 별다른 비판 없이 경영권의 우선적 사회화를 받아들이고 당연시하는 것이다.

경영권의 사회화는 언젠가는 거쳐야 할 과정이다. 그러나 그 시기는 유아기나 청년기가 아니라 대기업이 된 장년기에나 시행할 과제이다. 작금의 실태는 어떠한가? 중소기업에 있어서 많은 기업가들이 알게 모르게 경영권의 사회화를 시행하고 있다. 중소기업의 기업가라고 해서 만능일 수 없으므로 자신에게 취약한 부분의 경영권을 사회화하는 경향이 있다. 기업가의 출신이나 전공에 따라서 영업부문 또는 제조부문 등을 부문별 전문경영자에게 맡기기도 하고, 때로는 특정한 아이템(item)을 통째로 전문경영자에게 맡기기도 한다. 그러나 진행 과정은 매끄럽지 않으며, 결과 또한 신통치 않은 경우가 비일비재(非一非再)하다.

세계화가 진행됨에 따라 중소기업이 대기업을 따라서 해외로 동반 진출하는 사례가 많이 있다. 해외에 현지 법인이 설립되고 현지 공장이 들어선다. 지역적으로 떨어져 있기 때문에 기업가가 직접 관리할 수 없으므로 경영을 위임할 수밖에 없다. 전공 관계, 특정한 아이템, 해외 진출 등 여러 가지 사유로 경영권의 사회화가 활발해지고 있다. 그러나 내용을 자세히 들여다보면 삐거덕거리는 소리가 난다. 완전히 권한이 위임된 것도 아니고 그렇다고 위임이 되지 않은 것도 아니다. 다 맡겨놓은 것 같으면서도 때로는 기업가가 일선 실무자에게 추궁도 하고 지시도 한다. 권한을 위임받은 전문 경영자는 모든 것을 소신껏 처리하지 못하고 전전긍긍한다. 그러다 보니 일선 실무자들도 갈팡질팡하게 된다. 기업가의 말을 들어야 할지 전문 경영자의 말을 들어야 할지 판단이 서지 않기 때문이다. 어째서 이러한 일이 생기는 것인가?

사회화의 방법
그리고 선악(善惡)

기업이 성장하여 규모가 커지면 기업가는 삼권의 일부를 양도 또는 위임 등의 형식으로 가족이 아닌 제삼자에게 나누어 주게 된다. 이를 칭하여 기업가 삼권의 사회화라 한다. 지금까지 사회화를 하는 수순에 대하여 말하여 왔으나 사회화의 방법도 연구의 대상이 된다. 100% 사회화할 것인가 아니면 일부만 사회화할 것인가?

우선 경영권의 사회화를 생각해보자. 경영권의 핵심은 무엇인가에서 출발하면 이해하기 쉬워진다. 경영권의 핵심은 인사권(人事權)과 사업 시행권(施行權)이다. 인사권의 골자는 사람을 채용하고 보직을 주고 승진을 시키고 해고하는 권리이며, 사업 시행권의 골자는 사업 여부를 확정하고 사업 규모를 결정하며 거래 상대와 계약에 서명하는 것이다. 사회화라고 하지만 일률적으로 말하기 어려운 것은 기업가마다 사회화의 범위를 다르게 인식하고 있기 때문이다. 필자가 지도했던 K사의 경우, 창업주가 아들에게 경영권을 물려주고 경영 일선에서 물러났지만 신규 사업을 결정할 때는 창업주가 수시로 관여하였다. 또 O사의 창업주는 다른 일은 다 아들인 사장에게 일임하였지만 인사에 관해서는 수시로 관여하였다. 물론 이 경우에는 부자간의 권력 이동이므로 사회화는 아니지만, 부자간의 권력 이동도 그러할 진데 남남간의 권력 이동인 사회화의 경우에는 어떠하겠는가.

중소기업에서는 대기업의 임원을 스카우트하여 경영을 맡기는 경우가 심심치 않게 있는데, 경영을 위임 맡은 전문 경영자마다 경영권의 범위가 제각각이다. 어떤 경영자는 투자 결정에 있어서 자유롭지 못하고, 어떤 경영자는 인사권이 제한되어 있는가 하면, 어떤 경영자는 자금 운영에 관하여 매우 부자연스러운 상태에 있다. 이와 같이 불완전한 사회화는 잘못된 것인가?

이 시점에서 잠깐 머리를 식히자. 그리고 아주 천천히 기업가가 삼권을 사회화하려는 근본적인 이유에 대하여 다시 한 번 생각해 보자. 기업가 한사람이 기업을 관리할 수 있는 범위는 유한(有限)하다. 경영학에서 말하는 통제의 범위이다. 이 범위를 벗어나면 보이지 않고, 들리지 않는 부분이 생기고 관리의 누수현상이 일어나게 된다.

기업가가 삼권의 가족화 상태를 계속 유지하기를 원한다면 기업은 일정 한계 이상 커질 수 없다. 만일 기업가가 사업을 일정 규모 이상 키우지 않겠다면 어찌되는 것인가? 아들 네 명만 데리고 '오부자(五父子) 가게'로 만족하겠다면 어찌되는 것인가? 그러한 경우라면 기업가는 삼권의 사회화를 추진할 필요가 전혀 없는 것이다.

기업가 삼권의 사회화는 기업가가 필요로 해서 하는 것이지 꼭 해야 하는 의무 사항이 아니다. 삼권을 기업가 혼자 독점하든 아니면 자식들에게만 나누어주든 아무도 나무랄 수 없다. 대개의 가족 기업이 창업 초기에는 삼권이 가족화 상태에 있으며 이는 오히려 바람직한 형태일 수도 있다.

삼권(三權)의 사회화(社會化)는 선악의 개념이 아니라 기업가의 선택사항이다. 가족화건 사회화건 모두 기업 구조의 특징일 뿐이다. 단, 삼권의 가족화와 사회화의 구성 비율과 형태가 기업의 성격, 규모, 경쟁력, 존속력 등 여러 방면에 영향을 주는 것은 분명한 사실이다.

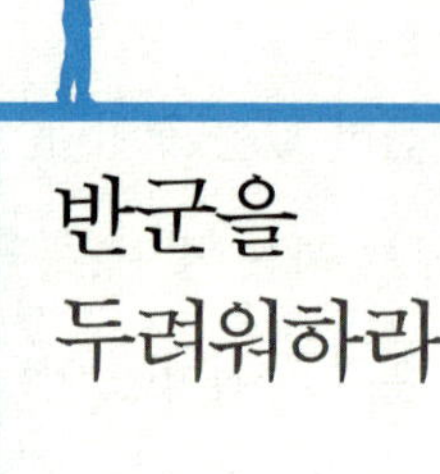

반군을
두려워하라

　기업이 일정 규모 – 라 함은 조직 전체가 기업가의 시계를 벗어나지 않은 정도의 규모, 즉 눈에 보이는 관리가 가능한 규모를 말함 – 를 넘어서기 전까지는 기업가의 삼권은 기업가 한 사람이 독점하는 것이 일반적 사례이다. 그것이 추진력도 강하고 대응력도 강하여 중소기업의 특성을 살리기에도 적합하다. 그리고 그 상태에서 더 이상 크지 않기로 결심했다면 삼권의 가족화를 고수해도 무방하다.

　문제는 일정 규모에 머물러 있기를 원하는 기업가가 지극히 드물다는 점이다. 삼권을 움켜잡은 상태에서 몸이 자꾸만 앞으로 쏠린다. 이때 중심을 잃고 앞으로 발을 내딛게 되면 거의 예외 없이 '규모의 늪'에 빠지게 된다. 규모의 늪에 빠지지 않으려면 삼권의 사회화가 이루어져야 하는데 이 경우 십중팔구는 경영권의 사회화를 추진한다. 통제 범위를 벗어나는 부분의 경영을 제3자에게 맡기는 것이다.

맡기는 분야는 대체로 기업가가 취약한 부분이다. 위임받은 경영자가 무슨 일을 어떻게 하고 있는지 기업가는 잘 모르는 경우가 많다. 설혹 아는 분야라고 하더라도 손이 부족해서 맡긴 것이므로 자세히 관찰할 여유가 없다. 결국 위임한 분야는 위임받은 경영자의 의도대로 흘러간다. 그러다 어느 날 문득 위임한 분야가 기업가의 손을 떠난다. 반란이 일어난 것이다.

가족기업에 있어서 특정 부분을 위임받은 경영자가 기업가를 배반하는 일은 그다지 희한한 일이 아니다. 왜 반군이 생기는가?

능력이 있는 사람을 일정한 금액의 보수로 묶어 놓고 그가 잘하는 분야의 일을 시킨다. 그라고 기업가가 되겠다는 꿈이 없겠는가? 기업가에게 기업가정신이 무기라면 그는 기업가정신에 더하여, 그 분야의 노하우(know-how)까지 갖고 있다. 당장은 자금 등 여건이 여의치 않아서 남의 밑에서 일하고 있지만 수시로 탈출의 기회를 엿볼 것이다.

배반이 일어나면 그는 혼자만 조용히 나가는 것이 아니라 그가 훈련시켜놓은 그 분야의 핵심적인 실무자까지 데리고 나간다. "그깟 몇 명쯤의 이탈이 무슨 대수인가?"라고 생각한다면 당신은 결코 기업을 키울 수 없다. 반란을 막으면 '+1'이지만 막지 못하면 '-1'로 그 차는 배가 된다. 게다가 그는 당신의 사업 분야에서 위협적인 경쟁자가 될 수도 있다.

반란 초기에는 일시적으로 당신이 유리할 것이다. 그동안 쌓아 놓은 실적 덕분에 당신은 반군과 갑(甲)과 을(乙)의 관계를 맺고 그를 하청업체로 활용할 수도 있다. 그러나 그러한 관계는 대체로 오래 지속되지 못한다. 그 분야에서 당신보다 뛰어난 반군의 수장(首長)은 짧은 기간 내에 당신보다 더 커져서 당신의 시장을 잠식하고 당신의 고객을 빼앗아 갈 것이다.

경영권을 먼저 사회화하는 것은 잘못된 수순(手順)이다. 일시적으로는 기업을 키울 수 있을는지 몰라도 이내 원위치로 돌아가기 십상이다. 다행히 반란이 일어나지 않는다고 해도 기업이 강해지기는 어렵다. 당신은 시종 주도권을 빼앗긴 상태에서 그에게 끌려다니게 될 것이다. 시한폭탄(時限爆彈)을 안고 있는 것과 다를 것이 없으므로 당신은 매우 불편하며 힘을 쓰기 어려울 것이다. 기업가가 힘을 쓰기 어려운 상태에서는 기업은 결코 강해질 수 없다. 잘못된 수순(手順)으로 인하여 판을 그르친 것이다.

인간에게는 이기심이라는 것이 있다. 정도의 차이가 있을 뿐, 누구나 어느 정도의 이기심이 없을 수 없다. 당신은 그에게 경영권을 위임했다고 생각하지만, 그는 자신이 장기(長技)로 하는 부분을 제공하는 대가로 일정한 보수 – 그 보수가 대단치 않다는 데에 문제가 있다 – 를 받는 것 외에는 더 이상 얻는 것도 없다고 생각하고, 불만을 가질 수 있는 것이다. 그러한 상태에서 그는 어쩌면 최선을 다하지 않을는지도 모른다. 당장 마땅히 있을 곳이 없어서 잠시 머물러 있는 떠돌이 주방장처럼, 호시탐탐 독립할 기회를 노리며 건성으로 일할 수도 있다.

기업 지도를 해 온 지난 세월 동안 필자는 반군 수장(首長)을 여러 명 보았다. 그들의 공통점은 독립하여 자기의 사업을 시작하면 기업에 고용되어 일하던 때보다 월등한 실적을 낸다는 점이다. 숨겨 놓았던 모든 실력을 아낌없이 발휘하는 것이 아닐까? 그러므로 기업가는 경영권을 사회화하기 전에 먼저 그를 내 사람으로 만들어야 한다. 그러려면 이익처분권부터 먼저 사회화하는 것이 수순(手順)이다.

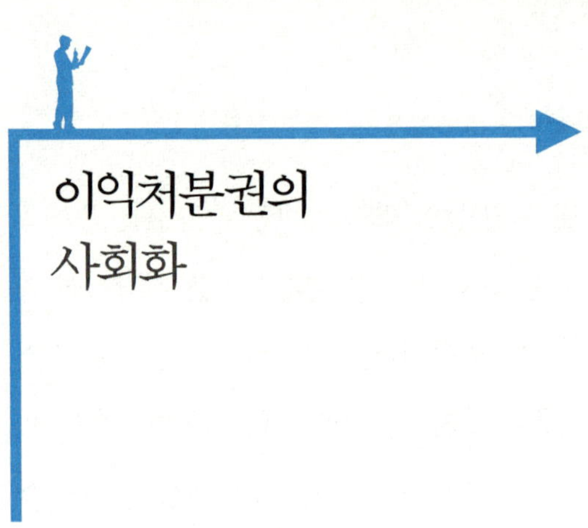

이익처분권의 사회화를 말하기에 앞서 이익처분권의 개념을 확실히 하고 지나가자. 먼저 이익의 처분과 비용 처리와의 차이를 확실하게 해 둘 필요가 있다. 이렇게 말하면 이익(利益)과 비용(費用)을 구분하지 못하는 기업가가 어디 있느냐고 화를 낼는지 모르겠다. 그래도 짚고 넘어가야겠다. 이익은 비용을 다 공제하고 난 후에 남아있는 사업의 성과물이다. 따라서 이익의 처분은 비용의 계상과는 다른 차원의 이야기이다.

이익처분권을 사회화한다. 말로는 쉬운 것 같지만 실행하기는 쉽지 않다. 아니, 결단하기가 쉽지 않다. '회사가 돈을 많이 벌면 나 혼자 이익을 다 갖지는 않을 것이다.'라는 생각을 해본 기업가는 적지 않겠지만 실행에 있어서는 과연 어떨까? 이익이 많이 난 어떤 해 연말에 몇 백 %의 상여금(이것은 이익 처분이 아니라 비용임)을 지급하였다. 이런 차원의 이야기가 아니다.

 "이익이 나면 연말에 성과급을 지급하고 이듬해에는 파격적인 임금인상을 합니다. 이런 정도라면 충분히 베풀었다고 보는데 어떻습니까?" 하며 자랑스럽게 말하는 기업가를 만난 적이 있었다. 그와는 다른 개념이라고 대답해주었더니 몹시 의아해했다.

문제는 '베풀었다'라는 생각이다. 기업가가 종업원에게 '베풀었다'라는 생각을 갖고 있는 한, 이익처분권의 사회화는 이루어지기 어렵다. '베풀었다'라는 것은 본래는 내가 가져야 마땅한 것을 선심을 써서 양보한 것이다. 그러나 이익 처분권의 사회화는 소유권이나 경영권의 사회화와는 개념이 다소 다르다. 소유권이나 경영권의 사회화는 본래 기업가의 것을 주는 것이다. 기업가는 반대급부로 재화 또는 용역을 제공받을 수도 있고 또는 무상으로 줄 수도 있다. 그러나 이익 처분권은 기업가가 혼자 만들어낸 것을 주는 것이 아니다. 기업 이익은 기업가와 종업원이 같이 만들어낸 것이다. 이익의 상당 부분은 종업원에게 귀속되어야 마땅하다고 생각하여 그들에게 돌려주는 것이다. 기업가가 자신의 것을 나누어 주는 것과는 전혀 다르다.

"성과를 내라. 성과를 내면 반드시 보상할 것이다."라고 성과급을 외치는 기업가가 적지 않다. 더구나 이들 중에는 '성과급'이라는 것이 예전에는 없었던 현대 경영의 최신 도구인 줄로 착각하는 사람도 있다. 그러나 '성과급'은 최신작품이 아니라 산업시대 초기부터 있었던 고전적 도구이다. 베버지(Charles Babbage)는 1832년 판 『기계와 제조업자의 경제에 관하여』에서 "노동자는 수행한 업무에 대해서만 임금을 지급받아야 한다."라고 말한다. 이론대로라면, 아무리 월등한 지식과 기능을 가진 근로자라도 일하기 쉽도록 단순작업으로 분할된 생산라인에서 근무하면 그가 수행한 단순한 작업의 결과에 대해서만 보상받아야 한다는 것이다. 이 경우 그가 가진 월등한 지식과 기능은 그가 받는 보상에 전혀 반영되지 않는다.

이러한 그의 주장은 산업시대 초기를 지배한 이론으로 후에 직무급의 효시가 되었다. 성과를 낸 만큼 보상하는 것은 오래된 이론으로 지금에 와서는 전혀 새로울 것이 없다. 그럼 언제는 새로운 것이었던가? 그렇다. 성과를 낸 만큼 보상한다는 것은 지금 생각으로는 이상할 것이 없지만 산업시대 초기에는 매우 신선한 사고방식이었다. 산업시대 이전 즉, 중세 봉건사회에 있어서 영주에게 속해 있던 농부 중에 그 누가 일을 한 만큼 보상을 받았겠는가. 그러므로 산업시대 초기에 있어서 성과를 낸 만큼 보상을 한다는 것은 당시로서는 혁신적 개념이 아닐 수 없다. 그러나 시대가 바뀌었다.

이제는 성과를 낸 만큼 보상을 받는다는 사실에 대하여 아무도 경이롭게 생각하지 않는다. 그것은 매우 당연한 것이며 그렇지 않으면 오히려 이상하다고 여긴다. 그러므로 "성과를 내라. 성과를 내면 반드시 보상할 것이다."라는 제안은 생각처럼 긍정적인 호응을 얻기가 쉽지 않은 것이다.

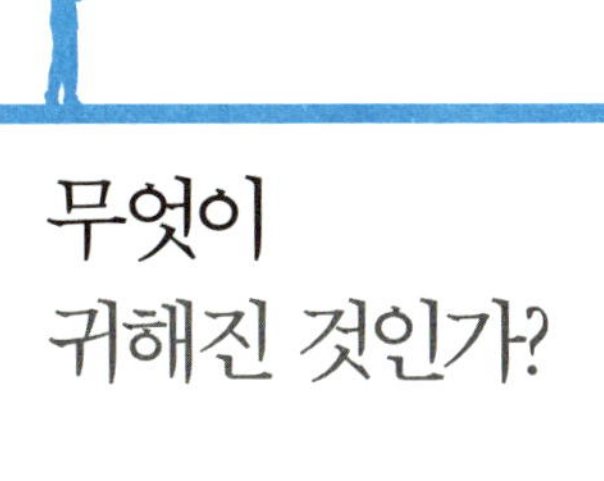

무엇이
귀해진 것인가?

시대가 놀라운 속도로 바뀌고 있다. 무서운 속도로 변하고 있다. 조직, 인력자원이 제한되어 있는 중소기업은 오늘날의 변화에 대응하기가 만만치 않다. 탈공업화(脫工業化), 정보화(情報化), 세계화(世界化) 등 용어의 정의(定義)가 무엇인지, 용어가 시사(示唆)하는 바가 무엇인지 정확히 파악도 되기 전에 이미 새로운 시대에 들어와 있다. 시대가 바뀌었다고들 하는데 나는 무엇이 어떻게 바뀌어야 하는가? 변화의 핵심은 무엇이며 나는 어떻게 대처해야 하는가? 이러한 의문에 대한 답을 마련하기도 전에 기업은 어려움에 빠져버린다.

과연 무엇이 바뀐 것인가? 어느 때부터인가 사람이 필요한데 사람을 구할 수가 없다. 각종 보도 매체에는 실업률이 늘어나고 있고, 대학을 졸업한 인력들이 갈 곳이 마땅치 않다는 기사가 실리고 있지만, 정작 중소기업에는 들어오겠다는 사람이 없다. 나가기만 하고 들어오지는 않는 이러한 현상은 기술직사원부터 시작되어 지금은 기능직사원까지 널리 파급되었다. 생산 현장에 반·조장을 제외하면 거의가 외국인 근로자들뿐인 중소기업이 적지 않다.

특수한(?) 분야에 있어서 생산기술 등의 전문 인원은 충원이 어렵고 어쩌다 면접을 보면 요구하는 연봉(年俸)이 엄청나게 높다. 간혹 연봉이 맞는 경우가 있는데 그러한 경우에는 실력을 의심해야 할 정도이다. 지금 이야기하고 있는 내용이 귀사의 형편과 유사하다면 귀사는 이미 중병에 걸려 있는 상태 즉 중태이다. 중태라 함은 시대가 어떻게 바뀌고 있는지 전혀 모르는 상태라는 말이다. 아니면 알기는 하지만 포기 상태에 있는 것이다.

무엇이 귀해진 것인가? 여기에 나무통이 있다. 높낮이가 서로 다른 판자를 이어 붙여 만든 나무통이다. 통 안에 물을 부으면 통이 담을 수 있는 물의 양은 가장 낮은 판자에 의해 결정된다. 판자 중 하나가 유독 짧다면 다른 모든 판자들이 아무리 길어도 물의 양은 많아지지 않는다.

나무판자들은 생산요소들이다. 우리가 지난 수십 년 동안 겪어 왔던 한국의 공업화 과정에서 가장 짧은 판자는 자본이었다. 자본만 키우면 그것으로 필요한 설비, 인력 등을 조달할 수 있었다. 자본이라는 판자가 생산량을 결정하고, 기업의 규모를 결정하고, 다른 모든 판자를 좌지우지했다. 지금은 어떠한가? 앞으로는 어떻게 될 것인가? 자본은 언제까지 가장 짧은 판자의 지위를 고수할 수 있을 것인가?

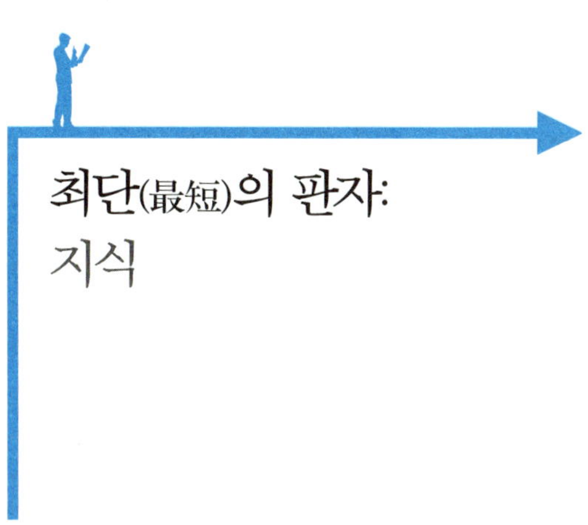

최단(最短)의 판자: 지식

위에서 잠깐 탈공업화(脫工業化) 사회를 언급한 바 있다. 문자 그대로 단지 공업사회를 벗어났다는 말일 뿐, 특별히 어떤 사회를 지칭하는 용어는 아니다. 이런 식의 용어가 나오기 시작했던 당시, 말하기 좋아하는 사람들이 저마다 한 마디씩 했다. 불확실성의 시대, 불연속의 시대(the age of discontinuity), 탈사업의 사회(post-business society), 다중선택의 사회(multiple option society), 지식 사회, 정보화 사회, 탈공업화 사회 등이다. 이 중 그나마 구체적인 내용을 시사하고 있는 용어는 지식 사회와 정보화 사회 두 가지 뿐이며 다른 것은 구름 잡는 이야기이다. 탈○○라니. 본 적이 없던 새로운 동물이 나타났는데 동물의 이름을 물으니 "잘 모르겠지만 ○○는 아니다."라는 답변과 다를 것이 무엇인가? 그래도 유명한 사람이 말하면 다들 끄덕거린다.

중요한 것은 사회가 변했다는 것이다. 무엇을 보고 사회가 변했다는 것을 알 수 있는가? 경제적 관점에서 본다면 사회가 변한다는 것은 '이익 분배의 규칙'이 변함을 말하는 것이다. 공업화 이전의 농경사회에서는 권력의 크기가 이익 분배의 기준이었고, 공업사회로 바뀐 뒤에는 자본의 크기가 이익 분배의 기준이 되었다.

이제 자본은 더 이상 이익 분배의 기준이 되지 못한다. 자본보다 더 짧은 판자가 나타났기 때문이다. 그 판자의 이름은 '지식'이다. 지식이 이익 분배의 새로운 기준이 되고 지식을 가진 자가 인재가 되며, 그 인재가 이익 분배의 주인이 되는 것이다.

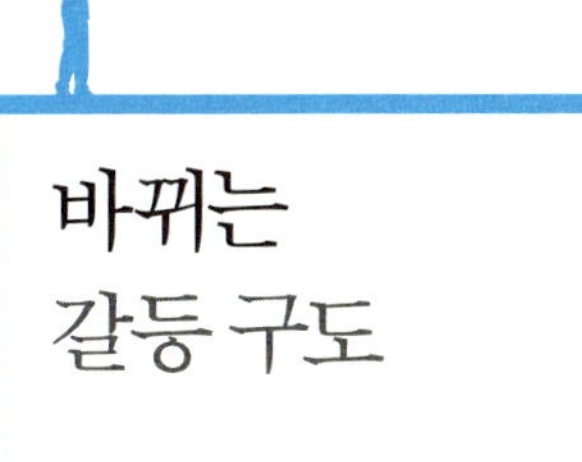

바뀌는
갈등 구도

공업화 사회에 있어서 주된 갈등 구도는 노사(勞使) 간의 갈등이다. 자본의 크기가 이익 분배의 기준이 되는 공업사회에서 자본을 투입한 기업가와 노동력을 투입한 노동자의 갈등은 이상할 것도 없다. 기업 이익의 원천이 자본인가, 노동력인가? 둘 중 어느 것에 비중을 두어야 하는가? 등은 본서의 주제와는 별개의 과제이므로 더 이상 다루지 않는다. 확실한 것은 자본과 노동 양자가 모두 이익 창출에 기여했다는 사실이며, 이로써 양자는 각각 자신의 기여도를 주장할 수 있다는 것이다.

노사분규의 현장을 보면 노측은 현장을 점령하는 것을 매우 중시(重視)한다. 현장을 점령하고, 현장을 지키기 위하여 귀가(歸家)조차 포기한다. 만일 현장을 내어 놓고 귀가하면 대체 인력에게 현장을 점령당할 수도 있다. 그들에게 현장을 내어 주는 것은 일자리를 내어 주는 것이나 다를 바 없다. 그렇게 되어서는 당초의 분규 목적과 크게 멀어질 것이다. 그러므로 현장을 고수해야 한다. 어째서 이렇게 되는 것인가 하면 아직까지는 자본이라는 판자가 노동이라는 판자보다 짧기 때문이다. 자본이 노동보다 귀한 생산 요소이기 때문이다.

이제는 달라지고 있다. 선진 기업, 첨단 기술이나 소프트웨어를 취급하는 기업을 보라. 기업가가 급여를 올려주지 않는다고 생산 라인, 실험실, 연구실 등을 점령하고 농성하는 연구원이나 기술 인력이 있는가? 천만에. 그들은 그냥 떠나버린다. 지식산업에서는 머리에 띠를 두르고 현장을 고수하는 사람은 찾아보기 어렵다.

새로운
자본

　지식사회에서 인재는 기업의 발전을 보증하는 중요한 요소이다. 극단적인 경우, 특히 소프트웨어 산업에서는 단지 기술자 몇 명이 이동하는 것만으로도 기업 활동이 마비되는 수가 있다.

　소프트웨어 산업에서는 놀라운 능력을 가진 인재(人才)들이 눈에 뜨인다. 그들이 없으면 어떤 신제품도 기대할 수 없다. 하이테크(high-technology) 산업에서도 비슷한 현상이 일어나고 있다. 그 정도의 고급 인력이라면 이미 노동력이 아니라 자본이다. 노동의 범주에서 벗어나 있는 것이라면 급여를 높게 책정하는 정도로 잡아둘 수 있을까?

　오늘날의 인재는 자본이다. 문자 그대로 인력자본(人力資本)이다. 그들은 고급 봉급자가 아니라 인력자본을 투입한 투자자가 되기를 원하고 있다. 이러한 인재를 연봉 얼마라는 방식으로 접근한다면 그들을 당신의 사람으로 만들기는 어려울 것이다.

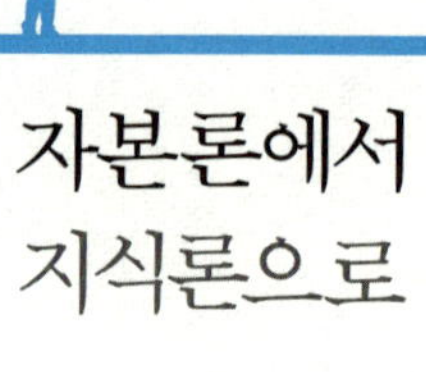

자본론에서
지식론으로

　지식이 새로운 자본으로 대두된 현 시점에서 종래의 자본론(資本論)은 수정되지 않으면 안 되는 운명을 맞고 있다. 자본론의 골자 – 누가 투자하는가? 누가 위험을 부담하는가? 누가 수익을 실현하는가? – 가 흔들리고 있기 때문이다. 현대 소프트웨어 산업에서는 자본을 가진 자와 지식을 가진 자가 공동(共同)으로 투자하여, 공동으로 위험을 부담하며, 공동으로 수익을 실현한다. 더욱 놀라운 사실은 지식을 투자한 자가 주주(株主)가 될 수 있을 뿐만 아니라 자본을 투자한 자보다 더 큰 주주가 되기도 한다. 게다가 대주주(大株主)가 된 지식투자자가 경영권도 가진다. 자본론의 근간이 흔들리고 있는 것이다. 이것이 지식경제시대인 오늘의 현실이다.

　지식자본을 만들어내는 것은 핵심기술이다. 여기에서 브랜드(brand: 상표)가 탄생한다. 브랜드 없이 시간적 개념으로서의 지식경제시대, 공간적 개념으로서의 지식산업사회에서 번영하기는 많은 중소기업이 기업의 규모를 키우고 싶은 욕심에, 아니면 마케팅(marketing) 능력이 부족하여 우선 쉬운 길을 택한다. 이른바 오이엠(OEM: the original equipment manufacturing)이다. 원청자 즉, 주문자의 상표를 부착하여 생산하는 것이다. 아무리 많은 양을 생산해도 나의 제품은 없다. 주문자가 내가 만든 제품에 높은 가격을 매겨 큰 이익을 내도 나와는 무관한 일이다. 나는 단지 정해진 단가로 주문자에게 납품을 할 뿐이다.

시장 상황이 어려워져서 시장 가격이 하락하면 주문자는 자신의 이익을 유지하기 위하여 납품 단가를 조정한다. 말로는 씨·알(C.R: cost reduction)이라고 하지만 납품하는 기업의 원가와는 아무 관계도 없다. 납득할 만한 근거 없이 그냥 3%, 5%, 심한 경우에는 10%까지 납품 단가가 낮아진다. 그렇다고 해서 애초의 계약 단가가 높은 것도 아니다. 운 좋게 10% 정도의 이익이 있었다고 해도 씨·알 두 번이면 바로 적자 품목으로 전락하고 만다.

이와 같은 이익 분배 체계에서 어찌 기업이 커지기를 바랄 수 있겠는가. 커지기도 힘들지만 행여 커진다 해도 결코 강해질 수는 없다. 시간이 쌓이면서 양은 늘어나지만 늘어나는 양만큼 이익률이 낮아지기 때문에 비용을 빼고 나서 손에 쥐는 돈은 항상 그 수준이다. 해본 사람은 알겠지만 납품 회사의 사장은 말만 사장일 뿐, 주문자에 소속되어 봉급을 받는 것과 크게 다르지 않다. 차라리 봉급이라면 해마다 조금씩 오르기라도 할 텐데, 그런 면에서는 봉급보다도 못하다. 종업원이 많아지고 매출액이 커진다 해도 겉보기에만 그럴듯할 뿐 알맹이는 크게 달라지지 않는다.

강해질 수 없다면 커져봐야 소용없다. 차라리 작은 것이 나을지도 모르겠다. 지식경제시대에서 기업의 강대함은 자본의 크기, 공장 면적, 공장 개수 등에 있는 것이 아니라 독자적 브랜드(brand)와 그와 관련된 독자적 기술에 달려 있다.

이익분배제도

지식자본의 근원은 인재(人才)이다. 인재를 확보한다는 것은 자본을 확보하는 것과 크게 다를 바 없다. 문자 그대로 인력자본(人力資本)이다. 인재를 확보하고 높은 직책과 높은 수준의 급여를 주는 것은, 모처럼 확보한 인재를 일시적으로 잡아두는 효과는 있을 것이다. 그러나 그가 진정한 인재라면, 연봉 얼마라는 방식으로 그를 자본화(資本化)할 수는 없을 것이다.

진정한 인재가 원하는 것은 고급 봉급자가 되는 것이 아니라 인력자본을 투입한 투자자가 되는 것이다. 실적에 관계없이 높은 지위에 앉아 높은 연봉을 받는 것은 그가 바라는 바가 아니다. 반대로 엄청난 업적에도 불구하고 정해진 연봉만을 받아야 한다는 것도 불만스럽다. 그는 단지 자기가 한 만큼의 보상을 바라는 것이다. 그러므로 인재를 확보하고 유지하기 위해서는 확실한 이익분배제도가 필수적이다. 합리적이고 만족할 만한 이익분배제도를 통하여, 인재가 회사의 일을 자기 일처럼 하도록 동기를 부여해야 할 것이다.

인재는 누구를 위해서 일하는 것인가를 중시한다. 그는 남을 위해 일하기보다는 자신을 위해 일하고 싶어 한다. 식구들끼리 모여서 일하는 것이 가족기업이다. 구성원 모두가 가족이 되어 자신을 위해 일하기 때문에 강한 것이 아니겠는가. 인재가 기업가와 한 가족이 됨과 동시에 자신을 위해 일할 때, 그는 자신이 가진 최대의 역량을 발휘할 것이다.

지식자본의
분배 비율

위에서 합리적이고 만족할 만한 이익분배제도에 대하여 거론하였는데, 그렇다면 과연 어느 정도의 분배 비율이 타당한 것인가?

소프트웨어 산업에서 자본을 가진 자와 지식을 가진 자가 합작하는 경우, 사업 이익의 분배 비율은 어느 정도일까?

'자본 투자자:지식 투자자'의 이익분배 비율이 9:1, 8:2, 7:3 정도로 자본투자자에게 기울어져 있다면 당신은 전형적인 공업화시대의 기업가이다. 6:4, 5:5 정도로 크게 양보했다고 생각한다면 당신은 여전히 공업화시대의 기업가이다.

자본을 가진 자와 빈손에 지식만을 가진 자와의 이익분배에서 5:5라니 예전에는 상상도 못했던 일이 아니었겠는가? 천만에 말씀이다. 이와 같은 이익분배제도는 지식산업시대인 오늘날 갑자기 생긴 것이 아니다. 그리고 분배율 역시 놀라울 정도가 아니다.

몸으로 때운다는 말이 있다. 수천 년이나 되는 매우 오랜 역사를 가진 제도 중 하나이다. 세금 대신 치루는 부역, 빚을 탕감받기 위한 수년간의 머슴살이 등.(오늘날에도 벌금형을 언도 받았으나 지불할 능력이나 지불할 의사가 없으면 몸으로 때우기도 한다) 일련의 사실로 미루어 볼 때 돈에 필적할 만한 몸의 가치가 있는 것이다. 각각을 화폐자본(財)과 신체자본(身)이라고 할 때 '財:身'의 분배 비율은 얼마가 적당할까? 필자는 그 해답을 근대 중국 상업계의 대명사인 진상(晋商)에서 찾아보려 한다.

중국 농업사회에서 가장 척박한 농토인 황토 고원. 그곳이 진상(晋商)이 태어난 곳이다. 청조(淸朝)를 거쳐 근대 중국 초년에 이르기까지 중국 상업계의 대명사로 인정받고 있는 진상(晋商)의 역량은 상상을 넘어서는 것이다. 단적으로 말하면 중국 금융 자산의 반 이상이 그들에게 집중되어 있다. 그들의 놀라운 성공은 많은 사람들의 관심과 연구의 대상이 되고 있다. 다만 아쉬운 것은 연구자의 대다수가 기업가나 상인이 아닌 학자, 문인들이어서 성공의 핵심적 요인에 접근치 못하고 겉돌고 있다는 점이다. 진상(晋商)을 주제로 한 중국의 TV 드라마나 소설 등을 보면 그런 느낌이 든다. 역시 이런 분야에 관한 연구는 문예계의 몫이 아니다.(한국에도 거상을 테마로 한 드라마가 있지만 역시 흥미 위주여서인지 경영 제도나 방식 등은 심도 있게 다루지 않는다)

진상(晋商)의 핵심적 경쟁력은 무엇인가? 일반적으로 중국의 상점은 주인과 점원으로 이루어진다. 우리가 흔히 장궤(掌櫃)라 부르는 것이 상점의 주인이다. 장궤는 상점의 주주인 동시에 최고 경영자이다. 그런데 진상은 조금 다르다. 이 조금 다른 것이 성공의 비결이며 핵심이다.

진상에는 일반 상점과 달리 세 명의 주인공이 있다. 동쟈(東家), 장궤(掌櫃), 훠지(伙計)가 그 주인공들이다. 동쟈는 투자자 즉, 주주이다. 경영에는 참여하지 않고 중대한 의사결정에만 참여한다. 현대 미국 기업의 이사회와 유사하다. 재물을 투자하여 지분을 확보했으므로 차이구(財股)이다. 장궤는 전문경영자이다. 그는 재물을 투자하지는 않았으나 몸을 투자한 보상으로 이익분배에 참가한다. 그러므로 장궤의 지분은 션구(身股)이다. 몸(身)으로 얻어낸 주식(股票)이라는 뜻이다. 동쟈와 장궤 두 사람의 지분은 위에서 말했던 화폐자본(財)과 신체자본(身)의 개념이다. 상점점의 경영은 전적으로 전문 경영자인 장궤에 의해 이루어진다. 차이구(財股)인 동쟈는 일절 경영에 간섭하지 않는다. 그가 하는 일은 때가 되었을 때 장궤의 선임과 해직을 결정하고 선임 시 수익분배를 경정하는 것인데, 이때의 분배비율이 재사신륙(財四身六)이다. 비율이 놀랍지 않은가?

진상은 금세기 관점에서 보아도 매우 진보된 조직이다. 기업가의 3권 중 소유권을 제외한 나머지 2권이 사회화된 상태이다. 동쟈의 지분인 차이구는 기업가의 3권으로 말하면 소유권이다. 한편 장궤의 지분인 션구(身股)는 경영권이면서 이익 처분권에 참여하는 것이다. 소유권은 계승이 가능하지만 경영권은 계승이 불가하다. 동쟈의 지분인 차이구는 후손에게 물려줄 수 있지만 장궤의 지분인 선구는 후손에게 물려 줄 수 없다는 말이다. 동쟈는 소유권만 고수할 뿐 처분권과 경영권까지 장악할 생각은 전혀 없다.

장궤에게 주는 이익배분은 3~4년에 한 번 이루어진다. 그런 의미에서 진상의 장궤는 오늘날의 전문 경영자와는 사뭇 다르다. 성과를 크게 낸다면 갑부도 될 수 있지만, 만일 성과를 내지 못하면 3~4년 일해준 것이 허사가 될 수도 있다. 성과가 신통치 못하여 동쟈가 장궤의 퇴출을 결정하면 장궤는 대항할 수 없다. 장궤가 나가면 가장 유력했던 훠지(伙計)가 장궤의 자리에 앉을 것이다. 여기에 진상을 구성하는 3자간의 운영의 묘가 있는 것이다. 즉, 상호 관련, 상호 지지, 상호 제약이다.

이익배분이 없는 평년에도 밥을 먹을 정도의 급여는 받는다. 그러나 장궤와 훠지가 갖고 있는 일에 대한 열정과 동쟈에 대한 충성은 급여에서 비롯된 것이 아니다. 장궤는 4년 경영의 성과로 40년 연봉에 해당하는 이익분배를 받기도 한다. 4년의 노력으로 평생 먹을 것이 생긴 갑부가 되는 엄청난 사건이다.

'財:身'의 분배 비율은 얼마가 적당할까? 이에 대한 해답을 근대 중국 상업계의 대명사인 진상에서 찾아보려 했던 것이 너무 길어졌다. 재사신륙(財四身六)이라니 당신이 장궤라 해도 혼신을 다하지 않겠는가? 동쟈(東家)에 따라서는 재삼신칠(財三身七)을 제시하기도 한다. 혹독하게 일을 시키는 대신 후한 연봉을 준다는 모그룹의 급여정책과는 근본적으로 차원이 다른 이야기이다.

생산 활동의
3대 주안점

생산 활동은 중소기업에 있어서 종업원이 수행하는 가장 중요한 활동이다. 혹자는 경영전략, 자금 조달, 마케팅 운운하지만 종업원 몇 명뿐인 중소기업에서 경영전략은 모두 사장의 머리 안에 있고, 자금 조달도 사장의 몫이며, 마케팅도 다 사장이 하러 다닌다. 사장이 조달하지 못하는 자금을 누가 대신 조달할 수 있으며, 사장도 만나기 어려운 고객을 누가 가서 만날 수 있다는 말인가? 중소기업의 사장은 그가 할 일을 잘하고 있다. 중소기업에서는 어떤 성실한 직원도 사장보다 성실하지 않다.

문제는 생산 활동에서 발생한다. 생산 활동도 창업 초기에는 사장의 몫이었다. 기업이 조금 커지고 사장이 자금 조달, 마케팅 등으로 밖으로 다니기 시작하면서 생산 활동의 주역이 종업원으로 바뀌는 것이다. 만만한 부분인 것 같아서 종업원에게 주역의 자리를 넘겨주었지만 자세히 들여다보면 생산 활동이 모든 것을 지배한다.

생산 활동에서 문제가 생기면 애써 받아온 주문도 허사가 된다. 계속해서 불량이 발생하거나 납기를 맞추지 못하면 시작하지 않은 것보다 못한 결과를 가져오게 된다.

생산 활동에서 고질적인 것으로 여겨왔던 문제들이 어느 날 사장이 달려 붙어 일하면서 소리도 없이 해결된다. 왜 이런 일들이 생기는 것일까? 생산 활동의 3대 주안점을 중심으로 생각해보자.

1) 무엇을 생산할 것인가?

2) 어떻게 생산할 것인가?

3) 누구를 위하여 생산할 것인가?

이상 세 가지가 생산 활동의 3대 주안점이다. 1)은 생산 품목의 선정과 관계가 있다. 이 결정에 따라 향후 유망 여부에 따른 희비가 엇갈릴 수 있다. 2)는 생산 방법과 관계가 있다. 이 결정에 따라 원가 구성 등에서 차이가 생겨 경쟁력이 달라질 수 있다. 1)과 2)는 기업의 미래와 관련된 사안이기 때문에 많은 기업가들이 결정하는 데 신중을 기한다. 그러므로 여간해서는 문제가 발생되지 않는다.

문제는 3)이다. 이 문제는 세 가지 문제 중 가장 먼저 해결해야 할 과제이다. 게다가 이 문제는 기업가만이 결정할 수 있다. 1)이나 2)처럼 제3자나 종업원의 도움을 받을 수 있는 과제가 아니다. 3)은 해결되어야 할 최우선의 과제이면서 대부분의 기업에서 방치되어 있다. 그러나 3)이 결정되지 않으면 1)과 2)는 의미가 반감된다. 이 문제는 기업가의 위치잡기와 관계가 있다. 이에 대하여 살펴보기로 하자.

기업가의
위치잡기

중소기업의 기업가에게 위치잡기는 용이한 과제가 아니다. 기업가의 위치잡기는 [주주 – 종업원 – 고객]의 3자 사이에서 이루어진다. 주주의 이익, 종업원의 이익, 고객의 이익을 세 변으로 하는 삼각형에서 기업가는 어느 쪽에 위치할 것인가를 묻는 문제이다. 이론적으로 해답을 구한다면 기업가는 당연히 삼각형의 중심에 위치해야 한다. 그래야 삼각형의 면적이 최대가 된다. 그러나 현실적으로는 삼각형의 중심에 위치하기 어렵다.

중소기업의 기업가는 자신이 최고경영자이면서 또한 대주주이기도 하다. 몸으로 때우는 진상(晉商)의 장궤(掌櫃)와는 처음부터 신분이 다르다. 이론적으로는 답을 안다 해도 자신도 모르는 사이에 자신의 위치를 주주 쪽에 놓는다. '주주의 이익= 나의 이익'이므로 기업 경영의 초점을 '주주 이익의 최대화'에 맞추게 되는 것이다. 기업가의 위치가 주주 쪽에 놓이면 주주의 이익은 일시적으로는 커질 수 있다. 그러나 이내 주주의 이익은 축소되어버린다.

주주의 이익을 크게 하려면 고객의 이익 또는 종업원의 이익이 작아져야 한다. 삼각형의 세 변의 합 즉, 3자의 이익의 합이 일정하기 때문이다. 고객의 이익이 작아지면 고객은 얼굴을 돌릴 것이다. 종업원의 이익이 작아지면 종업원은 근무 의욕이 저하될 것이다. 주주의 이익이 커지는 대신 작아지는 변이 두 변 중 어느 변이든 예상되는 결과는 자명하다. 기업 전체의 이익이 줄어들 것이다. 세 변의 합이 줄어들면 각 변의 길이는 자동적으로 줄어든다. 각 변의 길이가 줄어들면 다시, 얼굴을 돌리는 고객과 근무 의욕이 저하된 종업원이 늘어나게 되고 세 변의 합은 더욱 줄어들 것이다. 결국 3자의 이익이 계속적으로 축소되는 악순환이 일어날 수밖에 없다.

현명한 기업가는 주주, 종업원, 고객 세 변 중 어느 변에도 치우치지 않고 삼각형의 중심에 자리를 잡는다. 그곳에서 주주의 이익을 주시(注視)하면서 동시에 종업원의 이익을 돌아보는 한편, 고객의 이익도 등한시(等閑視)하지 않는다.

기업가가 어느 쪽으로도 쏠리지 않고 중심을 잘 잡고 있어 3자의 이익이 균형을 이루고 있을 때, 종업원은 '나를 위해서 일한다'에 동의한다. 균형이 깨지면 '나를 위해서 일한다'는 없어지고 '주주를 위해서 일 한다' 또는 '고객을 위해서 일한다'만 남게 된다. '나를 위해서 일한다'의 자리에는 '그럼 나는 무엇인가?'가 대신한다. 이런 상태에서는 열성적인 업무 수행을 기대하기 어렵다.

기업가가 중심을 잡지 못하면 모든 것이 다 틀어져버린다. 기업가가 위치를 정확히 하고 흔들림이 없을 때, 기업과 관련된 3자 – 주주, 종업원, 고객 – 의 최적의 공존이 가능해지는 것이다.

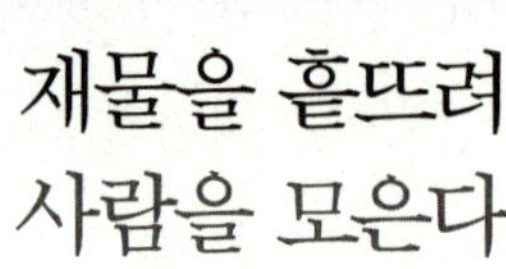

재물을 흩뜨려
사람을 모은다

'재취인산(財聚人散), 재산인취(財散人聚)'

재물을 모으려 하면 사람이 흩어지고, 재물을 흩뜨리면 사람이 모인다.

대체로 중소가족기업은 일정 규모 이상 크지 못한다. 커도 강해지지 못해서 도로 오그라진다. 무리해서 규모를 유지하려 하면' 규모의 늪'에 빠지게 된다. '규모의 늪'에 빠지면 끝장이다. 여간해서는 헤쳐 나오지 못한다. 몸부림칠수록 점점 더 깊게 빠져 들어가서 결국은 황천의 객이 되어 버린다. 그렇다면 중소기업은 영원히 중소기업에 머물러 있을 수밖에 없는 것인가? 그건 물론 아니다.

대다수의 중소기업이 '규모의 늪'을 넘지 못하는 것은 강하지 못하기 때문이다. 강하지 못한 것은 인재가 없기 때문이다. 인재가 없는 것은 돈을 현명하게 쓰지 못하기 때문이다. 돈을 현명하게 쓰지 못하는 것은 돈을 현명하게 쓸 수 있는 제도가 없기 때문이다.

제도가 없는 것은 제도를 구축하지 않았기 때문이다. 제도를 구축하지 않은 것은 기업가가 재물을 흩뜨려 인재를 구하겠다는 생각이 없었기 때문이다. 그러므로 이 문제는 간단히 해결될 수 있다.

기업가가 재물을 흩뜨려 인재를 구하겠다는 결심만 하면 모든 것이 해결된다. 결심이 어려운 것이지 제도를 만드는 것은 어려울 것이 없다. 결심만 서면 제도가 생기고, 제도가 생기면 현명하게 돈을 쓸 수 있으니 인재를 확보할 수 있을 것이다. 인재가 확보되면 기업가는 위치잡기만 잘하면 된다. 기업가가 기업과 관련된 3자 – 주주, 종업원, 고객 – 의 어느 쪽으로도 쏠리지 않고 중심을 잘 잡고 있어 3자의 이익이 균형을 이루는 한, 인재는 '나를 위해서 일 한다'에 동의할 것이다.

이제 생산 활동의 3대 주안점에 대하여 다시 생각해보자.

1) 무엇을 생산할 것인가?
2) 어떻게 생산할 것인가?
3) 누구를 위하여 생산할 것인가?

상기 세 가지 항목 중 3)은 해결되어야 할 최우선의 과제이면서 대부분의 기업에서 방치되어 있다고 말한 바 있다. 3)의 결정은 방치한 채 1)과 2)에만 에너지를 집중시키는데, 3)이 결정되지 않으면 1)과 2)는 큰 의미가 없다. 3)이 '나를 위해서 생산한다'로 결정되면 무엇을 생산하든 잘될 것이다. 어떻게 생산할 것인가?는 인재가 더 잘 알 것이다. 그러므로 생산 활동뿐만 아니라 기업 내에서 이루어지는 모든 활동의 결과가 3)에 의해 크게 달라지는 것이다.

기업의 종업원 모두가 '나를 위해서 일한다'에 동의하면 그 기업은 강한 기업이 된다. 종업원을 그렇게 만드는 것은 제도이다. 종업원을 위하여 돈을 현명하게 쓸 수 있는 제도가 필요한 것이다. 성과를 내면 보상하겠다거나 이익이 났으니 상여금을 지급한다는 식의 일과(一過)적 행사가 아니라 구체적인 제도가 구축되어 있어야 한다는 말이다.

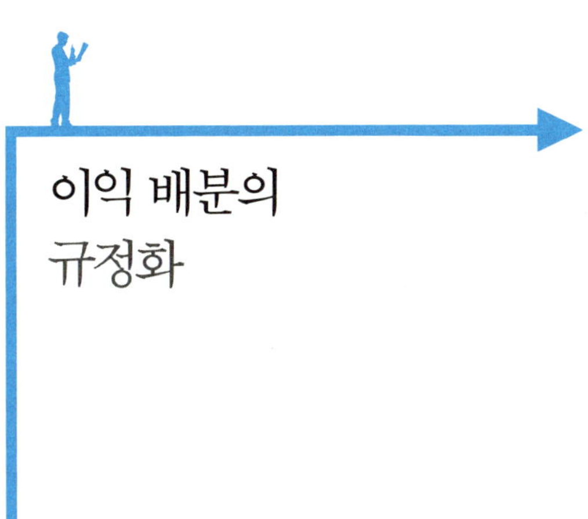

이익 배분의
규정화

중소기업이라 해도 어느 정도 규모가 갖추어진 후에는 급여 제도, 상여 제도 등이 정착된다. 대기업에는 미치지 못하지만 기본적인 수준의 복지 제도도 있다. 그러나 지금 여기에서 말하려는 이익 배분 제도는 그런 것과는 전혀 다른 차원의 격려 제도이다. 이는 다분히 '기업가의 위치잡기'와 연관된 이야기이다.

기업이 결산을 하고 나면 지난 1년간의 손익이 결정된다. 이때의 손익은 고객의 이익, 종업원의 급여와 복리 후생비 등이 비용 처리되고 난 이후의 손익으로, 통상적으로는 주주를 위해 처분된다. 주주가 회사의 미래를 위해 배당을 양보하면 사내에 유보되어 재투자의 원천이 되기도 한다. 문제는 이때 결정되는 배당금에서 시작된다.

배당률이 5% 내외인 경우에는 아무 문제도 없다. 주주가 기업에 투자하는 대신 은행에 예금을 했더라도 그 정도의 이자 소득은 생길 것이니까. 배당률이 10% 정도라 해도 크게 문제될 일은 아니다. 배당은 은행 이자에 비하면 불확실성이 크기 때문이다. 그러나 배당률이 40~50% 정도가 되면 분위기가 이상해진다. 지난 수년 내내 자금 사정이 좋지 않아서 배당을 미루어 왔던 것이라면 모를까, 연례적으로 하는 배당에서 배당률이 40~50%라면 종업원 입장에서는 과하다는 느낌이 들 것이다. 물론 종업원들은 급여를 받았고 실적이 좋아서 약간의 상여금도 받았지만 주주에게 돌아가는 배당률이 40~50%라면 납득하기 어려울 것이다. 기업의 이익과 관련된 3자의 균형이 깨어졌다고 생각할 것이다.

균형이 깨진다는 것은 '나를 위해서 일한다'에 대하여 동의하지 않게 된다는 것을 의미한다. 이것은 심각한 사태를 몰고 올 것이다. 아무래도 기업가의 위치잡기가 주주 쪽으로 쏠린 것 같다. 그렇다면 균형을 잡기 위하여 매년 5~10%의 배당만 하고 남은 부분은 사내에 유보를 한다면 어떨까? 이것 역시 주주의 소유권이 늘어나는 것이므로 설득력이 약하다. 종업원이 '나를 위해서 일한다'에 대하여 동의하게 하려면 어떤 조치가 필요하지 않겠는가? 이에 이익 배분 제도의 필요성이 거론되는 것이다.

어떻게 배분하는 것이 적절한 것인가? 필자는 이 질문에 대한 답을 가지고 있지 않다. 다만 이익 배분 제도를 규정화하고 실시하고 있는 어느 중국 회사의 사례를 갖고 있을 뿐이다. 이 회사는 이익 배분 제도를 통하여 종업원들 모두가 '나를 위해서 일한다'에 동의하게 함으로써, 1992년 10월 18일 창업하여 주식 상장(上場)을 하기 전까지 8년 동안 융자, 대출, 투기 등이 없는 상태에서 오직 자기 노력만으로 성장하였으며, 매년 순이익의 30~40%를 배당하였다. 배당액의 배분은 '주주:종업원 = 3:7'이다. 주식을 전혀 갖고 있지 않은 종업원에게 배당액의 70%를 나누어 주었으니, 이른바 재삼신칠(財三身七)인 것이다. 종업원에게 배당된 금액이 어느 정도인지 궁금한가? 2000년부터 2004년에 걸쳐서 종업원 중 삼 백여 명이 집을 샀는데 주택 매입 금액의 합이 3억 위안(당시 환율로 한화 약 450억 원)이다. 1인당 백만 위안으로 추산해도 대단한 금액 – 당시 월 급여가 500위안 정도였으므로 백만 위안이면 2,000개월 치 급여임 – 임이 분명하다. 이 회사는 강한 기업으로 성장하여 '규모의 늪'을 가볍게 뛰어 넘어 대기업이 되었다.

재삼신칠(財三身七)이면 다른 주주들이 불만을 갖지 않을까? 그 점을 고려한 것인지는 몰라도 이 회사의 기업가는 대주주의 배당 한도를 배당액의 10%로 정해 놓았다. 그 결과 주주간의 배당금 배분율이 '대주주:일반 주주 = 1:2'로 되었다. 이 회사의 기업가는 이익 배당조차도 일반 주주에게 대폭 양보하고 있는 것이다. 거듭 강조하거니와 이러한 것들이 제도로 정착되어야 한다. 그러기 위하여 규정화를 하는 것이 좋은 방법일 것이다.

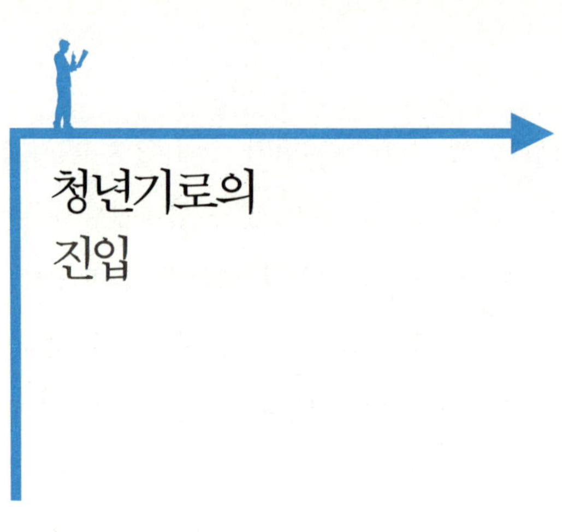

청년기로의
진입

이 장을 끝낼 때가 된 것 같다. 기업이 커지기 위하여 사회화는 필연적이다. 기업이 커지면 기업가는 삼권(三權)을 쥐고 있고 싶어도 쥐고 있을 수 없게 된다. 그러므로 삼권(三權)의 사회화는 기업 성장의 원동력인 동시에 결과물이기도 하다. 중요한 것은 사회화의 순서이다. 순서에 관한 논쟁은 앞서 말한 바와 같이 이익 처분권과 인사 경영권 사이에서 벌어진다.

대다수의 기업에서 경영권의 사회화가 먼저 시작된다. 소유와 경영의 분리를 주장하는 미국식 경영학의 영향이 지대하다. 돈은 있으나 기업을 경영할 능력 또는 의사가 없는 자와 기업을 경영할 능력은 있으나 돈이 없는 자가 서로 만나 소유권과 경영권을 나누어 가지는 미국식 경영 시스템은 얼핏 들으면 그럴듯하다. 돈을 투자한 자는 주주가 되어 소유권을 갖고, 경영 능력을 가진 자는 전문 경영자가 되어 경영권을 갖는다. [주주 – 종업원 – 고객]으로 이루어지는 삼각형의 중심에는 기업가 대신 전문 경영자가 들어앉는다. 얼핏 보면 별 문제 없어 보인다. 그러나 생각해 보라. 전문 경영자가 기업가처럼 위치잡기를 잘 할 수 있을까?

전문 경영자의 경영 수완은 기업가보다 뛰어날 수 있지만 기업가처럼 삼각형의 중심에서 위치잡기를 잘 하기는 매우 어렵다. 그는 자신의 자리를 지키기 위하여 ‘주주의 변’에 치우치기 쉬우며 상대적으로 영향력이 적은 종업원에게는 소홀할 수 있다. 그는 경영 수완은 다소 있을지 모르겠지만 종업원으로부터 ‘나를 위해서 일한다’에 대한 동의를 이끌어내기는 어려울 것이다. 하긴 소유와 경영의 분리를 근간으로 하는 미국식 기업 경영 시스템 자체가 주주를 위한 경영 시스템이므로 전문 경영자에게 기업가의 위치잡기에서처럼 삼각형의 중심에 위치할 것을 주문하는 자체가 무리일는지도 모르겠다. 그러므로 이러한 시스템에서는 3자 의 이익이 균형을 유지할 수 없으며, 따라서 기업은 강해질 수 없다. 또한 미국식 경영 방식은 전문 경영자가 ‘주주의 변’에 치우침으로 인하여 노사갈등을 배제하기 어렵다. 종업원들은 적대적이기 쉬우며, 그렇지 않은 부류들은 적당한 때까지만 머물러 있는 일시적인 직장으로 생각하므로 충성심을 기대하기도 어렵다.

소유와 경영의 분리. 기업의 규모가 커지다보면 언젠가는 그렇게 된다. 그러나 기업이 매우 커진 훗날의 이야기이다. 분리의 이유도 미국식과는 다르다. 돈은 있으나 경영 능력이 없어서 분리하는 것이 아니다. 기업 규모가 커지고 이익 처분권의 사회화가 본격화되면 다음 단계로 경영권의 사회화가 진행되면서 자연스럽게 소유와 경영이 분리되는 것이다. 이러한 과정은 사회화가 점진적으로 진행되는 것이어서 분리라기보다는 경영권의 위임에 가까울 것이다. 그러므로 중소기업에서 전문 경영자를 영입하여 소유와 경영을 분리한다는 발상은 기업가다운 발상이 아니다.

당신이 기업가이고 기업을 강하게 키우려 한다면 가장 먼저 해야 할 일은 기업가의 삼권(三權) 중 이익 처분권을 사회화하는 일이다. 이익 처분권을 사회화하는 방법으로는 이익 배분을 규정화하는 방법이 바람직하다. 이를 통하여 당신은 종업원으로부터 '나를 위해서 일 한다'에 대한 동의를 이끌어낼 수 있다. 이러한 동의는 종업원의 주인의식을 고취시키고 자발적으로 일하는 직장 분위기를 만들어 낼 것이다.

이익 배분을 규정화하는 작업이 끝나면 이제 당신이 할 일은 하나밖에 남지 않았다. 삼각형의 중심에 굳건히 자리를 잡고 '나를 위해서 일 한다'에 대한 종업원의 동의가 흔들리지 않도록 유지시키는 일이다. 그러면 기업은 강하게 커져서 어느 사이에 튼튼한 청년이 되어 있을 것이다. 중소기업이 강해지는 길은 이익 처분권을 사회화하는 것이다. 이것이 전제되지 않은 상태에서는 교묘한 조직 관리도, 세뇌적인 교육 제도도, 종업원의 충성심을 이끌어 내고 자발적으로 일하도록 하는 결정적인 요인이 되지는 못할 것이다.

Successful development model of enterprise

청년기 기업의 존속

- 중소기업은 어떻게 존속하는가? -

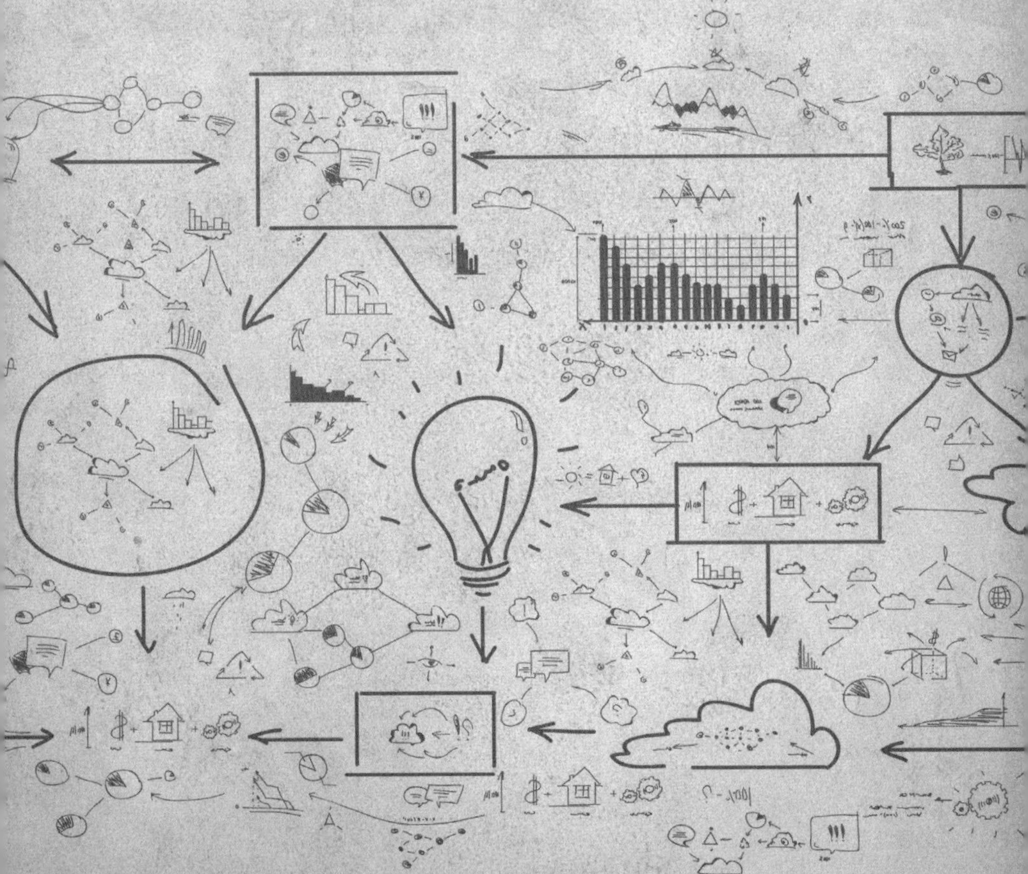

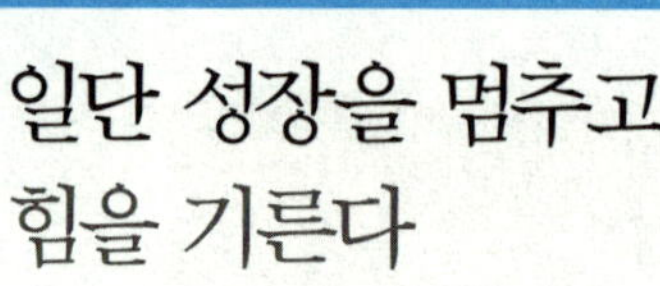

일단 성장을 멈추고
힘을 기른다

중소기업이 초기성장단계를 무사히 넘기고 청년기에 진입하면 그때부터는 존속이 최대의 과제가 된다. 존속이라고 하지만 그냥 목숨만 붙어 있어서는 의미가 없으며 청년답게 건강한 존속이어야 한다. 청년기의 기업이 덩치만 클 뿐 강하지 못하다면 차라리 크지 않은 것만 못하다. 그러므로 이미 커져서 청년이 되었다면 강해져야 한다. 기업이 강하다는 것은 체질이 건강하다는 뜻이다.

청년기에 진입한 중소기업은 여기서 일단 추가적인 성장을 보류하고 체질 강화를 위해 부단히 노력해야 한다. "성장을 보류하다니 말이나 되는 이야기인가?"라는 반박이 있을 것이다. "성장하지 못하면 죽는 것이나 다름없다."라는 주장도 있다. 필자는 분명히 말한다. 강해지기 위하여 일단 성장을 멈추어야 한다.
성장을 멈추어야 할 때 멈추지 못하면 '규모의 늪'에 빠지게 된

다. 누차 말하거니와 '규모의 늪'은 건너뛰어야 하는 것으로 결코 발을 넣어서는 안 되는 위험한 늪이다.

"후퇴는 없다. 오직 성장만이 있을 뿐이다."라는 논리는 진화론이 사회과학에 잘못 접목되어 빚어진 결과이다. 오직 성장이라니. 끊임없이 성장하면 요절하게 마련이다. 성장에 따라 계속 증가하는 요구 에너지를 무엇으로 충당한다는 말인가. 지구상에 사는 동물들을 보라. 어느 종류의 동물이 한없이 자라는가. 거대한 몸집을 가진 코끼리가 그러한가 아니면 고래가 그러한가?

작은 몸집을 가진 동물은 말할 것도 없고 심지어는 코끼리나 고래처럼 거대한 몸집을 가진 동물도 일정한 한도 – 아마도 청년기에 진입하는 시기가 아니겠는가 – 에 달하면 성장을 멈춘다. 왜 그러는 것일까? 이유는 간단하다. 그렇게 하는 것이 생존에 유리하기 때문이다. 만일 계속해서 몸집이 커진다면 커지는 몸을 유지하기 위하여 더 많이 먹어야 하고, 그러기 위해서는 더 많은 먹이를 구해야 하는데 이는 현실적으로 불가능한, 또는 존속하는 데 있어서 매우 불리한 선택이라는 사실을 동물들은 본능적으로 안다. 그래서 그들은 존속에 가장 적합한 규모까지만 성장하는 것이다. 이러한 생존의 원칙은 인간에 있어서도 다를 바 없다. 사람 역시 일정한 시기가 되면 더 이상 자라지 않는다. 이를 무시하고 무한히 성장해야 한다고 주장하는 실체는 사람이 법을 통하여 생명을 부여한 법인(法人)뿐이다.

모든 생물은 일정한 수명이 다하면 죽지만 법인은 이론적으로는 영생(永生)할 수 있다. 아이러니한 것은 법인의 실제 수명이 그다지 길지 않다는 점이다. 기업의 건강 상태가 비교적 좋은 것으로 알려져 있는 일본(日本)의 경우 1952년부터 1981년까지 30년간에 있어서 100대 기업의 연 평균 도산(倒産)율이 4.0%이다. 이 기간은 일본 경제가 성장 일로에 있어 다른 어느 기간보다 경제 구조가 탄탄했었던 때이다. 그런데도 연 평균 도산(倒産)율이 4.0%나 된다. 그것도 중소기업이 아닌 쟁쟁한 100대 기업의 이야기이다. 세계 제1의 경제 대국임을 자랑하는 미국의 경우는 어떠한가? 1971년부터 1980년까지 10년간에 있어서 100대 기업의 연 평균 도산(倒産)율은 4.7%이다. 선진국의 대기업이 이러한 정도이니 한국의 중소기업이라고 좋을 리가 있겠는가. 기업의 도산율은 대기업보다 중소기업이 더 높고, 예전보다 지금이 더 높다. 1980년을 전후로 수 년 동안 일본의 중소기업은 매일 평균 60여 개가 도산하였다. 2008년 베이징(北京) 올림픽을 전후로 한 최근 몇 년 동안 중국의 중소기업은 매 시간 평균 600개가 문을 닫았다.

기업이 1년 동안 존속할 생존율을 95%라고 할 때 10년간 존속할 확률은 60%, 30년간 존속할 확률은 20%, 60년간 존속할 확률은 5%도 되지 않는다. 100개 기업 중 40개가 청년기에 진입도 못하고 유아기에 죽고, 남은 60개 중 40개는 한 세대 30년을 넘기지 못하며, 그나마 한 세대를 넘긴 20개 기업도 2세대 60년이 지나면 고작 4~5개가 남는다는 이야기이다. 이처럼 기업이 존속한다는 것은 매우 어려운 일이다.

거듭되는 이야기이지만 청년기에 진입한 중소기업의 최대 과제는 성장이 아니라 건강한 존속이다. 건강한 존속을 통하여 힘을 축적하고, 축적된 저력과 배양된 인력자원을 바탕으로 도약하여 '규모의 늪'을 건너뛰는 것이다. 축적된 힘이 없이 커다란 몸집만으로는 결코 도약할 수 없으며, 무리를 해서 건너뛰려 하면 결국은 '규모의 늪'에 빠져 허우적거리다가 죽게 되는 것이다.

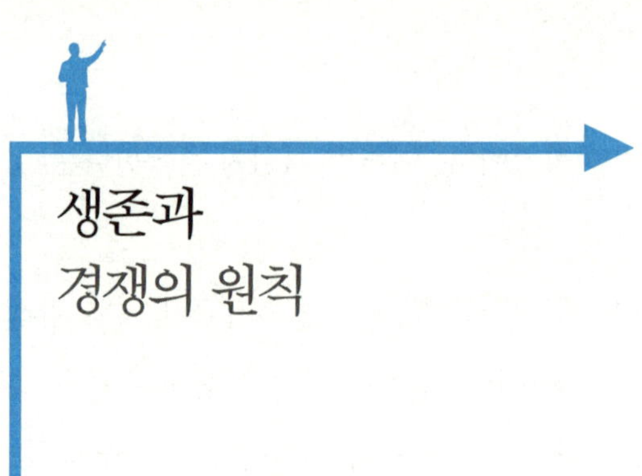

생존과
경쟁의 원칙

생존하기 위하여 그 누구도 피해갈 수 없는 것이 '경쟁'이라는 것이다. 경쟁에 있어서 중요한 개념은 경쟁의 상대를 바로 아는 것이다. 다시 동물의 세계를 들여다보자. 필자가 기업의 존속과 관련하여 동물의 세계를 거론하는 것은 그들이 본능적으로 존속의 비결을 잘 알고 행동하기 때문이다. 동물들은 누구와 경쟁하는 것인가? 종(種)과 종 사이의 경쟁인가 아니면 같은 종 안에서의 경쟁인가? 매우 특별한 경우를 제외한다면 그들의 경쟁은 같은 종 안에서 일어나는 것이다.

아프리카 영양의 생존 전략을 보자. 영양에게 있어서 생존에 가장 위협적인 존재는 치타이다. 그러나 치타와 경쟁하는 영양은 없다. 어떤 영양도 치타에게 대항하지 않는다. 만일 치타에게 대항하는 영양이 있다면 가장 먼저 목숨을 잃는 영양이 될 것이다. 그렇다면 영양의 생존 전략은 치타보다 빨리 뛰는 것인가? 아니다. 다른 영양보다 빨리 뛰는 것이다. 결국 영양끼리의 경쟁에서 뒤처진 병들었거나 늙은 영양이 치타의 밥이 된다. 그래서 생물학자는 말한다. "같은 종(種) 안에서 이루어지는 선택은 언제나 종(種)과 종 사이에서 이루어지는 선택보다 더 중요해진다."

　영양과 치타의 관계에서 영양은 일방적으로 먹히기만 한다. 어떤 경우에도 영양은 치타를 이길 수 없다. 이 경우 영양이 취할 수 있는 생존 전략은 같은 종(種) 안에서 이루어지는 경쟁에 뒤처지지 않는 것이다. 기업이 처해 있는 환경도 이와 흡사하다. 대기업과 중소기업 간의 거래, 발주자와 납품자 간의 거래, 특히 OEM에서 주문자와 생산자 간의 거래는 '영양과 치타의 관계'와 크게 다를 바 없다. 양자 간의 거래에 있어서 영양은 결코 치타와 싸울 수 없다. OEM에서 주문자는 제멋대로 값을 정하고, 거의 정기적으로 가격을 조정한다. 간혹 영양이 치타에게 대항해보지만 이렇다 할 소득도 없이 관계만 나빠진다. 경우에 따라서는 쓸데없는 대항으로 인해 상처를 입고, 다른 영양과의 경쟁에서 불리해질 수도 있다. 어떤 종류의 경쟁인가를 바로 알고 생존 전략을 수립해야 할 것이다.

　상이한 종 사이의 경쟁이라면 절대적인 힘의 우세가 필요하다. 그러나 같은 종 안에서의 경쟁이라면 비교우위(比較優位)만으로 충분하다. 내가 얼마나 건강하고, 영리하고, 재주가 많은가가 아니라 같은 종 안에 있는 다른 개체보다 조금 더 건강하고, 영리하고, 재주가 많으면 그것으로 충분한 것이다.

중소기업에 있어서 기업간의 경쟁은 대체로 같은 종 안에서의 경쟁이다. 건설회사가 전자회사와 경쟁하는 일은 좀처럼 보기 어렵다. 그렇다면 답이 눈앞에 있지 않는가? 치타에게 잡아먹히지 않는 영양처럼 존속의 비결은 건강을 유지하는 것에 있는 것이다. 건강은 밖에서 가져오는 것이 아니다. 이익 처분권의 사회화를 통하여 성장한 기업이라면, 그렇게 해서 청년기에 진입한 기업이라면 당연히 건강할 것이다. 그러므로 건강의 원천을 밖에서 구하려 할 것이 아니라 가지고 있는 건강을 잘 유지하는 것이 중요하다.

청년기 중소기업의 건강을 해치는 최대의 적은 성장에 대한 욕심이다. 규모를 키워 하루 빨리 대기업이 되겠다는 조바심이다. 조급한 마음은 새로운 프로젝트로 이어지고, 지나친 적극성은 졸속한 검토를 낳는다. 일을 성사시켜야 한다는 부담감으로 인하여, 이익 창출의 수단이어야 할 신규 사업이 본래의 취지에서 벗어나, 성사 제체가 목적이 되어 버린다. 그렇게 되면 결과는 자명하다. 투입된 자금은 이익으로 회수되지 않는다. 유동자산이 고정자산으로 대체되면서 유동성이 나빠진다. 강한 기업이 갖추어야 할 삼박자 중 하나인 튼튼한 자금력에 문제가 생기면서 이내 건강이 나빠지는 것이다.

문제는 곧 다른 곳으로 번진다. 수익성이 없는 신규 사업이 규모라도 클 경우에는 – 규모의 욕심 때문에 이루어지는 신규 사업인

만큼 규모가 작을 리 없다. – 기존 부문에서 어렵사리 창출해낸 이익을 거의 다 상쇄해버릴 수도 있다. 그 결과는 종업원의 주인의식을 창출하고 유지하는 원동력이 되어 왔던 이익처분권의 사회화를 어렵게 한다. 이익이 나야 이익을 분배할 수 있지 않겠는가. 이익 분배 제도의 실행에 문제가 생기면, 강한 기업이 갖추어야 할 삼박자 중 또 다른 하나인, 시스템(이익 분배 제도)이 만들어 낸 우수한 인력자원이 흔들리게 된다. 충성심이 깊은 종업원들이 하루아침에 등을 돌릴 리는 없겠지만 신규 사업에 대한 원성조차 막을 수는 없으며, 잘못된 투자를 만회하기 위해 안간 힘을 쓸수록 사태는 점점 악화된다. 이쯤 되면 회사는 어느 사이에 '규모의 늪'에 빠져 있는 것이다.

오랜 기간 존속하지 못하고 요절하는 생명체들을 보라. 생명체에게 죽음을 가져다주는 원인은 크게 물리적 원인과 생물학적 원인으로 나눌 수 있다. 전자(前者)는 외적 요인 즉, 외부 환경이며 후자는 내적 요인 즉, 내부 환경이다. 생명을 가진 모든 개체는 외적 요인 즉, 물리적 요인에는 신비할 정도로 잘 적응한다. 가뭄, 바람, 추위 등 혹독한 물리적 요인에 대하여 낙타는 혹과 긴 속눈썹으로, 북극곰은 두터운 털가죽으로 적응한다.

물리적 요인으로 요절하는 생명체는 극히 드물다. 그러나 생물학적 요인은 다르다. 생물학적 요인의 대표적 사례는 기생 동물에 대한 저항력이다. 이에 대한 대응은 그리 쉽지 않다. 매년 엄청난 숫자의 생명체가 기생물의 대표라 할 수 있는 병원체에 의해 생명을 잃는다.

희생자 중 많은 숫자가 청년기 이전의 어린 생명들이다. 저항력이 약하기 때문이다.

기업도 크게 다르지 않다. 너무 이른 죽음을 맞는 기업을 보면 내적 요인으로 인한 경우가 대부분이다. 외적 요인, 예컨대 경제환경이 악화되어도 죽는 기업보다 살아남는 기업이 훨씬 더 많다. 그러나 내부에서 병이 나면 연륜이 있고 규모가 큰 기업조차 쉽게 쓰러진다. 중소기업이야 말할 필요도 없다.

청년기 중소기업에게 있어서 가장 중시해야 할 일은 건강을 잃지 않도록 관리하는 것이다. 규모에 대한 욕심만 버리면 이 문제의 절반은 저절로 해결된다. 규모에 대한 욕심의 책임은 기업가의 몫이다. 사람과 타이밍 그리고 사업의 전망과 자신의 능력을 볼 수 있는 기업가의 안목이 관건이다.

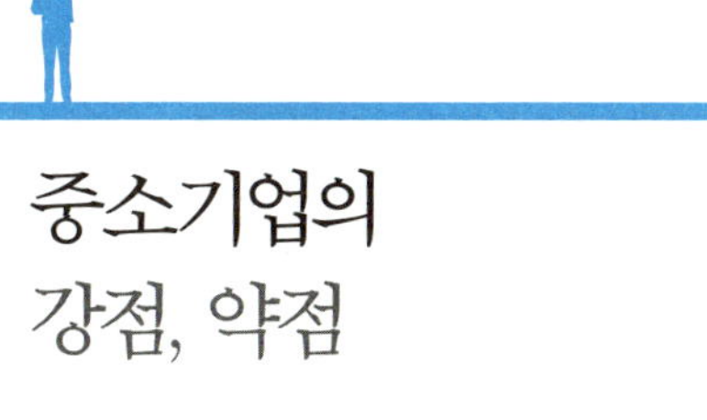

중소기업의
강점, 약점

생존하기 위하여 '경쟁'이 피해갈 수 없는 것이라면 이기거나 비겨야 한다. 적어도 져서는 안 된다. 그러기 위하여 갖추어야 할 지혜는 무엇일까?

앞서 언급한 바와 같이 중소기업에 있어서 경쟁은 같은 종 안에서의 경쟁이다. 생존을 위해 필요한 것은 절대적인 힘의 우세가 아니라 비교우위(比較優位)이다. 같은 종 안에 있는 다른 개체보다 조금 더 건강하고, 영리하고, 재주가 많으면 그것으로 충분한 것이다. 그런데 이론적으로는 간단해 보이는 비교우위가 그리 쉬운 것은 아니다. 같은 종끼리의 비교우위이기 때문이다.

동종(同種) 업체를 둘러보자. 나와 유사한 규모의 동종 업체라면 내가 갖추고 있는 것은 다 갖추고 있다. 설비의 정밀도도, 인력자원의 수준도, 자금 사정도 크게 차이나지 않는다. 소위 강한 기업이 갖추어야 할 삼박자 중에서 내가 두드러지게 앞서 있는 것이 별

로 없다. 같은 종 안에서 비교우위를 차지하는 것이 쉽지 않은 것은
바로 이 때문이다. 내가 있는 것은 그도 있고, 내가 아는 것은 그도
안다. 그렇다면 무엇으로 차별화할 것인가?

가진 것으로 승부가 나는 것이라면 전력이 우세한 팀과 열세인
팀 간에 벌어지는 경기는 항상 전력이 우세한 팀이 이겨야 한다. 현
실은 그렇게 나타나지 않는다. 7전 4선승제의 승부에서 전력이 우
세한 팀이 4연승으로 승부를 마무리하는 경우는 지극히 드물다. 리
그전을 하는 경우에도 우승 팀의 승률은 70% 정도이다. 최강 팀도
30%는 지고, 가장 약한 전력을 가진 팀도 30%는 이긴다. 왜 이런
현상이 생기는 것일까?

이종(異種) 사이의 싸움이라면 싸우기 전부터 승부가 나 있는 경
우가 허다하다. 영양은 결코 치타와 싸워 이길 수 없다. 그러한 사
실을 잘 알고 있기 때문에 영양은 치타가 공격해 오면 오직 달아날
뿐이다. 그렇다고 해서 영양이 치타에 비해 매우 불행한 것은 아니
다. 영양은 단지 잘 달아나는 것만으로도 충분히 생존할 수 있다.
동료 중 하나가 희생되겠지만 희생자는 대체로 병약자이다. 의사
(醫師)가 없는 영양의 세계에서, 병든 영양을 잡아먹는 치타는 병의
전염을 막아 주는 의사의 역할을 한다. 병든 영양이 무리 속에 있으
면 많은 영양이 병의 감염에 노출된다. 치타는 한 마리의 영양을 잡
아먹는 대가로 본의 아니게 다수의 영양을 병에서 구해주는 것이
다. 한편, 사냥에 실패한 치타는 매우 괴롭게 된다. 몸만 피로해진

상태에서 소득을 얻지 못한 치타는 지친 몸의 상태가 회복될 때까지 배고픔과 싸우며 힘든 시간을 보내야 한다. 반면에 영양은 잘 달아나가만 하면 항상 배불리 먹을 수 있다.

동종 내에서의 경쟁은 이종(異種) 사이의 싸움과는 다르다. 싸우기 전에 이미 승부가 나 있는 경우는 매우 드물다. 전력이 비슷한 팀 간의 경기에서 승부를 가르는 것은 누가 장점을 살리고 단점을 들어내지 않는가에 있다. 공격은 강하나 수비가 취약한 팀의 경우 수비가 뚫리면 0:3으로 지고, 공격이 살아나면 3:1로 이긴다. 수비는 강하나 공격이 약한 팀은 철통같은 수비로 버티면서 흔하지 않은 역습의 기회를 살려서 1:0으로 승리한다. 역습이 여의치 않은 경우에는 0:0으로 비긴다. 후자의 경기는 재미가 없고 전적도 화려하지 않지만 생존에는 전자보다 유리하다.

생존 게임에 있어서 중요한 것은 단점을 드러내지 않는 것이다. 월등하게 잘 달리는 영양이 되는 것이 아니라, 병들어 뒤처지는 영양이 되지 않는 것이다. 중소기업의 단점은 무엇인가? 한마디로 말하면 3무(三無)이다. 돈, 사람, 실적 이 세 가지가 없다. 자금이 풍부할 리 없고, 우수한 인력이 많을 수 없으며, 쌓아 놓은 실적이 많을 리 없다. 그러므로 이 방면으로 승부하면 단점만 들어날 뿐 승산이 적다.

중소기업에는 무엇이 있는가? 기업가가 있다. 어느 기업에는 기업가가 없겠는가? 그러나 청년기에 진입한 중소기업의 기업가는 다르다. 장년기에 있는 대기업의 기업가는 방대해진 조직을 운영하기 위하여 부문 관리자를 활용한 간접관리를 할 수밖에 없는 영수(領袖)형 기업가이다. 장년기를 지나 초로(初老)기에 진입하면 경영권의 사회화가 본격화되고, 이때부터 기업가는 소유권만 가진 주주에 가까운 존재가 된다. 그러므로 기업가의 역할이 부각되는 것은 장년기에 진입하기 이전인 유아기와 청년기이다.

중소기업의 기업가, 그는 가족기업의 핵심적 경쟁력이다. 그에게는 창업 이후 유아기를 거쳐 청년기에 진입하는 동안 생사고락(生死苦樂)을 함께한 충성스러운 부하들이 있다. 그들은 부하이며, 형제이며, 동료이기도 하다. 유비(劉備)를 따르는 관우(關羽)나 장비(張飛)와 다름없다. 비록 숫자적으로는 대단치 않지만 충성심 하나는 대기업의 누구에게도 뒤지지 않는다. 기업가와 충신 그리고 그들을 중심으로 이루어지는 종업원의 결속력, 이것이 중소기업의 첫 번째 무기이다. 여기에서 나오는 힘은 대기업의 그것처럼 크지는 않지만 빠르다. 속도를 위주로 하는 순발력, 이것이 중소기업의 두 번째 무기이다. 이 두 번째 무기는 고객의 요구에 대한 빠른 대응에 사용될 때 최대의 진가를 발휘한다.

상기(上記) 두 가지 무기는 중소기업이 갖출 수 있는 최대의 강점이다. 이러한 무기를 갖추지 못한다면 중소기업은 결코 강해질 수 없다. 당신이 중소기업의 기업가이면서 이러한 무기를 갖추고 있지 않다면 우선 이 두 가지 무기를 갖추는 데 주력해야 할 것이다. 그렇지 않은 상태에서는 어떠한 방법으로 사업을 확장한다 해도 모래 위에 쌓은 성과 다름없다.

다행스럽게도 상기(上記) 두 가지 무기를 갖추고 있다면 이제는 두 가지 무기의 제한성을 알아야 한다. 조직의 결속력과 순발력은 매우 강력한 무기이기는 하나, 넓은 지역을 대상으로 사용할 수 있는 것이 아니다. 중소기업 자체가 작은 조직이므로 결속력과 순발력을 살리기 위해서라면, 일정 지역을 집중적으로 공략해야 한다. 고객을 단순화하고 고객을 일정 지역에 국한시킨 후, 세분화된 시장의 한 점을 공략한다. 지리적 이점을 활용하여 지역 밀착성을 강조하고, 섬세하고 치밀한 고객 서비스로 승부한다. 그렇게 하면 시장이 너무 작지 않을까? 그건 기우(杞憂)에 불과하다. 아무리 세분화된 작은 시장도 중소기업에게는 너무 넓다.

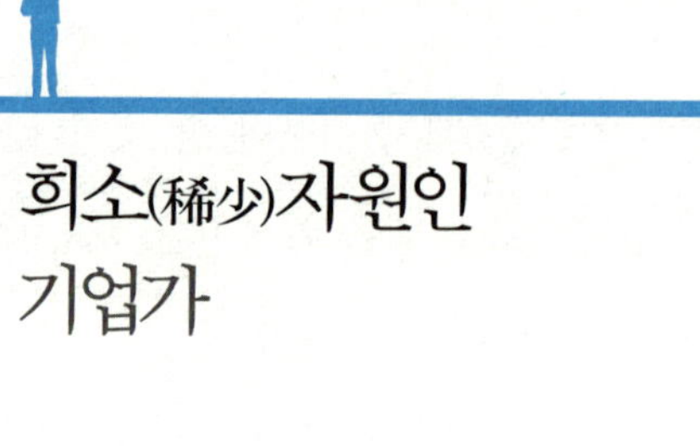

희소(稀少)자원인
기업가

기업가, 그는 산업의 주인공이며 기업의 핵심적 자원이다. 여기 저기 기업가가 많이 있는 것 같아도 기업가는 귀하고 귀한 우리 사회의 희소(稀少)자원이다.

한 명의 훌륭한 기업가는 열 명의 전문 경영자보다 귀중한 존재이다. 국가 경제의 관점에서 볼 때 100명의 전문 기술자, 1,000명의 기능공도 한 명의 훌륭한 기업가에 필적할 수 없다. 이 견해에 동조하기 어려운가? 100명의 전문 기술자나 1,000명의 기능공은 결코 한 명의 훌륭한 기업가를 만들어 낼 수 없다. 그러나 한 명의 훌륭한 기업가가 100명의 전문 기술자, 1,000명의 기능공을 만들어 내는 일은 그리 어려운 일이 아니다. 1천 명이 아니라 1만 명의 기능공인들 만들어 내지 못하겠는가.

문제는 기업가가 희소자원이라는 데에 있다. 게다가 기업가는 전문 경영자처럼 교육 훈련을 통하여 배양할 수 있는 것도 아니다.

명성이 자자한 경영 컨설턴트라고 해도 기업가에게 해줄 수 있는 일이란, 이미 소질을 갖추고 있는 기업가에게 자문을 통하여 잠들어 있던 소질을 깨워주는 정도일 뿐이다. 소질을 갖추고 있지 않은 기업가에게는 백약이 소용이 없다. 그러므로 경영학의 범주에서 다루는 조직론, 관리론, 행위론 등의 여러 가지 이론이나 '기업가정신' 등의 교육이 기업가에게 도움을 줄 수는 있지만, 당초에 기업가로서의 소질이 없는 사람을 기업가로 만들 수는 없다. 혹자(或者)는 '기업가정신' 등의 교육에서 자극을 받아 기업가가 된 경우를 이야기하는데, 그것은 교육의 효과라기보다는 그가 교육을 받기 전부터 갖고 있던 기업가의 소질이 교육을 통해 깨어난 것으로 보는 것이 타당할 것이다.

기업가가 되는 것은 기업가정신을 갖는 것에서 시작된다. 이것은 학력과는 무관하다. 전문 경영자가 대체로 고학력자인 것과는 달리 기업가 중에는 저학력인 사람도 적지 않다. 이미 오래 전에 고인이 되었지만 S제강의 창업주가 대표적인 한 사람이다. 필자가 아는 바로는 그는 소학교를 몇 년 다닌 것이 학력의 전부이다. 그렇지만 결단, 의사 결정, 의견 수렴 등에서 보여 준 기업가로서의 역량은 S제강의 그 누구도 따라올 수 없다. 그는 자기관리자이다. 그 누가 관리하지 않아도 스스로를 관리하는 무형적 관리로 스스로를 통제한다. 의사 결정의 기로에 설 때마다 그는 어느 길을 택하는 것이 옳은 것인가에 대하여 본능적으로 안다. 필자는 젊은 시절에 업무상 몇 번 그와 맞닥뜨린 적이 있었는데 필자와는 나이나 직위의 차이도 엄청났지만 – 필자는 과장이고 그는 회장이었다 – 업무에 있어서 그런 것들을 앞세운 적이 없었다. 일 처리가 잘못되었다고 꾸짖다가도 합리적인 설명을 드리면 이내 물러서곤 했다. 당시 그가 64세, 필자가 32세이니 아버지뻘 되는 어른인데다가 직위의 차이도 그만하니 그렇게 물러난다는 일이 쉬운 일이 아니었을 것이다. 당시에는 몰랐는데 이제 필자가 그 나이가 되고 보니 알 것 같다.

기업가가 우리 사회에서 희소(稀少)자원이라는 사실은 특별한 의미를 갖는다. 희소하기 때문에 우리는 그들을 존중해야 한다. 언제부터인가 사회 한 구석에서 부자를 미워하는 목소리가 들리기 시작했다. 예전에는 그렇지 않았다. 가난에 시달리던 60년대에는 너도 나도 돈을 벌기 위해 새벽부터 밤늦게까지 일했다. 부자를 선망하고, 부자가 되기를 원했으며, 부자가 되기 위해 노력했다.

부자가 되기를 포기한 것인가? 언제부터인가 부자를 미워한다. 부자를 죄악시한다. 부자는 다들 나쁜 짓을 해서 된 것이라고 생각한다. 그래서 부자가 욕을 당하면 고소해한다. 국민 모두가 다 그런 것은 아니다. 부자를 미워하고 적대시하는 집단이 따로 있다. 부자를 적대시하도록 대중을 선동하고, 선동에 고무된 대중을 정치적 도구로 이용한다. 그들의 노력은 가끔 결실을 본다. 그 결과 몇몇 부자가 추락하는 사건이 생긴다. 부자가 모두 기업가는 아니지만, 기업가 중에 부자가 많은 것은 사실이다. 그러므로 부자의 추락은 기업의 추락과 무관하지 않다.

오늘 날은 경제 전쟁의 시대이다. 위대한 세계적 기업이 없는 나라는 결코 강국이 될 수 없다. 세계 100대 기업, 500대 기업 안에 어느 나라의 기업이 몇 개 들어 있는가? 그들의 순위는 어느 위치인가? 이것이 오늘날 강국을 판단하는 척도이다. 미사일이나 항공모함의 숫자가 중요한 것이 아니라 강한 기업, 위대한 기업이 몇 개인가가 국부의 척도인 것이다. 강한 기업, 위대한 기업의 배후에는 항상 훌륭한 기업가가 있다. 이 점을 결코 소홀히 해서는 안 된다.

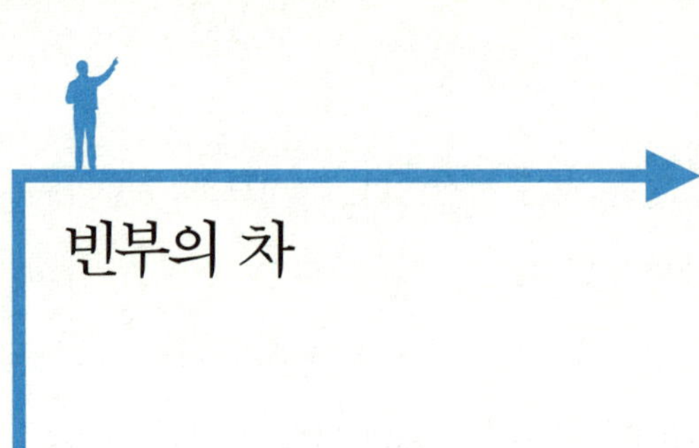

빈부의 차

　빈부의 차는 어느 사회에 있어서나 심각한 과제이다. 선진국, 후진국을 막론하고 이 문제를 해결하기 위하여 여러 가지 처방을 동원한다. 대한민국은 어떠한가? 빈부의 차를 줄이기 위하여 부자를 끌어내리고 있는 것은 아닌가?

　학교에서 학생들의 성적 차이를 줄이기 위하여 우등생을 끌어내린다면 학생 전체가 열등해지는 쪽으로 평준화가 된다. 이건 가정이 아니라 그간 한국의 교육계가 이루어 놓은 업적이다. 동일한 방법을 빈부의 차이를 줄이는 데 적용해보자. 부자를 미워하고 끌어내리는 것이다. 국민 전체가 가난해지는 쪽으로 평준화가 될 것이다. 중산층이 줄어들고 빈부의 차는 더 벌어질 것이다.

　빈부의 차를 줄이려면 부(富)를 존중하고 부를 이루기 위해 모두가 노력해야 한다. 기업가를 존중하고, 기업가에게 힘을 실어 주어야 한다. 그래야 기업이 강대해지고 [주주 – 종업원 – 고객]으로 구성되는 삼각형의 면적이 커질 수 있다. 기업가가 삼각형 안에서 중심을 잘 잡고 있으면 빈부의 차가 줄어들지 않겠는가. 그런데도 여전히 빈부의 차이가 존재한다면 이것은 이미 기업가의 손을 떠난 문제이다.

빈부의 차가 부자로 인하여 생긴 문제라는 사고방식은 학생들의 성적의 차가 열심히 공부하여 높은 성적을 받은 우등생 때문에 생긴 문제라는 사고방식과 다를 바 없다. 열등생은 어차피 40점이니 우등생이 적당히 해서 60점만 받으면 점수 차이가 20점일 텐데, 눈치 없는 우등생이 100점을 받아 점수 차가 크게 벌어진 것이니 '우등생은 각성하라' 이런 것인가? 그렇다면 이건 코미디(comedy) 프로(program)에나 나올 이야기이다.

사회는 기업가를 존경하고, 정부는 기업가를 보호하며, 기업가는 종업원(= 국민)을 존중하자. 3자의 원활한 이해와 협동 속에서 기업이 자라면 빈부의 문제는 대체로 해결된다. 이래도 여전히 남아 있는 빈부의 문제는 재분배로 해결해야 한다. 이는 기업가가 아니라 정부가 해결해야 할 과제이다.

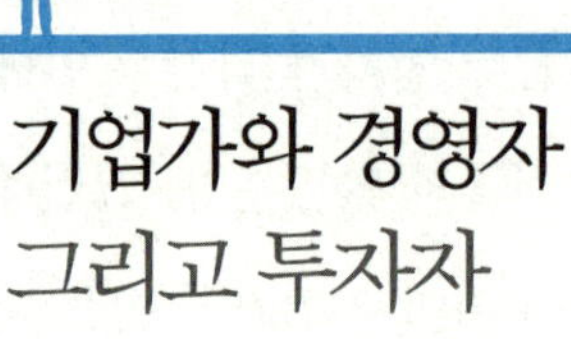

기업가와 경영자
그리고 투자자

　기업가는 경영자일 수도 있고 투자자일 수도 있으나, 단순한 경영자나 투자자와는 다르다. 이 점을 확실히 해 둘 필요가 있다. 기업가의 삼권(三權)에서 언급한 바와 같이 기업가는 소유권, 처분권, 경영권을 갖고 있다. 기업가의 삼권(三權)을 기준으로 비교할 때 전문 경영자는 경영권만 있을 뿐, 소유권과 처분권은 없다. 반면에 투자자(=주주)는 소유권과 처분권은 있으나 경영에는 참여하지 않는다. 이러한 의미에서 볼 때, 기업가는 경영권을 가진 투자자라고 할 수 있다.

　전문 경영자의 주된 수입원은 급여이지만 기업가의 주된 수입원은 급여가 아니다. 물론 기업가도 조직의 일원으로서 급여를 받기도 하지만 그것은 기업가가 기업에서 일하는 것에 대한 근로의 대가라고 보기는 어렵다. 전문 경영자에게 지급되는 보수와도 성격이 다르다.

기업가는 친모이고 경영자는 보모이다. 보모는 고용 시 대우에 대하여 논하고, 대우가 나쁘거나 약속된 보수가 지급되지 않으면 기업을 떠난다. 그러나 기업가는 그렇지 않다. 기업가는 큰 금액의 급여를 받기도 하지만 기업의 형편에 따라서 일정 기간 동안 보수 없이 일하기도 한다.

투자자의 주된 수입원은 이익 배당이지만 기업가의 주된 수입원은 이익 배당이 아니다. 기업가도 물론 다른 주주와 마찬가지로 이익 배당을 받는다. 그러나 이 점에 있어서도 단순한 투자자와는 입장이 다르다. 주주총회에 있어서 통상적인 경우라면, 회의의 주된 쟁점은 이익잉여금의 처분에 있다. 재미있는 것은 같은 주주이면서도 대주주로 구성된 집행부와 소액주주인 일반 주주 사이에 입장이 크게 다르다는 것이다. 소액 주주들은 고율 배당을 주장하는 반면에, 대주주로 구성된 집행부는 저율 배당의 불가피성을 설득하려는 입장이다. 소액 주주들은 배당에만 관심이 높을 뿐, 기업 경영에 크게 영향을 미칠 수 있는 '이사 선임의 건' 같은 의안에는 별로 관심이 없다. 집행부와 소액 주주 간에 배당에 관한 의견이 일치하지 않을 경우, 대주주인 기업가는 양자 간에 서로 다른 배당률을 적용하는 것으로 사태를 수습하기도 한다. 소액 주주는 몇 만 원의 배당금을 위해서도 목소리를 높이지만 기업가는 사태를 수습하기 위해 수억 원의 배당금을 포기하기도 한다.

기업가가 중요하게 여기는 것은 자신의 높은 급여나 고율의 배당이 아니다. 그에게 있어서 무엇보다도 중요한 것은 기업의 존속이다. 비상장기업의 경우 창업 후 수년간, 한 번도 이익 배당을 하지 않은 기업도 꽤 있다. 이익이 나지 않아서 배당을 하지 못하는 경우라면 어쩔 수 없겠지만, 이익이 났는데도 배당을 하지 않는 것이다. 상장기업의 경우에는 소액 주주들이 있기 때문에 무작정 무배당으로 일관할 수는 없다. 그래서 등장하는 것이 차등 배당이다. 소액 주주만 배당을 하거나 또는 소액 주주와 대주주의 배당률을 달리하는 것이다. 대주주라고 고액의 배당금을 받는 것이 싫을 리 있겠는가? 그러나 차등 배당이 기업의 존속을 위해 필요한 시점이라면 기업가는 배당금에 연연하지 않는다.

기업의 존속을 중시하는 것은 기업가정신이며 기업가의 사회적 책임이기도 하다. 기업가는 자신의 기업이 건강한 상태로 존속하고 자신이 그 기업의 소유권을 가지는 것만으로도 만족한다. 지금은 청년기의 기업이므로 자신이 직접 경영하고 있지만 언젠가는 처분권과 경영권을 사회화하고 소유권만을 가지는 시기가 올 것이다. 소유권조차 마침내 사회화되겠지만 그건 먼 훗날의 이야기로 제3장 청년기 기업의 존속기이다.

기업가에 따라서는 자신에게 거액의 연봉을 책정하고, 이익이 나면 고율 배당을 통하여 투자한 원금을 회수하는 것을 선호하는 사람도 있다. 기업가가 자신에게 부여된 권한을 어떻게 사용하든 기업가의 자유이다. 기업의 존속을 중시하는 것이 기업가의 사회적 책임이기는 하나 그렇다고 해서 그것을 강요할 수는 없는 것이다. 기업가의 위치잡기가 중요하지만 그렇다고 해서 그 또한 강요할 수 없는 것이다. 다만 필자가 말할 수 있는 것은 기업가정신을 가진 기업가라면 기업의 존속을 최우선으로 하며, 기업의 존속을 위협하는 의사결정을 결코 하지 않는다는 점이다. 기업가가 되는 것은 단순히 돈을 버는 일이 아니다. 돈을 벌어 부자가 될 수도 있으나 그것이 전부는 아니라는 말이다.

중소기업의
사회적 책임

　나라에 어려운 일, 불행한 사건이 터질 때마다 예외 없이 기업의 사회적 책임이 거론되곤 한다. 수해, 지진 등 천재지변이라도 나는 경우, 각 기업들이 앞을 다투어 성금을 내고 언론이 이를 집중적으로 보도한다. 많은 사람들이 기업의 이러한 행위를 당연시하고 이것이 기업의 사회적 책임인 줄로 생각한다.

　성금(誠金)이라고 하지만 그냥 성의(誠意)만을 보여서는 안 된다. 말이 성금이지 속을 들여다보면 단순히 성의가 모여서 만들어진 돈은 아니다. 다른 출처의 성금은 모르겠지만 기업의 이름으로 내는 성금은 적어도 아니다. 성금에는 기업 규모에 따른 수준이 있다. 기업의 규모와 성금의 크기는 법률이나 조례에 의해 정해진 것은 아니지만 묘한 균형을 이룬다. 정부의 보이지 않는 압력, 사회의 이목과 여론, 기업 스스로의 체면과 유사 규모의 기업 간에 눈치 보기 등 그리 간단치 않은 요인들이 균형의 외곽을 둘러싸고 있다. 이 균형에서 이탈된 기업은 눈치 없는 기업이 되고, 심한 경우에는 사회의 질책을 받기도 한다. 성금을 내고 욕까지 먹는다니 웃기는 일이 아닌가?

일만 터졌다 하면 기업에서 돈을 내어 수습한다. 정부는 도대체 무엇을 하는 기관이며 세금은 걷어서 어디에 쓰는가? 어째서 일만 터지면 별도로 돈을 모아야만 해결할 수 있는 것인가? 성금이 나쁘다는 말이 아니다. 같은 국민이, 같은 인류가 불행에 처해 있는데 성금을 내는 것을 나무랄 리 있겠는가. 문제는 성금이 순수한 성금의 수준을 벗어난 것이기 때문이다.

거액의 ○○성금, ○○의연금을 내는 것이 기업의 사회적 책임일 수 없다. 그런 것이라면 기업 구성원이 조금씩 모은 성금(誠金)으로 충분하다. ○○기업에서 사장과 임직원 일동이 123만 원이면 되는 것이지 1억 123만 원이어야 할 필요는 없는 것이다. 그런 종류의 자선사업이 결코 기업의 본연의 일이 될 수는 없다. 대기업은 몰라도 적어도 중소기업에 있어서는 아니다.

중소기업의 사회적 책임은 건강한 존속이다. 기업이 존속한다는 것은 이익 창출을 전제로 한다. 창출된 이익으로 고용을 유지함으로써 종업원의 생활을 안정시키고, 이익 배당을 통하여 주주에게 이익의 일부를 환원하고, 양질의 제품을 통하여 고객에게 봉사하는 것이 기업이 갖는 사회적 책임이다. 누가 뭐라고 해도 이보다 더 중요한 책임은 없다.(조세를 충당함으로써 국가에 기여하며, 발

주와 납품을 통하여 거래에 관련된 기업과 공존함으로써 산업에 활력소를 제공하는 것은 부수적인 효과이다)

기업이 건강하게 존속하기 위하여 기업가가 해야 할 일은 '기업가의 위치 잡기'이다. [주주 − 종업원 − 고객]으로 구성되는 이익 배분의 삼각형 안에서 중심을 잘 잡고 어느 한 쪽으로 쏠리지 않는 것이 중요하다. 이로써 기업은 건강을 유지하고, 기업가는 기업의 건강한 존속을 통하여 사회적 책임을 다한다.

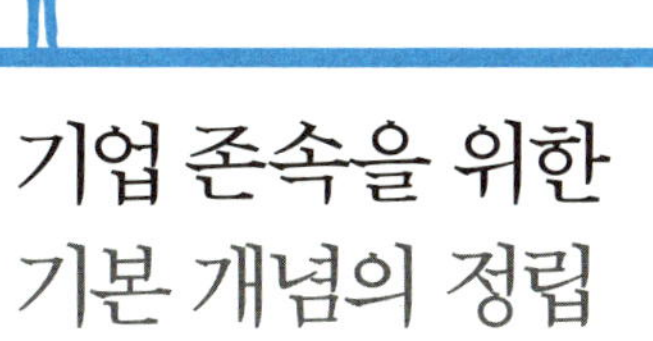

기업 존속을 위한
기본 개념의 정립

사람이 인생을 살면서 때때로 멈추어 서서 살아온 날을 돌아보기도 하고, 앞으로 살아갈 날에 대하여 새로운 의미를 부여하듯이, 기업도 새로운 단계에 진입할 때마다 존속에 대한 개념을 재정립할 필요가 있다. 아주 기본적인 개념이라도 단계에 따라서 추구하는 목적이 달라질 수 있기 때문이다.

중소기업에서 중견기업으로, 중견기업에서 대기업으로, 대기업에서 재벌기업으로 바뀌는 과정에서 모든 것이 바뀐다. 관리제도도 바뀌고 기업가의 스타일도 바뀐다. 또 그래야 존속할 수 있다. 청년기에 진입한 중소기업도 예외일 수 없다. 유아기 때에 가졌던 기본 개념을 새롭게 정립해야 하는 것이다.

기업의 변천 과정에 있어서 가장 기본이 되는 개념은 규모이다. 이것에 의해 중소기업과 대기업이 갈린다. 이것에 의해 기업에 대한 사회의 평가가 달라진다. 이것에 의해 기업가에 대한 인식이 달라진다. 이것에 의해 기업의 서열이 생기고, 기업가의 위상이 정해진다. 그러므로 기업가에게 있어서 기업의 규모는 대단히 민감한 사안이다.

일반적으로 기업의 규모는 매출을 통하여 만들어진다. 매출을 통하여 창출되는 이익이 재투자 되면서 규모가 커지기 때문이다. 그러나 규모의 확대는 반드시 이익의 재투자로만 이루어지는 것은 아니다. 기존 주주들의 증자(增資), 새로운 투자자의 동참, 금융 기관으로부터의 차입, 사채(社債) 발행 등 여러 가지 재무 활동을 통해서도 이루어진다. 매출은 그중에서 일부를 담당할 뿐이다. 규모가 커지는 데 있어서 매출이 항상 확실한 역할을 하는 것은 아니다. 매출이 항상 재투자의 원천인 이익을 창출해낸다는 보장이 없기 때문이다.

그렇더라도 기업 존속의 최우선적 원천은 '매출'이다. 청년기의 기업에 있어서 '매출'이 갖는 개념은 이익 창출의 수단이다.

매출이 이익 창출의 수단이 아닐 수도 있는가? 물론 있다. 경쟁자를 무너뜨리고 시장을 장악하는 것을 목적으로 하는 경우, 매출은 이익 창출과는 거리가 멀다. 훗날의 이익을 위한 것이라고는 하나 그것은 그때가 되어야 알 수 있다. 기업 홍보의 차원에서 이루어지는 매출도 이익을 도외시한다. 다른 상품을 팔기 위해 선정된 미끼 상품도 이익의 창출과는 무관하다.

건설 회사의 경우 자금의 회전을 위하여 미분양 상태에 있는 제품(= 아파트 등)을 원가 이하로 팔기도 한다. 자동차 부품을 납품하는 회사에는 납품 품목 중 적자 품목이 수두룩하다. 다만 다른 품목의 납품을 위해 어쩔 수 없이 그러한 품목들을 버리지 못하고 있는 것이다. 따라서 모든 매출이 이익 창출의 원천이 된다는 생각은 버려야 한다. 매출액만 커지면 기업이 좋아진다는 생각도 재고되어야 한다. 이익을 창출하지 않는 사업은 처음부터 멀리하는 것이 좋다. 사업이 성사되어 매출이 현실화되어도 이익이 나지 않으므로 기업에 도움이 되지 않는다. 도움은커녕 오히려 부담이 되기 십상이다. 먹이 사냥에 실패한 치타처럼 피로해지기만 할 뿐이다. 청년기의 기업은 미래의 도약을 위해 강해져야 한다. 군살 따위로 몸집이나 불려서는 곤란하다. 매출은 이익 창출의 수단일 뿐 결코 목적이 아니다. 청년기의 기업은 이익이 안 되는 사업에 뛰어들어 조직을 피로하게 만들지 않도록 유의해야 한다.

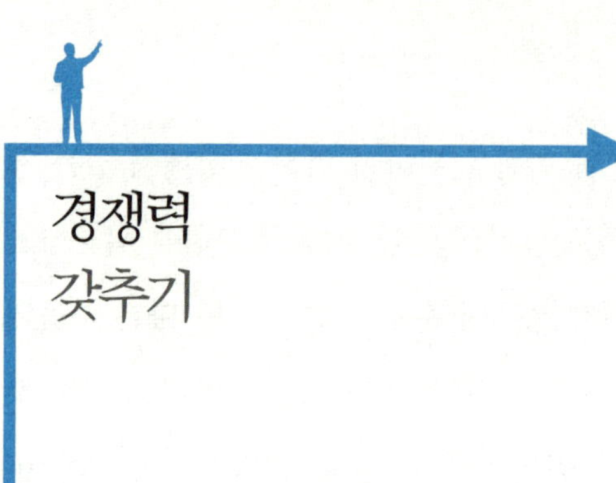

경쟁력
갖추기

　기업 존속을 위해 절대적으로 필요한 것이 경쟁력이다. 그런데 무작정 경쟁력 강화를 떠들어 봐야 소용없다. 운동 경기라고 가정해 보자. 무엇으로 경쟁력을 갖출 것인가? 이건 우문(愚問)이다. 우선 종목을 확인해야 한다. 종목에 따라 경쟁력을 구성하는 요소가 달라지기 때문이다. 농구나 배구에 있어서 신장의 우세는 거의 절대적이나 야구나 탁구에서는 그렇지 않다. 모든 운동 종목에서 빠르게 달리는 능력이 경쟁력의 원천이 될 것 같지만 역도나 양궁에서는 거의 무관한 덕목이다.

　청년기의 기업이 경쟁력을 갖추기 이전에 먼저 결정해야 할 일은 출전할 종목을 정하는 것이다. 종목이 창업 당시부터 정해진 것이라면 종목의 유망성을 다시 점검해보자. 이 단계에서 어긋나게 되면 평생 고생만 할 뿐 아무것도 이루지 못할 수 있다. 이 단계에서 결정된 종목은 상당 기간 ─ 적어도 대기업이 된 이후까지─ 에 걸쳐서 기업의 핵심적 사업이 된다. 핵심적 사업이 결정되면 그 사업에 기업의 역량을 집중시켜야 한다. 승부의 분수령이 될 핵심적 문제를 찾아내서 한 발 먼저 대응하는 것이 이기는 길이다.

핵심적 문제를 찾아내는 접근 방법은 세 가지이다.
1) 나의 강·약점과 경쟁자의 강·약점을 비교해 본다.
2) 소비자의 욕구 중 아직 충족되고 있지 않은 부분을 알아낸다.
3) 아직까지 업계에서 생각하지 못하고 있는 의외의 부분을 찾아낸다.

1)에 대하여는 긴 설명이 필요 없을 것이다. 나의 약점을 보완하고 상대의 약점을 공략한다. 상대의 강점을 배우고 나의 강점을 관리한다. 여러분들이 가장 잘하고 있는 부분일 것이다.

2)가 쉬운 것 같으면서 방치되기 쉬운 부분이다. 이 부분에서 S제강은 가히 선구자적이라 할 수 있다. 강관(鋼管) 산업 분야에 있어서 소비자가 원하는 제품을 누구보다 먼저 알아내고, 누구보다 먼저 만들어서 공급하였다. 시장에 내 놓는 것마다 문자 그대로 한국 최초의 제품이었다. 후발 주자가 따라붙을 때까지 가격 경쟁은 없다. 후발 주자가 따라붙어 가격 경쟁이 시작되면, 기존 시장을 양보하고 신제품을 내 놓는다. 물론 한국 최초의 제품이다. 1980년대의 10년 내내 그러한 상황이 이어졌다. 어째서 그러한 일이 하나의

기업을 통하여 10년씩이나 계속될 수 있었던 것일까?

강관(鋼管) 산업은 1970년 내내 공급 부족의 산업이었다. 만들기만 하면 팔리던 시대였으므로 애써 힘든 길을 택하려 하지 않았다. 아무도 소비자의 형편을 눈여겨보지 않았다. 소비자의 의견에 귀를 기울이지도 않았다. 시장의 흐름을 파악하고 소비자의 욕구를 분석하고자 하는 '시장 중심적 사고'가 결여된 상태이었다. 아니, '시장 중심적 사고'가 필요하지도 않은 시대였다. 이런 상황에서 소비자들은 특수 용도의 고급 강관을 수입품에 의존해야 했다. 수입되어 들어오는 고급 강관의 가격은 일반 배관용 강관의 3~5배였다. 이러한 때에 S제강은 고급 강관을 개발하여 수입가격의 반 값 정도로 공급하였다. 그래도 충분한 이익이 보장되는 가격이었다. '생산자 중심적 사고'라는 기나긴 꿈에서 뒤늦게 깨어난 경쟁자들은 서둘러 S제강의 제품을 흉내 내기 시작하였으나 당장 따라잡기는 쉬운 일이 아니었다. 이미 기술적으로 큰 격차가 벌어져 있었던 것이다.

3)에 있어서도 필자는 S제강에서 근무한 덕분에 많은 것을 배웠다. 그 중에서도 용접 방법에 의하여 생산되는 스테인리스 강관은 일품이다. 스테인리스 강관을 용접 방법으로 생산한다는 것은 1980년도 말까지만 해도 불가능한 것으로 생각하여 그 누구도 시도조차 하지 않았다. S제강은 아무도 생각하지 못했던 용접 방법으로 제품(스테인리스 강관)을 생산하는 데 성공하였을 뿐만 아니라, 제품을 생산하는 설비까지 자력으로 만들었다.

경쟁력 갖추기는 기업이 존속하기 위한 필수 조건이다. 이를 갖추기 위하여 청년기에 진입한 중소기업은 먼저 핵심적 사업을 결정해야 한다. 핵심적 사업이 결정되면 핵심적 문제를 찾아내서 기업의 역량을 집중시킨다. 중요한 것은 실천이다. 경쟁자보다 한발 먼저 대응하는 것이 이기는 길이다.

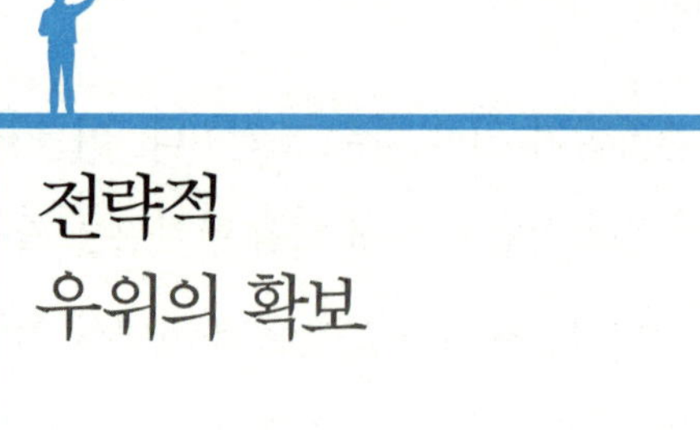

전략적
우위의 확보

같은 종(種)끼리의 경쟁에서 생존 전략은 비교 우위 전략이다. 승부의 분수령이 되는 부분에서만 우위에 있으면 되는 것이지 모든 분야에서 월등할 필요는 없다. 영양끼리의 경쟁에서 영양은 동료보다 빨리 달리기만 하면 되는 것이지, 치타와 싸워 이길 수 있는 역량이 필요한 것은 아니다.

중소기업의 자원은 지극히 제한적이다. 모든 분야에서 우위에 설 수도 없거니와, 그런 식의 시도는 자원과 능력이 분산되어 역량 집중이 될 수 없다. 결국 한 분야에서조차 우위를 확보하기 어렵게 된다. 따라서 차별화할 분야를 결정하는 것이 필요하다. 무엇으로 차별화할 것인가? 이것이 풀어야 할 과제인 것이다.

차별화의 수단은 품질, 기업 이미지, 기술, 유통 방법, 지역, 원료 특성, 디자인 등 매우 다양하다. 불행한 것은 이와 같이 다양한 수단들이 중소기업에게 전부 유용한 것은 아니라는 점이다. 예컨대 대대적인 광고를 통하여 기업 이미지를 차별화하는 전략은 대기업에게나 적합한 전략이다. 광범위한 유통망을 이용한 마케팅의 차별화도 중소기업에게는 권하기 어려운 방법이다. 차별화의 대상 중 중소기업에게 어떤 것이 가능하고 어떤 것이 불가능한 것인지는 산업과 제품의 특성에 따라 다르다. 한 가지 분명한 사실은 무엇으로든 차별화해야 한다는 것이다. 또 한 가지 분명히 해야 할 것은 차별화로 인해 얻어지는 프리미엄(premium)이 차별화를 위해 투입된 비용보다 커야 한다는 점이다.

　비교우위를 확보하기 위한 차별화에 있어서 조심해야 할 점은 생산자 중심적 사고를 철저히 버려야 한다는 것이다. 자기 과시적인 기술 개발, 용도와 무관한 지나친 고급 품질 등은 특수한 고객층을 겨냥한 것이 아니라면 권고할 바가 못 된다. "이런 제품이면 팔릴 것이다."라는 것이 생산자 중심적 사고이다. "이런 제품이면 고객이 원하겠는가?" "내가 고객이라면 이런 제품을 사겠는가?"라는 식으로 고객의 입장이 되어 생각해야 고객의 마음을 읽을 수 있다. 그래야 고객이 내게 다가온다.

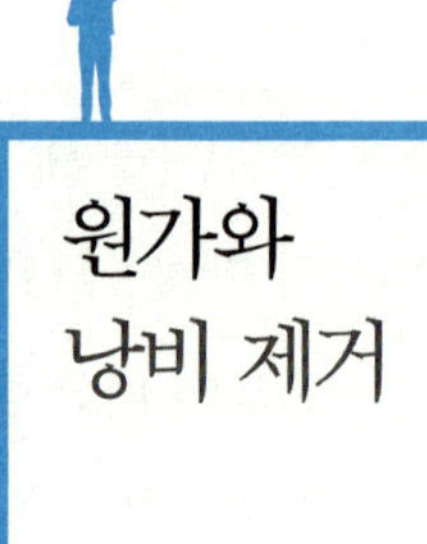

원가와
낭비 제거

원가를 차별화 수단의 하나로 인식하는 것은 잘못된 생각이다. 원가가 가격 경쟁력의 원천이 되는 것은 사실이지만 원가 그 자체가 차별화의 수단은 아니며, 그렇게 생각해서도 안 된다. 그러나 차별화와는 별도의 관점에서 원가가 가지는 의미는 특별하다. 경쟁이 격화되고 사업 환경이 악화될수록 원가가 갖는 의미는 더욱 부각된다.

여기 1,000원에 판매되는 제품이 있다. 두 회사에서 생산을 하는데 A사의 원가는 800원이고 B사의 원가는 750원이다. 소비자들은 각 회사의 원가를 알 리가 없다. 또 알려고 하지도 않는다. 품질에서도 이렇다 할 차이가 없고 판매가격도 같으므로 소비자들은 개성과 취향에 따라 제품을 선택할 뿐이다. 이 경우 원가가 낮은 B사가 원가를 차별화의 수단으로 생각하여 제품 가격을 낮추는 것은 도움이 되지 않는다. 판매가를 950원으로 낮춘다 해도 매출이 늘어나는 것은 잠깐일 뿐이다. 이내 A사도 가격을 950원으로 낮출 것이며 그렇게 되면 결국 양사의 이익만 줄어들게 된다. 원가를 차별화 수단의 하나로 인식하는 것이 잘못된 생각이라는 말은 이런 뜻에서 한 말이다.

이 제품이 일반 소비재가 아니라 전자 회사에 납품하는 부품이라면 어떻게 될까? 시장에서 경쟁이 치열해 지면 주문자는 판매 가격을 내려 자신의 경쟁력을 확보하는 한편, 줄어든 이익을 되찾기 위하여 부품 값의 인하를 요청할 것이다. 실제로 흔히 있는 일이다. 납품 단가가 850원이 되었다고 가정해 보자. A사의 개당 이익은 200원에서 50원이 되고, B사의 개당 이익은 250원에서 100원으로 줄어든다. 양사의 이익이 200원과 250원일 때는 대수롭지 않게 보였던 원가의 차이가, 양사의 이익이 50원과 100원이 되면서 크게 부각된다. 무려 두 배의 차이가 나는 것이다. 여기서 다시 납품 단가가 50원 인하되면 A사의 사정은 더욱 심각해진다.

원가는 이와 같이 동종 업계 내에서 방어력의 차이로 나타난다. 비록 차별화의 수단이 되어 막강한 공격력을 보여주는 것은 아니지만 수비에 있어서는 역할이 지대하다. 그러므로 기업이 원가를 낮춘다는 것은 존속과 관련된 매우 중대한 과업이다. 원가 절감의 중요성을 모르는 기업이 어디에 있겠는가? 안타까운 것은 원가 절감의 접근 방법이 잘못된 경우가 많다는 점이다.

원가 절감을 추진함에 있어서 절대적인 전제조건은 어떤 일이 있어도 품질을 저하시켜서는 안 된다는 것이다. 원가를 낮춘다는 이유로 다소 낮은 품질의 원재료를 대체 사용하는 경우를 보는데 매우 위험한 발상이다. 특히 사람의 생명과 관련되어 있는 자동차 부품 등은 절대적인 금기 사항이다.

원가 절감은 낭비제거로 시작해서 낭비제거로 끝나는 일련의 개선 활동에 의해 이루어진다. 공장 내에서 발생하는 각종 낭비를 분류하고, 분석하고, 제거하는 활동을 통하여 가치율을 높이는 것이 개선 활동의 목적이다. 수년간의 꾸준한 개선 활동으로 가치율이 50% 정도 향상되는 것은 통상적인 결과이며, 두 배 정도로 높아지는 사례도 적지 않다. 낭비제거를 근간으로 하는 개선 활동으로 가치율을 일정 수준까지 끌어 올리는 일은 청년기의 기업이 강해지기 위하여 거쳐야 할 필수적인 과정이다

가치율과
다섯 종류의 낭비

기업은 사람이다. 기업 간의 승부는 사람에 의해 좌우된다. 똑같은 상품도 누가 파는가에 따라 판매량이 크게 달라진다. 쉬운 일도 해결하지 못하는 사람이 있는가 하면 불가능해 보이는 일도 어떻게든 해내는 사람이 있다. 이처럼 사람은 기업 자산 중 가장 가치의 편차가 큰 자산이다. 높은 가치를 창출하는 일에 쓰여야 함은 지극히 당연한 일이다. 현실은 과연 어떠한가?

필자가 공장 개선을 지도하는 경우 제일 먼저 하는 일이 현재의 가치율을 파악하는 일이다. 가치율이라고 해도 설비 가치율, 재료 가치율, 인적 가치율 등 여러 가지인데, 공장 개선에서 필자가 중요시하는 것은 아무래도 인적 가치율 – 물론 고가(高價) 설비의 경우에는 당연히 설비 가치율을 중요시하지만 – 이다. 기업 자산 중 최고의 자산인 사람이 가치 없는 일, 소위 낭비 작업에 시간을 빼앗긴다는 것은 인간의 존엄성을 무시하는 것이다. 어떠한 일들이 낭비 작업인가? 이를 시간 개념으로 분석해 보면 내용이 분명해진다.

일과(日課) 개시를 알리는 음악 또는 벨소리와 함께 '근무 시간'이 시작된다. 그러나 우리 모두 근무 시간 내내 쉬지 않고 일하는 경우는 거의 없다. 공장의 경우, 오전 10시 전후, 오후 3시 전후로 각각 10분 정도의 휴식 시간이 정해져 있는 것이 요즈음의 추세이다. 일과 시작 전에 조회를 하는 경우도 있고, 때로는 교육을 위하여 근무 시간을 할애하기도 한다. 이처럼 정해진 휴식 시간, 조회나 교육 등에 할애되는 시간은 낭비 시간이기는 하나 의도적이며 계획된 '비작업 시간'이다. 필자는 이를 1종 낭비로 분류한다.

근무 시간에서 1종 낭비 즉, '비작업 시간'을 뺀 나머지 시간이 '작업 시간'이다. 작업이라고 해도 모든 작업이 다 가치를 만들어 내는 것은 아니다. 생산 품목이 바뀔 때마다 금형, 치·공구 등의 교체를 하는데, 이러한 작업들은 비록 생산 활동을 위하여 생략할 수는 없지만 그 자체로는 가치를 창출하지 않으므로 낭비 작업으로 인식해야 한다. 필자는 이를 2종 낭비로 분류한다.

'작업 시간'에서 2종 낭비 즉, '준비 교체 시간'을 뺀 나머지 시간이 '가동 가능 시간'이다. 공장에서 가치 창출을 위하여 활용할 수 있는 최대 시간이다. 그러나 현실에 있어서는 이 시간조차도 가치를 창출하는데 100% 활용하지 못한다. 설비 고장으로 인한 수리 시간을 비롯하여, 원·부재료 공급 차질로 인한 대기 시간, 심지어는 작업 품목이 결정되지 않아서 발생하는 대기 시간에 이르기까지 셀 수 없이 많은 요인들이 설비의 정상적인 가동을 방해하고 있다.(필자는 1970년대에 S제강 생산관리부서에서 근무하면서 불가동을 일으키는 요인을 분석한 일이 있었는데 무려 200가지도 넘는 요인들을 찾아내었다) 필자는 이를 3종 낭비로 분류한다.

'가동 가능 시간'에서 3종 낭비 즉, '불가동 시간'을 뺀 나머지 시간이 '가동 시간'이다. '가동 시간'이 '근무 시간'에서 차지하는 점유율을 가동률(稼動率)이라고 하며, 많은 공장에서 생산성의 지표로 활용하고 있다. 그러나 가동률 자체를 생산성 지표로 활용해도 무방한 공장은 극히 드물다. '가동 시간'에는 많은 낭비 시간이 포함되어 있기 때문이다. '가동 시간'에 포함되어 있는 낭비 시간을 필자는 '불명(不明) 시간'이라 부르고 4종 낭비로 분류한다. '불명(不明) 시간'이란 작업일보에 기록되지 않은 낭비시간을 말한다.

CT(cycle time: 제품 한 개를 가공하는 데 소요되는 정미 시간)가 1분인 제품이 있다. 1일 가동 시간이 400분일 경우 이론적인 1일 생산량은 400개이다. 그러나 어떤 작업자도 400개를 생산하지는 못한다. 불량이 발생하는 경우 이와 관련된 소요 시간, 품질 판단에 의문점이 생겨서 협의를 하거나 정밀 검사를 하느라고 소요된 시간, 자동 설비에서 일어나는 순간 정지와 이의 해소를 위해 할애된 시간, 피로나 생리적 요인으로 발생하는 인적 여유 시간 등 수 많은 사소한 요인들이 작업자의 시간을 빼앗아 간다. 결국 작업자는 300개를 생산하였다. 시간으로 환산하면 100개를 생산하는 시간 즉, 100분을 낭비한 것이다. 이러한 시간은 '준비 교체 시간'이나 '불가동 시간'과는 달리 작업 일보에 기록되지 않는다. 작업이 주(主)인 작업자에게 이토록 짧은 낭비 시간까지 기록토록 요구하는 것은 무리인 동시에 시간 낭비이다. 기록이 있든 없든 분명한 것은 100분의 낭비 시간이 발생하였다는 사실이다. 기록되지 않아서 세부적인 내용은 알 수 없지만 낭비 시간임이 확실한 이 시간을 필자는 '불명(不明) 시간'이라 부르고 4종 낭비로 분류한다.

가동 시간에서 4종 낭비 즉, 불명 시간을 뺀 나머지 시간이 정미 시간인데, 정미 시간조차도 낭비 시간이 포함되어 있지 않다고 말할 수 없다. 정미 시간 내에 포함되어 있는 낭비 시간은 편성 로스(loss), 속도 로스, 대기 로스 등으로 대별된다. 편성 로스는 조(組)작업에서 작업자 간에 CT가 다름으로 인하여 생긴다. 속도 로스는 자동 가공 작업에서 설비의 노후화 또는 비정상적인 상태로 인하여 가공 속도를 낮춤으로써 발생한다. 대기 로스는 MM(man-machine) 작업에서 기계 작업 시간과 수작업 시간의 불일치로 인하여 발생하는 대기 시간이다. 이러한 부류의 낭비 시간을 필자는 '기술적 낭비 시간'이라 부르고 5종 낭비로 분류한다.

정미 시간에서 5종 낭비 즉, '기술적 낭비 시간'을 뺀 나머지 시간이 '가치 시간'이다. '가치 시간'이 '근무 시간'에서 차지하는 점유율을 가치율(價値率)이라고 하며, 필자가 지도한 공장에서는 이를 생산성 지표로 활용하고 있다.

수년간의 개선 활동을 통하여 2종 낭비와 3종 낭비를 거의 근절시킨 공장의 경우, 가동률(稼動率)이 90%를 상회한다. 얼핏 보면 더 이상 개선할 여지가 없는 듯하나, 조금만 내면을 들여다 보면 4종 낭비와 5종 낭비가 엄청나다. 가동률(稼動率)이 90%인 공장에서 작업 여유율이 25%이고 편성효율이 80%라고 가정할 때 가치율은 60%도 되지 않는다. (=90÷1.25×0.8=57.6%)

이 정도는 상당히 양호한편이다. 개선 활동을 막 시작한 공장은 가동률 자체가 70% 내외이다. 이런 수준이면 여유율도 40%가 넘는 정도이고, 가치율은 대체로 40% 내외가 된다. 실제로 대다수의 공장들이 이런 수준에서 태연하게 생산 활동을 계속하고 있거나, 아니면 뒤늦게 깨닫고 개선 활동을 시작한다. 열의와 집념을 갖고 도전하여 가치율이 80%까지 높아진 공장이 있는가 하면 도중에 포기하고 주저앉아 가치율이 여전히 50% 내외에서 맴도는 공장도 적지 않다.

청년기의 기업이 미래의 도약을 위하여 강해져야 한다면 더 이상 규모가 커지기 전에 개선 활동을 통한 낭비 제거에 주력해야 한다. 낭비를 잔뜩 안은 채 대기업으로 도약하는 경우가 전혀 없는 것은 아니다. 그런 기업이 확실히 있었다. 어느 날 갑자기 일약 대기업의 반열에 서 있는 당당한 모습을 본 적이 있다. 그러나 얼마 지나지 않아 소리도 없이 사라져버린 사실 또한 생생히 기억한다. 기업 경영은 한 판의 승부가 아니다. 기업가 정신으로 무장한 기업만이 세대를 이어가며 존속할 수 있다.

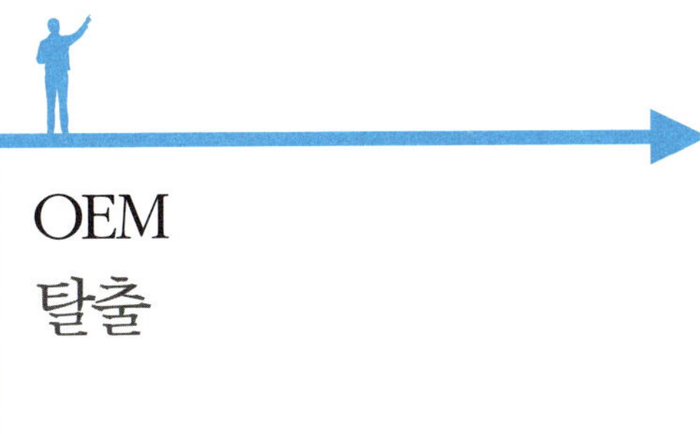

OEM
탈출

청년기의 기업이 도약을 통하여 대기업이 되는 것을 시도하기 전에 정리해야 할 일이 하나 더 있다. 즉 OEM 탈출이다. 결론부터 말한다면 OEM은 일시적, 한시적인 사업 형태로 인식해야 하며 처음부터 아예 발을 들여 놓지 않는 것이 좋다. 어쩔 수 없는 형편으로 인하여 발을 들여 놓았다면 청년기에 진입한 지금이 탈출해야 할 마지막 기회이다. 이 시기에 탈출하지 못하면 굴레에서 벗어나기 매우 어려워진다.

OEM 가공, 얼핏 보면 매력이 있어 보인다. 우선 마케팅에 대한 부담이 없다. 새로운 고객을 확보하기 위하여 동분서주(東奔西走)할 필요가 없다는 이야기이다. 새로운 제품 개발에 대한 부담도 없다. 기술도 빌려 준다. 재료도 무상으로 사급을 받으니 재고 부담도 없다. 품목만 잘 잡으면 회사의 규모를 키우는 것은 일도 아니다. 이보다 손쉬운 사업이 또 있을까?

사업이라는 세계에는 먹기도 쉬우면서 영양도 풍부한 먹이는 없다. 손쉬운 먹이라고 만만히 보고 꿀꺽 삼키면 목구멍에 가시가 걸리게 되어 있다. 그렇게 되면 꼼짝 못 한다.

OEM이라고 해서 맨손으로 되는 것은 아니다. 적어도 설비 투자는 필요하다. 이것이 함정이다. 수요가 늘어나면 주문자는 주문량을 늘린다. 납품하는 입장에서는 즐거운 일이 아닐 수 없다. 주문량을 소화하기 위해서 작업 시간을 연장한다. 이 방법은 이내 한계점에 다다른다. 주문량은 늘어나고 돈이 들어오는 것이 보인다. 무엇을 두려워하랴. 작업장을 늘리고 설비를 추가로 들여 놓고 작업자를 모집한다. 회사는 눈에 보이게 쑥쑥 자라고 돈도 제법 모인다. 기업가는 사업하는 재미가 난다. 그러나 OEM은 여기까지가 한계이다.

종업원의 급여가 오를 때마다 기업의 이익은 줄어든다. OEM 생산자는 인건비의 압력을 완화하기 위하여 임금이 낮은 곳으로 이동한다. 수도권에서 지방으로, 한국에서 중국으로 이동하면서 인건비와의 전쟁을 계속한다. 이러한 전쟁은 다시 중국 동부에서 서부로, 해안에서 내륙으로 이어진다. 그러나 아직 심각한 사건은 일어나지 않았다.

시장 상황이 나빠지면 주문자는 납품가격을 조정한다. 이를 받아들이지 않으면 주문자는 다른 생산자를 물색한다. 일거리가 줄어든다는 것은 OEM 생산자가 가장 두려워하는 일이다. 납품가의 인하를 받아들이면 그때부터는 이익 없는 생산 활동이 시작된다. 공장은 쉴 새 없이 돌아가고 종업원들은 땀 흘려 열심히 일하지만 이렇다 할 성과는 없다. 이쯤 되면 기업가도 종업원도 지치기 시작한다. 여기에 더욱 좋지 않은 상황이 기다리고 있다.

주문량이 갑자기 크게 줄어든다. OEM 생산자가 가장 두려워하는 일이 벌어진 것이다. 이런 종류의 사건은 처음부터 예견된 일로, 수시로 발생하며 신기해할 일도 아니다. 증설했던 설비는 태반이 가동을 멈추고 종업원의 상당수도 정리할 수밖에 없다. 낮은 단가의 충격을 생산량으로 버티어오던 상태에서 생산량이 크게 줄어들면 수익성은 바로 악화되고 인건비 압력은 더욱 커진다. 자금이 고갈되면 잉여 설비를 중고 설비 시장에 내놓을 수밖에 없다. 더욱 나쁜 것은 설비를 살 임자를 만나기 어렵다는 사실이다. 그렇게 되면 설비는 고철이나 다름없게 된다. 주문량이 크게 줄어들면 종업원뿐만 아니라 설비도 같이 정리되는 것이 OEM 생산의 운명이다. 조금 커지는 듯 했던 기업은 원상태로 돌아온다.

특정한 회사에 협력업체로 등록하고 한 회사만을 바라보며 생산활동을 하는 부품 제조 회사도 크게 다를 바 없다. 주문량이 갑자기 큰 폭으로 줄어드는 위험부담은 OEM처럼 크지는 않겠지만 납품단가에 대한 인하 압력은 오히려 더하면 더했지 결코 덜하지는 않다. 제아무리 이윤율이 높은 부품도 단가 인하 두어 번이면 적자 품목으로 전환된다. 이것은 가정(假定)이 아니라 현실이다. 원가 절감을 위해 애쓰더라도 원가 절감 폭이 단가 인하 폭을 따라가기 어렵다. 그러므로 특정 회사에 매여 있는 부품 회사는 줄을 잘 서면 조금씩 커질 수는 있지만 결코 강해질 수는 없다. 줄이라도 잘못 서는 경우에는 문자 그대로 줄초상이 난다.

강해지기를 원한다면 굴레를 벗어야 한다. OEM이든 특정 회사에 의존하는 협력 회사이든 이러한 형태의 사업은 어디까지나 일시적, 한시적인 사업 형태로 인식하고 하루라도 빨리 변신해야 한다. 기업가가 기업의 진정한 주인이 되고자 한다면 처음부터 이런 형태의 사업에 발을 들여놓지 않아야 한다. 불행히도 발을 들여 놓았다면 청년기에 진입한 지금이야말로 탈출해야 할 절호의 기회이다.

홀로서기

OEM이나 특정 대기업에 기대지 않고 '홀로서기'를 함에 있어서 가장 필요한 것은 기업가의 결심이다. '홀로서기'를 위한 조건으로 마케팅 능력, 독보적 기술 등을 들지만 정말 필요한 것은 홀로서기에 대한 기업가의 자각과 결심이다. 그것만 있으면 마케팅 능력이나 독보적 기술 등은 어떻게든 확보된다.

S식품이 좋은 예이다. 필자가 S식품을 만난 것은 1990년대 초반이다. 주요 제품은 훈제 가공 식품인데, 창업한 지 10년이 다 되어가지만 마케팅의 돌파구를 찾지 못한 탓인지, 창업 이래로 연간 매출액이 줄 곳 20억 미만이었으며, 매년 누적되는 적자로 인하여 자본 잠식이 되어 있는 상태였다. S식품은 당시 변신을 위해 신규로 햄·소시지의 생산을 염두에 두고 있었지만 시장은 이미 백설 햄, 진주 햄, 남부 햄 등 대형 브랜드에 의해 과점 되어 있어서 신규 진

입은 생각하기 어려운 상황이었다. 다만, 대형 브랜드에 의존하는 OEM생산은 가능성이 있었다. OEM생산을 결정하기만 하면 회사의 연간 매출액이 100억을 넘어 서는 것은 시간문제였다. 그러나 S식품은 힘하고 먼 길을 돌아가기로 결심했다. 기준 연도의 매출 목표를 20억으로 정하고 매년 20억 씩 증가시켜 5년 차 되는 해에 100억을 달성하기로 하였다. 독자 브랜드를 만들고 독자적인 판로를 통해 틈새시장을 찾아내었다. 5년 차 되는 해에 매출은 100억을 넘어 섰고, 회사는 특별한 시장과 특별한 고객에 힘입어 특별한(?) 수준의 이익을 기록하였다. S식 품은 역경을 헤쳐 나가면서 체질이 강해졌다. 작지만 강한 기업이 된 것이다. 일단 강해진 기업이 커지는 것은 시간문제이다. 처음 100억의 매출을 달성하는 데 5년이 걸렸지만, 그 다음 100억은 2~3년, 그 다음 100억은 1~2년이면 충분하였다. 한 번 바람을 타면 500억은 순식간이다. 다만 규모의 늪에 빠지지 않도록 조심하고 틈틈이 자신을 돌아볼 필요가 있다.

S식품의 독보적인 제조 기술과 마케팅 능력이 어느 날 갑자기 하늘에서 떨어진 것이겠는가? 아니다. '홀로서기'를 하겠다는 기업가의 결심 하나가 모든 것을 불러 온 것이다. '홀로서기'를 함에 있어 독보적인 제조 기술과 마케팅 능력이 크게 도움이 되는 것은 사실이지만 그러한 것이 없다고 해서 아주 불가능한 것은 아니다. 예컨대 모두가 하기를 꺼리는 기피(忌避)산업으로도 '홀로서기'를 할 수 있고, 특수한 공정이나 매우 적은 양만을 생산하는 미니 공정만

으로도 '홀로서기'를 할 수 있다. 중요한 것은 어떠한 방법을 통해서든 '홀로서기'를 해야 한다는 점이다. 그렇지 못하면 강한 중소기업이 될 수 없고, 강하지 못하면 결코 커지지 못한다. 운이 좋아서 커지더라도 버티지 못하고 다시 오그라진다.

한눈팔기와
한 우물 파기

　창업 초기 즉, 유아기에는 자금도, 인재도, 기술도 모두 부족하기 때문에 오직 한 가지 일, 한 가지 제품에 몰두할 수밖에 없다.

　문제는 규모가 어느 정도 커지고 자금의 여유도 생긴 청년기 초기에 발생한다. 창업 이후 처음 맛보는 여유 그리고 선택의 유혹이 사고의 발단이 된다. 상당한 수의 기업가가 이 시기에 그릇된 판단과 잘못된 의사 결정으로 기업의 원기(元氣)를 크게 상실하고 패망의 골짜기로 떨어진다.

　청년기에 진입한 기업의 최대 목표는 존속이다. 이 경우 최선의 전략은 실수를 최소화하는 것이다. 이 시기를 성공적으로 돌파하는 기업들을 유심히 살펴보면, 대다수가 단지 커다란 실수를 하지 않을 뿐이다. 남보다 대단한 무언가를 하는 경우는 드물다. 진정한 강자는 평범한 초식으로 위력을 발휘한다. 묘수를 내려고 몸부림치는 쪽은 불리한 쪽에 있는 하수이다. 더러는 묘수를 내기도 하지만 묘수를 내고도 결국은 진다.

청년기 초기의 기업가에게 선택의 유혹은 물리치기 어렵게 다가선다. 유혹이 다가서는 것과 동시에 기업가도 끌려간다. 이른바 신규 사업의 유혹이다. 지금까지 해본 적이 없는 새로운 분야의 사업이다. 이때쯤이면 기업가의 주머니에 어느 정도 돈이 있다. 한 종목의 주식에 투자하여 차익을 실현한 투자가가 새로운 이익을 실현할 또 다른 종목을 물색하듯 기업가는 이곳저곳을 기웃거린다.

남의 떡이 커 보이는 법이다. 지금까지 해 왔던 그리고 지금도 여전히 하고 있는 일보다는 어쩐지 다른 사람이 하고 있는 분야가 참신하고 매력이 있게 느껴진다. 사람은 대체로 현재 가지고 있는 것에는 식상해하는 경향이 있다. 기업가라고 크게 다를 리 없다. 몇 년씩 같은 사업, 같은 제품만 다루다 보면 무언가 새로운 것에 눈길이 가고 마음이 쏠리게 마련이다. 이때가 정신을 차려야 할 때이다. 내가 식상해 있는 현재의 사업에 매력을 느끼는 사람이 저쪽에 있다. 그는 내가 매력을 느끼는 바로 그 사업에 식상해 있는 기업가이다. 두 사람이 사업을 맞바꾸어 한다고 가정해보자. 두 사람 모두 처음 하던 일보다 잘할 리 없을 것이다.

청년기의 기업은 모름지기 한 우물을 파야 한다. 이 사업 저 사업에 눈길을 주는 것은 먼 훗날, 장년기나 초로(初老)기의 일이다. 지금은 한 우물을 파고 또 파서 그 분야에 독보적인 존재가 되어야 한다. 여기 저기 기웃거리고 이것저것 손대면 어느 것 하나 제대로 하지 못하는 어정쩡한 상태에서 주저앉게 된다. '한 우물 파기'의

 이 원칙을 준수함에 있어서 S제강은 가히 모범적이다.

창업 초기에 부산 공장에서 1, 2, 3호기로 시작된 조관 설비는 서울 공장이 증설되면서 11, 12, 13… 호기로 이어졌고, 다시 포항 1공장의 21, 22, 23… 포항 2공장의 31, 32, 33…으로 이어지면서 지나치게 고지직할 정도로 한 우물만을 고집했다. 조관 설비의 앞 번호가 커질 때마다 조관 속도가 빨라진다. 10번 계열과 30번 계열의 생산 속도는 배 이상 차이가 난다. 단일 품목이 갖는 시장의 제한성으로 인하여 성장 속도가 느린 것은 부인할 수 없지만, 강하고 느린 성장을 나무랄 어떠한 이유도 없다. 수십 년간 한 우물을 파면서 축적된 저력이 독보적인 기술과 함께 탄탄한 재무 구조와 충성스러운 인력자원을 갖도록 해 준 것이다. 그로 인하여 어떠한 경제 위기에도 흔들리지 않고, 금리나 환율 등 경제 여건이 급변해도 호들갑을 떨지 않는다.

다원화인가
전업(專業)화인가

직업 상 경영 전략에 관한 질문을 받곤 한다. 예컨대 "성장 전략인가, 안정 전략인가" "소품종 다량 생산인가, 다품종 소량 생산인가" "다원화인가, 전업화인가" 같은 류(類)의 질문이다. 전략에 정해진 답이 어찌 있을 수 있겠는가. 때와 장소, 처해진 여건에 따라 다를 수밖에 없다. 그렇지 않다면 전략이랄 수도 없을 것이다. '다품종 소량 생산'이 근간(近間)의 추세이지만 1970년대 말까지만 해도 한국에서 이런 말을 하면 규모의 경제도 모르는 무식쟁이 취급을 받았다. 안정 전략을 말하면 비겁한 겁쟁이라는 비난을 피할 수 없었다. 그러나 최근 몇 년 동안 워크·아웃(work out), 법정 관리 등의 소용돌이 속에서 스스로의 힘으로 잘 버티어 내고 있는 기업들은 그러한 겁쟁이들이다.

어떠한 전략이든 범용성은 없다. 어떤 특수한 여건에 있어서만 유효할 뿐이다. 그러므로 전략을 논할 때는 조건이 선행되어야 한다. 지금 우리의 기업은 막 청년기에 진입하였다. 다원화인가 아니면 전업화인가. 이에 대한 답은 명확하다. 이 시기에 있어서 다원화 전략은 성공 확률이 지극히 낮다. 당연히 전업(專業)화를 통하여 성공 확률을 높이는 것이 상식적이면서 좋은 수이다.

청년기에 진입한 시기에 우리의 기업은 아직 중소기업이다. 이제 겨우 소년의 티를 벗고 있는 중이다. 중소기업에 있어서 진정한 의미의 다원화는 불가능하다. 기업의 주된 이윤은 한두 가지 주력 품목에서 만들어 지는 것이다. 이 시점에서 해야 할 일은 다원화가 아니라 주력 품목을 제외한 다른 품목들을 정리하는 것이다. 전업(專業)화의 방향을 명확히 하고 한 방향으로 매진하는 것이다.

맛으로 소문이 난 작은 규모의 식당을 보자. 곰탕이면 곰탕, 삼계탕이면 삼계탕 한 가지로 승부한다. 그런 식당들의 공통된 특징은 오랜 역사가 만들어 낸 고유한 기술과 전문 분야에 종사하는 것에 보람과 자긍심을 갖는 기업가가 있다는 점이다. 곰탕을 전문으로 하는 식당 주인이 옆집의 삼계탕이 잘 된다고 해서 메뉴에 삼계탕을 추가시키지는 않는다. 이 점에 있어서는 삼계탕 집 주인도 마찬가지이다. 그들은 경영학을 따로 공부하지 않았지만 기업가의 본능과 소질로, 주어진 조건과 부합되는 전략이 무엇인가를 잘 알고 있다.

다원화하는 방향은 1) 시장 및 고객의 다변화와 2) 사업다각화로 크게 구분할 수 있다. 1)은 기존 제품을 고수하면서 판매 공간을 다원화하는 것이고 2)는 판매 공간은 물론, 제품까지도 다원화하는 매우 적극적인 방법이다. 2)는 제품 개발 비용을 비롯하여 정보비용, 교육비용 등 엄청난 투자가 필요하기 때문에 자원이 풍부한 대기업이 아니면 엄두도 내지 못한다. 결국 중소기업은 1)방식을 택할 수밖에 없는데 이 방법이라고 해서 만만한 것이 아니다.

1)은 다시 같은 지역 내에서 새로운 고객을 추가하는 고객다변화와 기존 지역을 넘어서 새로운 지역의 새로운 고객을 추가하는 시장다변화로 구분할 수 있다. 이 중 비교적 용이한 것이 고객다변화이다. 고객다변화는 단순히 고객의 수가 늘어나는 것이 아니라 고객의 종류가 늘어나는 것이다. 단지 고객의 수가 늘어나는 것이라면 다변화라 할 이유도 없다. 매출이 두 배쯤 될 때면 사람은 몇 배로 늘어나고 인당 부가가치는 줄어든다.

시장다변화는 더욱 부담스럽다. 시장 조사를 위한 사전 비용은 별 것 아니다. 일이 본격화되면 시장 개척 비용 등 초기비용이 만만치 않다. 운이 나쁘면 개점휴업(開店休業)도 각오해야 한다. 수입도 없는 상태에서 기간비용은 어김없이 찾아온다. 중소기업으로서는 견디기 어려운 모험이다. '다변화 전략'은 경영 전략 교과서에 등록되어 있는 족보 있는 이론이기는 하나 청년기의 중소기업에게는 시기상조(時機尙早)이다. 섣불리 덤벼들었다가 실패하면 크게 내상을 입고 다시는 일어서지 못할 수도 있다.

‘다변화 전략’이 그런 정도이니 ‘다각화 전략’은 아예 생각도 말자. 성공하기도 어렵거니와 잘못되었을 경우에는 내상이 가볍지 않다. 삼성자동차나 현대전자 등이 시사(示唆)하는 바를 음미해 보면 쉽게 이해가 될 것이다. 삼성 그룹, 현대 그룹이었기에 그런 정도로 수습이 된 것이다.

아직은 선봉장인 기업가

기업의 규모가 바뀌고 기업가 삼권(三權)의 사회화가 진행되면 이에 따라 기업가는 바뀌어야 한다. 스타일도 바뀌고 역할도 바뀌고 관리 방법도 달라져야 한다. 기업가의 이러한 변신은 너무 빨라도 곤란하고 너무 늦어도 곤란하다. 유아기를 거쳐서 청년기에 진입하는 동안 기업가는 만능(萬能)적 존재이다. 제품의 아이디어 발상(發想)부터 시작해서 판로를 확보하는데 이르기까지 사업의 모든 과정이 기업가에 달려 있다. 하나의 과정이 끝나고 새로운 과정이 시작될 때마다 모두의 시선은 기업가를 향한다.

창업을 전후한 시기에 기업가들이 일하는 모습을 생각해보라. 사업 계획을 세우는 것은 물론, 카탈로그(catalogue)를 구상하고 제작하는 준비 과정부터, 예비 고객과 상담을 하여 수주를 성사시키고, 업무를 통하여 매출을 현실화하는 전 과정에 있어서 핵심 업무는 전부 기업가가 맡는다. 기업가 대신 전화를 받고, 장부를 기재하고, 이동을 도와주는 직원이 있기는 하지만 그들은 단지 도울 수 있을 뿐 핵심적인 일을 기업가 대신 처리하지는 못한다.

이것이 창업 초기 기업가의 일반적인 모습이다. 그는 구매, 생산, 판매 등 모든 부문에 있어서 직접적으로 관여하고 몸소 실행한다. 식당 주인은 자신이 갈은 칼로 고기를 자르고, 요리를 만든다. 요리의 재료도 그가 직접 사 온 것이다. 고용된 종업원은 묵묵히 주인이 시키는 일을 할 뿐이다. 창업 초기의 기업가는 영웅(英雄)형 기업가이다. 기업 내의 모든 일은 그에 의해 장악되어 있다. 기업 내에서 그의 손길이 닿지 않은 곳은 없다. 그는 기업 내에 무슨 일만 생기면 나타나는 영웅이며 해결사이다.

청년기에 진입한 중소기업의 기업가는 어떻게 변해야 하는가? 청년기의 기업가는 예전처럼 모든 것을 손수 하거나 직접적으로 관여하지는 않는다. 영웅처럼 언제 어디서든 모습을 나타내기에는 기업의 규모가 만만치 않다. 여러 부문이 부문 관리자에게 맡겨진 상태이며 기업가는 부문 관리자들만 관리한다. 그러나 모든 업무에서 2선으로 물러나 있어서는 안 된다. 아직은 그럴 때가 아닌 것이다.

중소기업의 간부 사원은 이름만큼 대접을 받기 어렵다. 부장이라고 해도 대기업의 직원들은 대수롭게 여기지 않는다. 회사에 커다란 영향을 줄 정도로 중요한 일이라면 대기업의 부장 또는 임원을 만나야 하는 데, 중소기업의 부장이 대기업의 부장 또는 임원을 만나는 것이 생각처럼 쉽지 않다. 이러한 경우 나설 사람은 역시 기업가뿐이다.

이 시기 즉, 청년기의 초기에 있어서 기업가는 선봉대장이다. 이 시기의 기업가는 한시라도 이 점을 잊어서는 안 된다. 회사가 중대한 난관에 봉착했을 때 기업가는 난관을 돌파하는 데 앞장서야 한다. 고객과 관련된 일이든 아니면 자금과 관련된 일이든, 그 일이 회사의 운명을 좌우할 정도로 중대한 일이라면 기업가는 감연히 선봉장이 되어야 한다.

이 시기에 있어서 일을 그르치는 두 가지 형태의 기업가가 있다. 하나는 너무 자주 선봉장이 되는 기업가이다. 별로 중대한 일이 아닌데도 관리자나 담당자를 제치고 선봉에 나선다. 유아기 때의 영웅적 기질이 여전히 남아 있기 때문이다. 일이 해결되는 데 있어서는 문제가 없는데 다른 곳에서 문제가 생긴다. 일만 생기면 종업원들이 기업가를 바라보게 되는 것이다. 종업원들은 위축되고 소극적으로 되는 반면에 기업가는 바빠진다. 이렇게 되면 기업은 옛날로 돌아간다. 그러나 기업가는 영웅으로 돌아가지 못하고 잔소리꾼으로 전락한다. 소극적으로 바뀐 종업원들은 유아기 때의 종업원과 다르다. 무능한 것이 아니라 단지 위축되어 있을 뿐이다. 그들은 자신들이 할 수 있는 일을 가로채는 기업가를 더 이상 영웅시하지 않는다.

일을 그르치는 다른 형태의 기업가는 너무 일찍 일선에서 물러나버린 기업가이다. 그는 본부에 앉아서 지시만 할 뿐, 여간해서는 선봉에 나서지 않는다. 중소기업이 당면한 일들 중 상당 부분이 실패와 좌절의 과정을 겪는다. 부하에게 지시한 일은 잘 되지 않은 경우가 많은데 기업가는 계속 독려만 한다. 일은 결국 성사되지 않는다.

기업가가 나설 때와 나서지 않을 때를 판단하는 능력은 그의 기업가적 소질이다. 그러나 소질에 관계없이 이전(유아기)에는 항상 선두에 나섰다. 그러므로 판단 능력과는 별도로 기업가는 그가 마음만 먹으면 언제라도 선봉장이 될 수 있다. 그럼 문제는 어디에 있는가? 어느 사이엔가 기업가 스스로 선봉에 나서기 싫어진 것인가? 아니다. 이 시기에 있어서 선봉장이 되기를 꺼리는 기업가는 창업 1세에서는 나타나지 않는다. 창업의 고된 역경을 직접 겪지 않은 창업 2세 즉, 영웅형 기업가의 역할을 해보지 않은 기업가에게서 나타나는 현상인 것이다. 기업 전승(傳承)의 시기적 개념에서 본다면 너무 이른 시기에 기업이 승계된 것이다. 여기서 시기가 이르다 함은 물리적 시간이 아니라 기업 전승(傳承) 당시의 기업의 위치를 말하는 것이다.

기업은 천차만별(千差萬別)이다. 수십 년 동안을 유아기에서 머무는 기업이 있는가 하면, 불과 2~3년 만에 청년기에 진입하는 기업도 있다. 창업 1세가 20년을 경영해 온 기업이라 해도 2세에게 전승될 때 기업의 위치는 청년기일 수도 있고 장년기일 수도 있지만, 때로는 유아기일 수도 있다.

창업 1세든 기업을 계승한 창업 2세든 중요한 것은 기업가가 현재 기업의 위치에 적합한 역할을 해야 한다는 것이다. 기업의 위치가 청년기에 있다면 기업가는 아직은 선봉장임을 잊어서는 안 된다. 이 시기에 있어서 기업가가 너무 자주 선봉장이 되어도 기업은 후퇴하여 옛날로 돌아가지만, 반면에 필요한 경우에 선봉에 나서지 않으면 중대한 일을 그르쳐 이 역시 후퇴하여 옛날로 돌아가게 된다. 소질을 타고난 기업가는 나서고 물러섬의 판단을 그르치지 않는다.

Successful development model of enterprise

청년기에서 장년기로

– 중소기업은 어떻게 하여 대기업이 되는가? –

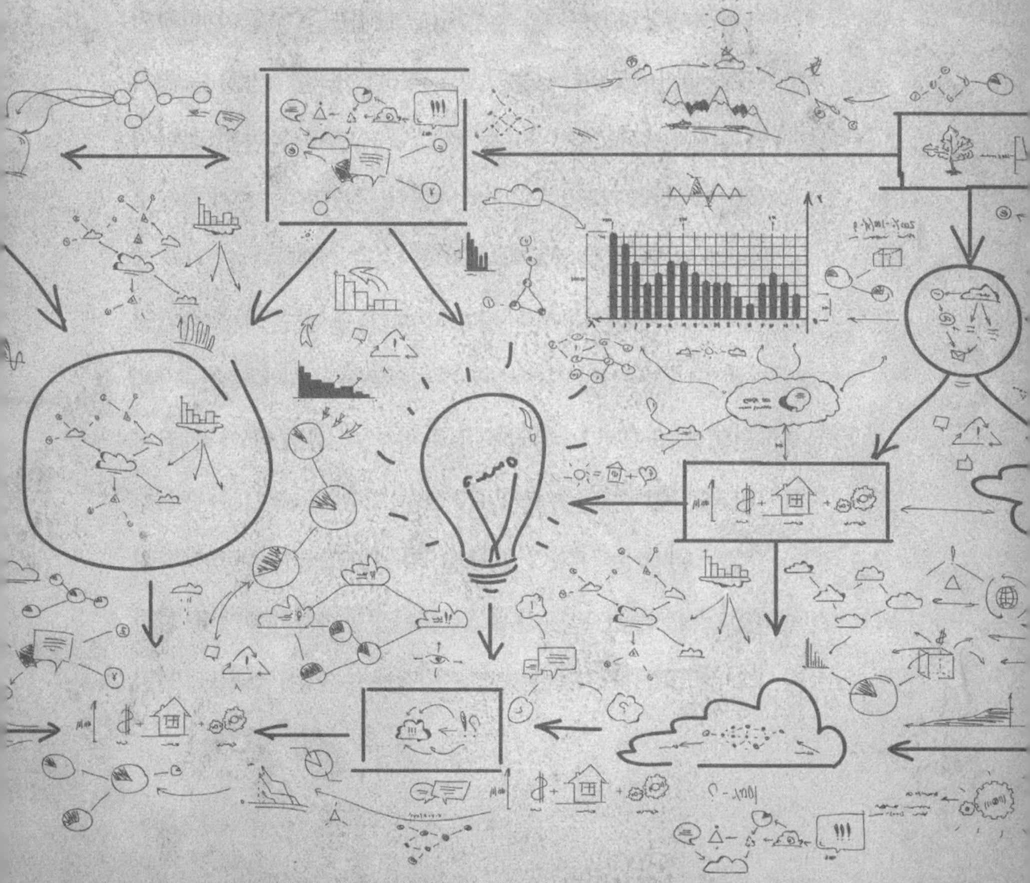

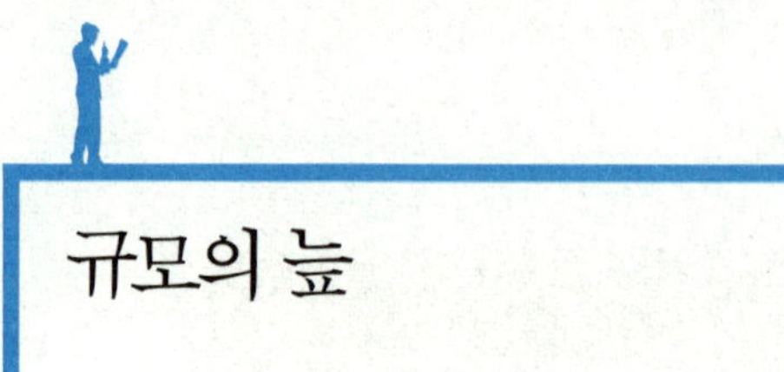

규모의 늪

'규모의 경제'라는 말이 있다. 생산 설비가 일정한 경우, 생산 요소의 투입량이 증대하면 단위당 생산비가 낮아져서 수익이 증가한다는 이론이다. 그래서 대량 생산의 이익이라고도 한다. 같은 이론이 생산 설비의 확대를 포함한 넓은 의미로 쓰이면서 파생된 용어가 '규모의 이익' 즉, 대규모 경영의 이익이다.

경영의 규모가 커지면 대량 구매, 대량 생산, 대량 물류 등에 따른 규모의 이익이 생기는 것이 사실이다. 그래서 많은 중소기업들이 대기업을 선망하고 규모 키우기를 지상의 과제로 삼고 있다. 이론대로라면 기업의 규모가 커지면 커질수록 기업이 좋아져야 한다. 그러나 현실이 꼭 그렇지만은 않다.

어떠한 경제이론이든 시대적 요구를 반영하고 있다. 경영이론도 마찬가지이다. 특정한 시대가 요구하는 질문에 대한 답에 불과한 것이다. 그러므로 시대가 바뀌면 이론의 유효성도 줄어들거나 소멸한다. '규모의 경제'는 고도성장 시대에 대기업의 이익 증대를 겨냥한 처방이다. 대기업으로의 도약을 앞두고 체질을 강화하고 힘을 비축해야 하는 중소기업을 위한 처방과는 거리가 멀다.

공급이 부족했던 소품종 다량 생산 시대에는 어떤 설비도 100%의 가동이 보장되었다. 고속화, 대량화가 주효했던 시대이었다. 지금은 사정이 많이 다르다. 똑같은 물건을 대량으로 만들면 대부분을 버려야 할는지도 모른다. 큰돈을 들여서 고속화를 추진해도 가동률만 떨어질 수 있다. 성수기의 물량에 맞추어 설비를 갖추어 놓으면 비수기에는 태반의 설비가 놀게 된다.

설비가 놀다니 큰일이 아닌가. 설비를 놀리면 죽는 줄로 아는 기업가도 있다. 어떻게 하든 일감을 확보하여 설비를 돌려야 한다. 변동비를 겨우 넘어서는 열악한 단가의 일감으로 설비 부하를 채운다. 이것이 기업이 '규모의 늪'에 빠지는 시발점이다. 물론 원인 제공은 훨씬 전부터 있었다. 대기업을 선망하고 규모 키우기를 지상의 과제로 삼기 시작할 때부터 이미 '규모의 늪'에 빠질 수 있는 가능성을 안고 있었던 것이다.

많은 중소기업이 대기업이 되고자 하는 욕심 때문에 '규모의 늪'에 빠져 허우적거리고 있다. '규모의 늪'이 대기업으로 가는 길목에 가로놓여 있어서, 뚫고 가는 것만이 유일한 방법이라 생각하고 그 늪을 건너기 위하여 필사적으로 몸부림친다. 그러나 '규모의 늪'은 대기업으로 가는 필연적 과정도 아니며 건너기도 용이하지 않다. 결코 발을 들여놓아서는 안 된다.

‘규모의 늪’에 빠져 있는 회사를 보라. 종업원은 모두 열심히 일을 하지만 고생만 할 뿐 성과는 미미하다. 시간이 지나면 결국은 지쳐서 늪에 빠져 죽게 된다. 여기서 분명히 해야 할 것이 있다. 늪이 있기 때문에 빠져 죽는 것이 아니라 늪에 발을 들여놓았기 때문에 죽는 것이다. 늪은 나를 끌어당기지 못한다. 나 스스로 늪으로 걸어 들어가 죽음을 자초하는 것이다.

돌아서 가는 길

　'규모의 늪'이 눈앞에 나타났을 때, 기업가는 중대한 결정을 내려야 한다. 전진할 것인가 멈추어 설 것인가이다. 멈추어 서는 것도 분명 한 가지 대안이다. 최소한 '규모의 늪'에 빠지는 것은 면할 수 있다. 대신에 대기업이 되는 것은 포기해야 한다. 기필코 대기업이 되어야 하겠다면 전진해야 한다. 그러나 '규모의 늪'을 향해 전진해서는 안 된다.

　'규모의 늪'에 빠지지 않고 늪을 건너는 방법이 있다. 늪의 가장자리를 따라 걷다 보면 언젠가는 늪의 건너편에 도착하게 될 것이다. 문제는 얼마나 먼 길을 돌아가야 하는지 아무도 모른다는 것이다. 조급한 마음에 뛰어간다면 늪에 빠지기 쉽다. 항상 늪인지 아닌지 확인해 가면서 조심조심 느린 걸음으로 걸어야 한다. 이런 식의 여정은 너무 길고 지루할 수 있다. 걷다가 지칠 수도 있다. 그때는 발걸음을 멈추고 쉬어야 한다. 쉬면서 원기가 회복된 것을 확인한 후 다시 걸으면 된다. 이것이 적어도 늪에 빠지는 것보다 훨씬 낫다.

늪의 가장자리를 따라 걷는 길은 지금까지 걸어왔던 길과는 사뭇 다르다. 늪의 가장자리는 항상 위험이 도사리고 있다. 질퍽거리는 지면을 걷다 보면 미끄러지기 쉽고 자칫 잘못하면 늪에 발이 빠지는 경우도 있다. 이때는 조심스럽게 발을 빼 내야 한다.

신발 하나쯤은 포기하는 것이 현명하다. 신발이 아까워서 다른 발을 넣으면 더 깊이 빠져들어간다.

늪의 가장자리를 따라 걷는 험하고도 지루한 여정에서 기업을 지탱해 주는 저력은 어디에서 나오는 것일까? 그것은 종업원들의 기업가에 대한 충성심과 회사에 대한 사랑에서 나온다. 충성심과 애사심의 근간에는 기업가가 만들어 놓은 보상제도가 있다. 늪의 건너편에 도달하면 큰 상을 내리겠다는 즉흥적이고 막연한 약속이 아니라, 제도화되어 있는 이익 처분권의 사회화이다. 이익 배분의 원칙을 성문화한 확고한 제도이며 실시한 수년간의 실증도 있다. 종업원 중 어느 누구도 제도의 시행 여부에 의문을 가진 자는 없다. 이러한 기업의 종업원들은 단순한 고용자가 아니다. 그들은 기업가의 동료이며 동업자이며 한식구이다. 도원결의(桃園結義)를 하지 않았을 뿐, 피를 나눈 형제나 다를 바 없다. 그들은 늪의 가장자리를 따라 걷는 험하고 지루한 여정도 한번 도전해 볼 만한 일이라고 생각한다. 그들은 험하고 지루한 여정을 오히려 즐기며, 하나의 난관을 돌파할 때마다 성취감을 맛보며 힘을 기른다.

"급하면 돌아가라,"는 말처럼 늪의 가장자리를 돌아서 가는 길은 비록 길고도 멀지만 가장 빠른 길이다. 늪을 질러가는 길은 짧지만 결코 건너편에 도달하지 못한다. 간혹 죽을힘을 다하여 늪을 건너는 데 성공한 경우도 있는데 대체로 늪을 건너는 동안에 지나치게 많은 힘을 소모한 탓에 얼마를 버티지 못하고 가엽게도 죽음을 맞는 것이 통상적이다.

필자는 중소가족기업의 기업가에게 여간해서는 늪의 가장자리를 돌아서 가는 길을 권하지 않는다. 이 여정에 있어서 성공의 관건은 이익 배분제도에 있다. 이 제도를 중소가족기업의 기업가에게 납득시키는 것은 결코 쉬운 일이 아니다. 기업가가 이 제도를 받아들일 것인지는 슬쩍 응수 타진만 해보아도 쉽게 알 수 있다.

100% 자신의 돈으로 창업한 가족기업의 기업가에게 이익 배분제도는 아무래도 실행하기 어려운 과제이다. 매달 꼬박꼬박 지급하는 월 급여 그리고 이따금씩 형편이 되면 지급하는 상여금과 연말에 있을 수도 있는 특별 성과급 정도이면 충분히 베푼 것이라는 생각과 이익 배분제도 사이에는 아무래도 근본적인 개념의 차이가 있다. 이익 처분권의 사회화는 기업가에게는 매우 어려운 결단이다. 대다수의 기업가가 이익 처분권의 사회화보다는 구조적 조직력과 관리 능력의 강화를 통하여 대기업으로의 도약에 도전한다. 그러한 방법으로는 대기업이 될 수 없다는 말은 아니다. 다만 이익 배분제도와는 전혀 다른 각도의 접근 방법임을 말하려는 것이다.

어떤 기업가는 대기업이 되기 위하여 이익 배분제도가 불가피한 것이라면 그러한 제도를 택하느니 차라리 대기업 되는 것을 포기하 겠다고 한다. 이 제목의 서두에서도 말했듯이 멈추어 서는 것도 분 명 한 가지 대안이다. 최소한 '규모의 늪'에 빠지는 것은 면할 수 있 다. 또한 작게 사는 것도 훌륭한 생존의 방법이다.

규모가 작은 것을 부끄러워할 이유는 없다. 종(種) 자체가 다른 것이라고 생각하면 된다. 다만 대기업이라는 종(種)으로 진화하지 못하는 것일 뿐이다.

이륙(離陸)

　기업이 일정 상태를 벗어난다는 것 즉, 일정 수준을 뛰어 넘어 새로운 상태에 안착한다는 것은 일종의 도약이다. 비행기의 이륙(離陸)에 해당한다. 연예인이나 운동선수들은 이와 같은 상태의 변화를 '뜬다'라고 표현한다. 이들이 뜨기 위하여 얼마나 많은 연습을 하며, 얼마나 많은 땀과 눈물을 흘리는지 제3자는 모른다. 그들이 일류(一流)가 되는 날, 그들의 목에 금메달이 걸리는 날부터 그들에게는 새로운 인생이 시작된다. 이것이 소위 뜨는 것 즉, takeoff(이륙)이다.

　비행기도 이륙을 하기 전까지는 자동차처럼 활주로를 달린다. 그러나 일단 이륙을 한 후의 비행기는 자동차와는 다른 차원에서 움직인다. 단지 지상(= 2차원의 세계)을 빨리 달리는 자동차가 아니라 창공(= 3차원의 세계)을 나는 비행기인 것이다.

　중소기업과 대기업은 차원이 전혀 다르다. 법적으로는 편의상 종업원 수나 총자산 등으로 중소기업과 대기업을 구분하고 있지만 그것은 어디까지나 구분을 위한 구분일 뿐 본질적인 구분은 아니다. 숫자가 중소기업과 대기업을 가르는 본질적인 기준이 될 수 없다는 말은 단순히 종업원 수가 늘어나고 총자산이 커진다고 해서 대기업이랄 수는 없다는 뜻이다. 필자는 양자의 차이를 서로 다른 차원으로 구분한다.

중소기업과 대기업은 서로 다른 차원에서 사는 서로 다른 종(種)이다. 종(種)이 다른 것이므로 중소기업이 자라서 저절로 대기업이 될 수는 없다. 중소기업이 대기업으로 바뀌는 것은 일종의 진화이며 돌연변이이다. 진화는 서서히 이루어지는 반면에 돌연변이는 급격히 이루어진다. 중소기업과 대기업, 양자(兩者)의 사이에는 '규모의 늪'이 가로놓여 있다. 이 늪에 빠지지 않기 위하여 필자는 늪의 가장자리를 돌아서 가는 방법을 말한 바 있다. 이것은 진화이다. 그러나 현실적으로 길은 너무 멀고 언제 늪의 건너편에 도착할지 알 수 없다. 이러한 때에 필요한 것이 돌연변이 즉, takeoff이다. 땅을 박차고 하늘로 솟아오르는 것이다. 그렇게 되면 비교적 빠른 시간에 늪의 건너편에 도착할 수 있을 것이다.

땅을 박차고 하늘로 솟아오른다고 말하지만 생각처럼 쉽게 이륙이 되는 것은 아니다. 비행기가 이륙하는 것을 보자. 이륙을 앞두고 비행기가 활주로를 달린다. 그러나 자동차가 달리듯 그런 식으로 달려서는 언제 솟아오를는지 알 수 없다. 비행기가 이륙하기로 작정했다면 자동차와는 비교가 되지 않는 매우 빠른 속도로, 이륙에 필요한 충분한 거리를 달려야 한다.

규모의 늪 가장자리를 도는 동안 해야 할 일은 이륙에 필요한 두 가지 조건 즉, 빠른 속도와 충분히 달릴 수 있는 활주로를 확보하는 것이다. 그렇게 되기 위해 강력한 추진력과 에너지원이 있어야 한다. 에너지원을 어디서 얻을 것인가? 이익 처분권의 사회화에서인가? 아니면 구조적 조직력과 관리 능력의 강화를 통해서인가? 이 점에 관하여 필자는 이미 '이익 처분권'의 사회화를 권한 바 있다.

이륙의 성공 여부는 조건을 확실하게 갖추는 데에 달려 있다. 활주로를 어슬렁거리다가 갑자기 운이 닿아서 takeoff(이륙)가 되는 것이 아니다. 게다가 단지 조건을 갖추었다고 해서 누구나 이륙에 성공하는 것이 아니다. 이륙을 시도할 때 주의해야 할 점이 몇 가지 있다.

1) 똑바로 앞을 향해 달려야 한다. 달리는 도중에 방향을 바꾸지 말아야 한다.

2) 충분한 속도가 얻어질 때까지 계속 달려야 한다. 성급하게 이륙을 시도하면 이륙하자마자 다시 머리가 땅으로 향한다. 이렇게 되면 매우 위험하다.

3) 활주로 및 주변에 장애물이 있는지 확인하고, 사전에 완벽하게 제거해야 한다.

상기 세 가지 사항은 비행기의 이륙과 크게 다를 바 없는, 그러나 중소기업이 이륙하는 이야기이다. 세상을 지배하는 원리라는 것은 적용 대상이 달라져도 크게 달라질 게 없는 것이다. 그래서 원리라고 부르지 않겠는가?

1)은 업종, 품목에 관한 이야기이다. 핵심적 사업을 결정하고 핵심적 문제에 역량을 집중해야 한다. 다각화니 다변화니 하는 것에 미혹되어 한눈을 팔거나 제한되어 있는 힘을 분산시켜서는 안 된다.

2)는 이륙 시기에 관한 이야기이다. 열심히 가속을 하면서 달리다 보면 이륙의 시기가 된다. 억지로 이륙 시기를 앞당기려고 무리할 필요가 없다. 때가 도래하지 않은 상태에서 무리하게 이륙을 시도하면 날아오른 후 얼마 가지 못하고 추락한다. 조금만 눈을 크게 뜨고 주위를 살펴보라. 오늘도 무수한 기업이 무리한 이륙 시도로 추락하고 있다.

3)은 이륙하기 전에 점검하고 확인해야 할 환경과 여건에 관한 이야기이다. 비행기 자체의 이륙 준비가 완전하다고 해서 이륙이 가능한 것은 아니다. 활주로에 눈이 쌓여 있어도, 이물질이 놓여 있어도, 심지어는 활주로 주변에 새들이 날고 있어도 이륙에 실패할 수 있다. 기업이라고 다를 바 없다. 기업이 강하여 폭발적인 에너지를 준비하고 있다고 해도 경제 환경, 사회 환경, 법규 특히 각종 규제 등을 꼼꼼하게 점검하고 확인해야 한다.

이륙을 하려다 실패한 것과 이륙을 시도하지 않는 것과는 크게 차이가 있다. 이륙을 시도하지 않은 경우에는 언제라도 이륙할 기회가 남아 있지만, 이륙을 하려다 실패한 경우에는 큰 내상을 입는다. 내상을 치료하는 데 오랜 세월이 필요하다면, 필요한 세월에 비해 기업가의 일생은 너무나 짧다.

다른 차원의
세계

takeoff(이륙)를 통하여 '규모의 늪'을 건넜다는 사실은 대단한 일이다. 아무나 쉽게 할 수 있는 일이 아니다. 이익 배분제도라고 하는 쉽게 결단할 수 없는 처분권의 사회화를 실시한 훌륭한 기업가의 용기 그리고 기업가의 기대에 부응한 주인의식이 충만한 충성스러운 종업원 집단의 실행력이 만들어낸 합작품이다. 물론 개중에는 다른 방법을 통하여 '규모의 늪'을 건넌 경우도 있다. 어느 쪽이든 대단한 일이 아닐 수 없다.

반복되는 이야기지만 중소기업과 대기업이 서로 다른 것은 규모가 아니라 차원이다. 양자(兩者)가 서로 다른 차원에서 존재하고 활동하기 때문에 중소기업을 훌륭하게 이끌어 온 기업가라고 해서 대기업에서도 훌륭하게 한다는 보장은 없다.

'규모의 늪'을 넘어서는 순간, 기업가는 지금까지 살아온 환경과는 전혀 다른 세계에 들어서고 있음을 직감한다. 새로운 상대들은 지금까지의 상대들보다 훨씬 강하고, 규모도 이제 막 takeoff를 체험한 나에 비해 훨씬 크다. 그들과 맞서 싸우려면 규모를 키워야 한다. 그간 축적해 놓은 강함을 토대로 규모를 키울 때가 된 것이다.

규모가 중소기업과 대기업을 구분하는 기준이라면, 작지만 강한 중소기업도 있고 크지만 약한 대기업도 있다. 재미있는 사실은 크고 약한 대기업이 강해지기는 매우 어렵지만 작고 강한 중소기업이 커지는 것은 그다지 어려운 일이 아니라는 것이다. 한 번 뜨기가 어려운 것이지 일단 한 번 뜨면 커지는 것은 시간문제이다. 규모는 탄력이 붙으면 순식간에 커진다. 연예인들을 보면 쉽게 이해할 수 있을 것이다. 일단 한 번 뜨기만 하면, 사진 한 장만 찍어도 뜨기 전에 일 년 동안 일해서 번 돈보다 더 큰돈이 생긴다.

일단 한 번 뜨면 규모가 커지지 않는 것을 걱정하기보다 순식간에 커지는 것을 걱정해야 한다. 키가 순식간에 커지고 몸이 순식간에 불어나면 옷을 바꿔 입어야 한다. 지금까지 입고 있던 옷은 이미 입기에 불편한데, 몸에 맞는 새 옷은 아직 준비되어 있지 않다. 서둘러 갈아입지 않으면 여기저기 터지고 찢어질 것이 분명하다. 몸집은 조직이고 옷은 관리 제도이다.

조직이 급격히 커져도 관리 능력은 급격히 커지기 어렵다. 회사의 이곳저곳이 기업가의 시야에서 흐릿해지기 시작한다. 기업가는 불안해진다. 조직은 갑작스럽게 커진 몸으로 인하여, 상대적으로 지능지수가 낮아진 덩치 큰 어린아이처럼 허둥댄다. 주인 의식과 충성심으로 똘똘 뭉쳐 있는 공신(功臣)이라 해도 능력이 달리는 것에는 어쩔 도리가 없다. 공신들의 능력 배양을 위한 교육 프로그램이라도 도입해야 하는 것일까? 그러나 어느 세월에.

급할 때는 직접적인 지원이 필요하다. 당장 풀어야 할 문제가 있다면 누구라도 나서서 풀어야 한다. 문제 푸는 방법을 가르치고 실력을 갖추게 하여 스스로 문제를 풀도록 한다? 훌륭한 방법이기는 하나 지금은 당장 발등의 불부터 꺼야 한다. 차원이 다른 세계에 들어온 데다가 갑자기 규모까지 커졌기 때문에 풀어야 할 문제가 한둘이 아니다. 외부에서 분야별로 능력 있는 인재를 찾아내어 끌고 들어와야 할 때가 된 것이다.

이 시기에 외부에서 인재를 유입하는 것은 필연이다. 공신(功臣)이라 해도 이를 거부해서는 안 된다. 문제를 풀지 않고 방치하면 문제는 더욱 커지고 심각해진다. 기업은 체력이 떨어지고 관리에는 누수가 생긴다. 조직 곳곳에서 낭비가 발생하기 시작하면 수습하기 어려워진다.

외부에서 유입된 새로운 인재들은 각 분야에 있어서 전문가이다. 편의상 능신(能臣)이라고 부르자. 기업 환경이 달라지면서 새로 만나게 된 문제들은 능신들에 의해 무난히 해결된다. 이 과정에서 새로운 문제가 발생한다. 충성심으로 뭉쳐진 공신(功臣) 집단과 낯선 곳으로부터 유입된 능신 집단이 하나의 조직 속에 혼재되면서 갈등이 생기는 것이다. 이건 어차피 겪어야 할 불가피한 과정이다. 그리고 이 문제를 해결하는 것은 기업가의 몫이다.

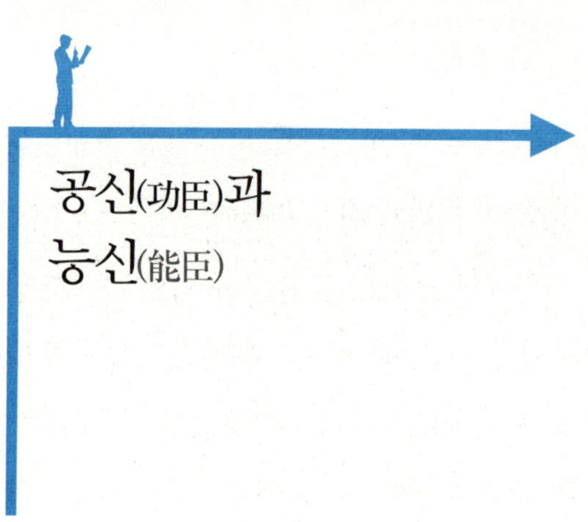

공신(功臣)과 능신(能臣)

차원이 다른 세계로 들어와서 규모가 커지면 개국 공신의 충성심만으로는 기업을 끌고 가기 어렵게 된다. 외부로부터 능신의 유입은 어쩔 수 없는 선택이다. 성장기이므로 신입사원을 뽑고 육성을 하지만, 성장기에 있어서 내부 인력의 육성 속도는 항상 규모의 확대 속도를 따라가지 못한다. 아직 전문가의 반열에 오르지 못한 신입사원들은 능신에게 배우면서 자라게 된다. 능신들과 비슷한 시기에 입사를 한 신입사원들은 공신 집단과는 경력 면에서, 능신 집단과는 능력 면에서 차등화된다. 이 부분이 향후 묘하게 작용하지만 그건 먼 훗날의 일이다.

장년기의 기업은 일정 한도까지는 부단히 확대된다. 인재도 부단히 몰려든다. 규모도 달라지고 환경도 크게 달라졌기 때문에 예전(이륙 이전)의 지식과 기술은 바뀌지 않으면 안 된다. 특히 재무, 마케팅, 인력 관리 등은 전문성을 요함에 따라 외부에서 영입된 능신들로 충당된다. takeoff를 위해 동거동락(同居同樂)해 왔던 역전의 용사들 즉, 공신들은 주로 생산, 기술, 품질관리, 설비관리, 재료 관리 및 재료 조달 등을 맡는다. 이러한 업무 분장은 효율성을 고려한 것이기는 하지만 이로 인하여 공신과 능신의 갈등이 표면화된다.

갈등의 전형적인 패턴은 보수(保守)와 진보(進步)의 대립 구도인데 대표적인 예를 들면 다음과 같다.

1) 영업: 생산

영업 부문은 본래 진취적이고 공격적인 반면, 생산 부문은 비교적 보수적이고 방어적이다. 양쪽 부문을 모두 공신들이 담당했던 takeoff 이전에는 오직한 마음으로 뭉쳐 있던 때여서 갈등이 표면화되지 않았을 뿐, 업무 특성으로 볼 때 갈등이 있는 것이 정상이다. 더구나 양쪽 부문을 공신과 능신이 나누어 맡게 될 경우, 갈등은 표면화되고 첨예화된다.

능신들은 유입된 기간이 상대적으로 짧다. 단기간에 실적을 올려야 하기 때문에 마음이 급하다. 그러나 이미 혁혁한 전공을 세운 공신들은 비교적 느긋하다. 게다가 takeoff라는 커다란 격변을 치른 후이므로 조금 안정하고 싶기도 하다. 이러한 갈등은 시장에 큰 변화가 시작되고 '제2의 창업'과 같은 전사적 활동이 전개되기 전까지 상당한 기간 계속되기도 한다.

2) 재무: 기술

영업: 생산의 구도에서처럼 공신이 항상 보수(保守)인 것은 아니다. 갈등 구도가 바뀌면 입장도 달라진다. 재무: 기술의 경우 기술 부문을 맡고 있는 공신이 진취적이고 재무 부문을 맡고 있는 능신이 오히려 보수적이다.

신제품과 관련하여 설비 투자의 필요성을 주장하는 기술 부문의 공신들은 takeoff를 체험하면서 자신감을 얻은 상태이므로 적극적이다. 신규 투자를 수반하는 성장 쪽으로 기울어져 있다. 그러나 외부에서 유입된 재무 전문가의 입장은 다르다. 우여곡절 끝에 대기업의 반열에 들어선 새로운 조직에, 재무관리를 위하여 유입된 그들은 매우 조심스러울 수밖에 없다. 어렵게 일으켜 세운 가업의 살림을 맡은 입장에서 보수성은 지극히 당연한 처신이다. 그들은 공신들이 만들어 놓은 투자 계획서나 신제품의 원가 계산서를 그다지 신뢰하지 않는다. 두 부문의 갈등은 전형적이다.

3) 영업: 기술

타 부문과 상대하는 경우 두 부문은 공히 공격적이고 진취적이지만 둘이 만나면 사정이 달라진다. 아무래도 시장과 접해 있는 영업 부문이 공격적이 되고 시장의 요구를 반영시키려 할 것이다.

갈등의 내용이 무엇이든, 시장과 고객을 앞세운 영업의 주장이 기술 부문의 방어적 주장보다 우위에 있어서 갈등이 심화될 것 같지 않지만, 양 부문의 갈등은 부문 특성상 거의 필연적이다.

　신제품의 개발, 신규 투자 등에 있어서 기술 부문은 확실성을 중시한다. 투자 금액이 다소 커지더라도 성능이 우수한 설비, 고급 원재료를 선호한다. 그러나 영업 부문의 입장은 다르다. 원가가 너무 높아져서 채산성이 없어지면 모처럼 성사시켜 놓은 신규 사업도 의미가 퇴색된다. 확실성도 중요하지만 수익성을 염두에 두지 않으면 안 된다. 두 부문의 주역들이 능신과 공신으로 확연히 구분되어 있다면 갈등은 더욱 첨예화된다.

공인(公人)으로서의 기업가

　　takeoff(이륙)를 거쳐서 차원이 다른 세계로 들어왔다는 자체가 대기업이 되었다는 말은 아니다. 간혹 이 부분을 오해하는 경우가 있어서 확실히 하고자 한다. takeoff는 문자 그대로 뜨는 것이다. 주목받지 못했던 연예인이 어떤 드라마를 통하여 일약 세인의 주목을 받는 주인공이 되듯이 또는 미지수였던 운동선수가 올림픽에서 금메달을 목에 걸고 다른 사람으로 태어나듯이 기업이 어떤 제품을 통하여 세인의 주목을 받는 기업으로 다시 태어나는 것이다. 따라서 이 시점에 바로 대기업이 되는 것은 아니다. 그러나 적어도 대기업이 될 수 있는 발판을 마련한 것만은 분명하다. 대기업이 되는 것은 이제부터이다.

　　takeoff 이전에는 아무도 눈여겨보지 않는다. 이렇게 해도 그만이고 저렇게 해도 그만이다. 나쁜 짓만 하지 않으면 무슨 일을 해도 먹고 살려고 하는 것쯤으로 이해해준다. 그만큼 기업가의 마음도

가볍다. 그러나 일단 takeoff가 되면 상황은 크게 달라진다. 기업가로서의 사회적 책임이 부각된다. 기업의 존속 자체가 기업가 개인의 일이 아닌 것이다.

takeoff 이후의 연예인이나 운동선수가 공인이 되어 세인의 주목을 받는 것처럼 takeoff 이후의 기업은 주목의 대상이 된다. 기업의 기술은 국가의 기술이 되고 기업의 브랜드는 국가의 브랜드가 된다. 이쯤 되면 기업가도 제멋대로 행동하기도 어려워진다. 그는 내부에서는 종업원의 주목을 받으며, 외부에서도 크게 자유롭지 못하게 된다.

이제는 기업을 지키는 것이 기업가에게 권리보다는 의무에 가까워진다. 종업원들의 생계와 미래를 생각하고, 기업의 이미지를 위하여 눈앞에 있는 작은 이익을 포기해야 할 때, 기업가는 이미 공인이 되어 있는 것이다.

공인이 된 기업가가 경영하는 기업은 동네 슈퍼나 잡화점처럼 아무 물건이나 갖다 놓고 팔 수는 없다. 아무 물건이나 만들어 팔 수도 없다. 브랜드가 있는 기업의 제품은 품질 보증은 물론, 제품의 자존심도 지켜내야 한다. 시중의 유사 제품과 구별되는 차별성을 가져야 한다. 그렇게 되기 위하여 takeoff 이후 기업이 지향하는 방향성은 매우 중요한 것이다. 어영부영 남의 흉내나 내면서 적당히 따라가는 것이 아니라, 누구도 쉽게 따라올 수 없는 독보적이고 차별화된 길을 걷는 것이 필요하다. 이 시기에 있어서 유독 독자적 상표, 독자적 제품, 독자적 기술의 중요성을 역설하는 것은 그 때문이다.

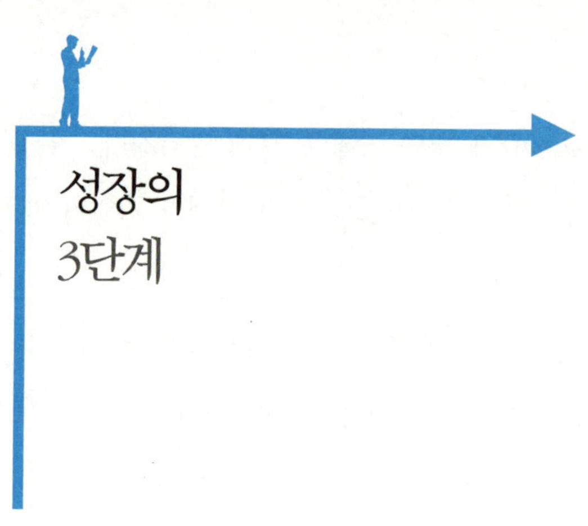

성장의
3단계

　기업의 규모는 탄력이 붙으면 순식간에 커진다고 말하였으나 그렇다고 해서 아무런 활동이나 노력도 없이 저절로 커지는 것은 아니다.

　takeoff(이륙) 이후 기업이 지향하는 방향성에 대하여 언급한 바 있거니와, 기업의 성장하는 방법도 기업이 지향하는 방향성과 밀접한 관계가 있다. 필자는 대기업으로 가는 기업의 성장 단계를 다음과 같이 세 단계로 구분한다.

1) 전업(專業) 단계

　전업 단계는 말 그대로 한 가지 품목에 전심전력(專心專力)하는 단계이다. takeoff 이전에 비록 이것저것 했더라도 이때에 와서는 상승효과가 있는 것이 아니라면 다 정리해 버리는 것이 좋다. 소위 전문 기업으로 거듭나는 것이다. 정리가 끝나면 한 우물을 깊게 판다. 그 누구보다도 깊게 판다는 각오로 파들어 간다. 이러한 과정을 통하여 독보적인 기술의 저변을 확장해 나간다.

이 단계에 있어 성장 속도는 의도적으로 늦추는 것이 좋다. 크지만 약한 기업이 되지 않도록 조심스럽게 체력을 키우고 기회를 기다려야 한다. 공개 채용을 통하여 신입 사원을 확보하고 – 이 단계가 되면 우수한 인재가 모이기 시작한다 – 미래의 일꾼을 기른다. 아직까지는 공신이 업무의 주축을 이루고 약간의 능신이 유입되기 시작한다. 규모의 확대는 동일 레벨에서 수평 전개로 이루어진다.

2) 재투자 단계

전업 단계에서 축적된 이익을 재투자한다. 이익 배당을 억제하고 재투자를 최대화한다. 재투자의 우선순위는 자체 공장의 부지 확보, 자체 공장 건설, 설비 투자 등에 둔다. 불요불급한 지출을 최소화하고 재투자에 전념한다. 이 단계에서 일어나는 규모의 확대는 기존 레벨보다 한 단계 높은 수준에서 이루어진다. 신규 투자, 레벨 향상, 전후방(前後方) 통합 등과 관련된 업무를 수행하기 위하여 외부에서 능신의 유입이 본격화된다.

이 단계에서 재투자에 필요한 자금을 확보하는 수단으로 주식 상장을 권고하고 싶다. 소유권의 사회화가 다소 이르다는 사람도 있지만 이왕 대기업을 경영할 생각이라면 이를 것도 없다. 필자에게 결정권이 있다면 차라리 takeoff 이전에 하고 싶다. 상장 조건을 충족시키는 것이 어렵다면 takeoff 직후도 좋은 기회이다. 그러나 주식 상장의 의사가 전혀 없는 기업가도 적지 않은데, 이들에게까지 주식을 상장하라고 강요할 바는 아니다. 나름대로 기업 경영을 위해 생각해 둔 것이 따로 있지 않겠는가? 이 문제에 관하여는 뒤에서 다시 연구해 보도록 하자.

3) 관련성 다원화 단계

전업 단계와 재투자 단계에서 얻어진 경험을 바탕으로 하여 다원화의 단계에 진입한다. 중요한 것은 다원화의 범위가 기존의 사업과 깊은 관련을 갖고 있어야 한다는 점이다. 새로 진출하는 분야는 기존 사업과 긴밀하게 연관되어 상승효과를 나타낼 수 있는 것으로 제한하는 것이 바람직하다. 그러한 측면에서 본다면 기존 사업을 중심으로 하는 전후방(前後方) 통합이 합리적인 발상이다.

특히 완성품이 아니라 일부 공정(工程)만을 분담하고 있는 경우라면 전후방(前後方) 통합은 더욱 절실하다. 2) 재투자 단계에서 마무리 짓지 못한 부분이 있다면 이 단계에서 최우선적으로 실시토록 한다. 전후방(前後方) 통합을 방치한 채 기존 사업과 동떨어진 분야의 다원화를 추진하는 것은 생각조차 하지 않는 것이 좋다. 애써 쌓아 올린 공든 탑을 무너뜨릴 작정이 아니라면 말이다.

이상 세 단계의 성장 과정을 거쳐 기업은 규모가 커지면서도 여전히 강한 체질을 유지한다. 어떻게 보면 황소처럼 느리고 고지직하여 답답해 보이지만 꾸준히 걷다 보면 더 멀리 가 있다. 몇 년 하다 그만둘 사업이 아니라면 서두를 이유가 없다. 멀리 보고 천천히 걷는다. 속도가 중요할 때가 있지만 모든 것에서 그런 것은 아니다. 민첩할 때는 민첩해야 하지만 느긋할 때는 느긋할 줄 알아야 한다. 천부적인 기업가는 그러한 완급을 본능적으로 안다. 지금 성장의 정석을 말하고 있다. 모로 가도 서울만 가면 된다는 말도 있듯이 정석만이 유일한 길은 아닐 것이다. 그러나 필자는 정석을 말할 수밖에 없다. 수많은 예외를 열거할 수는 없지 않겠는가?(기상천외한 방법으로 성공한 사례가 없는 것은 아니지만 그런 사례들은 현실적으로 도움이 되기 어렵다. 예외는 흔히 일어나는 것이 아니기 때문이다)

이 단계에서 기존 사업과 관련이 희박한 생소한 분야로 진출하고 싶은 유혹을 받는다. 생소한 분야라고 하지만 나에게 생소한 것이지 이미 존재하는 분야이다. 남이 하는데 나라고 못할 것이 무엇인가? 이것이 위험한 발상이다. 남이 다 해도 나는 못할 수 있는 것이다. 또한 내가 잘하는 분야지만 남은 못할 수 있는 것이다. 그렇기 때문에 저마다의 분야가 있는 것이다. 산업 간에 그리고 업종 간에 무어라 말하기는 어렵지만 특성이 다른 것은 분명한 사실이다. 그렇지 않다면 구태여 산업과 업종을 구분할 이유가 없을 것이다.

대기업이라고 해도 잡화점이 되어서는 곤란하다. 회사의 이름만 대면 이름과 함께 그 회사의 독보적인 제품과 회사 특유의 이미지가 떠올라야 한다. 여기저기 돈이 벌리는 것이라면 닥치는 대로 손을 대서 무엇이 주요 업종인지조차도 분명치 않다면 단지 중소기업을 모아 놓은 것이지 대기업의 차원이라 말할 수 없다. "그럼 어때서? 돈만 벌리면 그만이지."라고 한다면 이미 기업가와는 거리가 멀다.

대기업이 기존 사업과 동떨어진 분야로 진출하는 다원화는 고려 대상에서 제외시키는 것이 옳다고 생각한다. 저마다 가장 잘하는 것에 전념하는 것이 국가적으로도 바람직한 일이다. 전체적으로 효율도 높아지고, 더불어 살아가는 모습도 보기가 좋다. 동물의 세계를 보라. 초식 동물들이라도 서로 나누어 먹는다. 힘이 세고 몸집이 크다고 모든 풀을 독식하려 하지 않는다. 생존 경쟁의 세계이지만 공존 속에서 경쟁하고, 경쟁 속에서 공존한다. 그들은 결코 탐욕스럽지 않다.

이익을 실현하고 기업을 키운다는 것과 탐욕을 부린다는 것과는 구분되어야 한다. 이것을 구분하지 못하는 기업가는 그의 수완(手腕)이 아무리 뛰어나고 그의 기업이 아무리 번창해도 결코 기업가로서 존경받지 못한다.

기업 공개:
주식 상장을 통한
소유권의 사회화

이 시기에 기업 공개를 논하는 것이 조금 이른 것인지도 모른다. 기업 공개의 선악을 논하기에 앞서 자금 조달과 관련된 기본적인 개념을 정리해 볼 필요가 있다. 이 단계가 되면 재투자를 위하여 자금의 확보가 필수적인 과제로 부상하기 때문이다.

자금 조달의 기본적 대안은 차입(借入)인가 상장(上場)인가이다. 차입을 하면 타인 자본이 되고 상장을 하면 자기 자본이 된다. 대안(代案)의 선택은 어느 것이 유리한 것인가에 있다. 그러므로 차입과 상장의 유·불리 점을 고려해야 한다.

차입을 할 경우, 정해진 일정 기간 이내에 원금을 상환해야 하며 그동안 이자를 부담해야 한다. 상장을 할 경우에는 상환해야 할 원금도 없고 부담해야 할 이자도 없다. 빚 독촉 없이 편안한 마음으로 자금을 쓸 수 있다. 대신에 매년 주주 총회 때마다 주주들로부터 배당에 대한 압력을 받는다. 이러한 배당 압력은 기업이 존속하는 한

끝없이 계속된다. 그렇다면 원리금 상환 부담과 배당 압력 간의 득실인가? '그렇다면?' 하는 식으로 속단은 하지 말자. 세상이 내 마음대로 되는 것이 아니니까.

반대편의 입장에 서서 이 문제를 바라보자. 기업가가 돈을 빌릴 것인가 아니면 주식을 팔 것인가를 검토하는 동안 기업 외부에서는 돈을 빌려줄 것인가 아니면 주식을 살 것인가를 검토한다. 돈을 빌려주면 채권자(債權者)가 되는 것이고 주식을 사면 투자자(投資者)가 되는 것이다. 채권자가 되면 고정된 이자 수입이 보장된다. 채무자에게 문제가 생겨 기업을 청산하더라도 원금 회수 1순위에 있으므로 위험 부담은 비교적 작다.

투자자가 되면 고정된 수입은 보장되지 않는다. 배당을 받을 수는 있으나 기업이 이익을 실현하였을 경우의 일이다. 적자가 나도 지급해야 하는 이자와는 달리, 배당은 이익이 나는 것을 전제로 하는 것이 일반적이다. 적자가 나면 기업은 배당을 보류하고 주주들에게 양해를 구한다. 투자자가 더욱 두려워하는 것은 기업의 도산이다. 투자한 기업이 도산하면 투자자의 원금은 채권자의 원금이 상환된 후(後)라야 보상이 가능하다. 그렇다면 투자자는 무엇을 기대하고 기업에 투자하는 것인가?

채권자가 선호하는 것은 확실성이다. 그는 불확실성을 피해서 '낮은 위험과 낮은 이익'을 택한다. 반면에 투자자는 불확실성을 택한다. 그는 비록 불확실하기는 하나 성공할 경우의 큰 수익을 기대하며 '높은 위험과 높은 이익'을 택하는 것이다.

다시 기업가의 입장으로 돌아와 보자. 기업 공개란 회사를 시장에 공개하는 것이다. 주식을 시장에 내다 파는 것이다. 생각과 돈만 있으면 누구나 상장기업의 주식을 살 수 있다. 기업은 주식을 팔고 돈을 받은 것이므로 주주의 원금을 돌려줄 이유가 없다. 돌려줄 원금이 없으므로 이자도 당연히 없다. 그러면서도 자금은 계획대로 확보된다. 이 얼마나 좋은 일인가? 그러나 모든 사물에는 양면이 있다. 밝은 면 뒤에는 항상 어두운 면이 있는 것이다.

기업 공개는 '소유권의 사회화'의 한 가지 형태이다. 주식 상장을 통하여 소유권의 사회화를 실행하는 가장 보편적인 방법이다. 소유권의 사회화란 기업가의 삼권(三權) 중 하나인 재산 소유권의 독점을 포기하는 것이다. '재산 소유권'은 기업가의 삼권 중 가장 포기하기 어려운 권리이다. 기업가는 이 권리의 독점을 포기함으로써 소유권뿐만 아니라 경영권까지도 위협을 받을 수 있다.

기업 공개와 기업가 특성

자금 조달의 기본적 대안인 차입(借入)과 상장(上場)에 있어서 대안(代案)의 선택은 어느 것이 유리한 것인가에 있다고 말한 바 있으나 현실적으로는 그보다 더 근본적인 결정 요인이 작용하고 있으니 그것은 기업가의 특성이다. 기업가에 따라서는 전혀 주식 상장에 의사가 없는 기업가도 적지 않은데, 차입과 상장의 선택 시 작용하는 기업가의 특성은 다분히 감성적인 것으로, 대안 간의 유·불리 점을 검토하여 의사를 결정하려는 이성적인 접근 방법과는 근본적으로 다르다.

기업 공개의 결단과 실시는 기업가의 인식, 가치관, 문화 등과 관련이 깊다. 이는 단순히 유·불리 점을 검토하는 것과는 차원을 달리한다. 또한 선악의 판단이 요구되는 문제도 아니다. 좀 더 구체적으로 나누어 생각해 보도록 하자.

1) 기업가가 문화적으로 기업 공개를 감내할 수 있는가?

기업 공개를 하면 기업의 개념이 바뀐다. 가장 두드러지는 것은 기업이 더 이상 기업가 한 사람의 전유물이 아니라는 것이다. 기업가의 입장에서 볼 때 '나의 것'이 '우리의 것'으로 바뀌는 것이다. 이와 같은 새로운 개념을 수용할 자신이 있는지 여부가 기업 공개에 영향을 준다.

2) 기업가가 새로운 고통을 받아들일 준비가 되어 있는가?

기업 공개를 하면 기업가에게는 이전에는 없었던 새로운 일들이 추가된다. 주주총회도 열어야 하고 총회의 주관도 맡아야 한다. 별 것 아닌 일 같지만 기업가에 따라서는 이런 종류의 일을 매우 부담스러워하는 경우도 없지 않다. 기업의 운신에도 제약이 따른다. 기업의 중요한 변화에 대하여는 공시해야 할 의무가 생기고 언론과의 씨름도 만만치 않다. 상장과 더불어 발생되는 새로운 과제들은 고통이라고 할 것까지는 없어도 대체로 기업가가 원하지 않는 새로운 구속인데 이를 받아들일 준비가 되어 있는지 여부가 기업 공개에 영향을 준다.

3) 기업가가 추구하는 것이 무엇인가?

기업가가 갖고 있는 생활의 목표, 즉 기업 활동을 통하여 추구하는 바가 무엇인가 하는 것은 기업 전반에 걸쳐서 커다란 영향을 미친다. 따라서 기업 공개에도 관계될 수밖에 없다. 기업가가 기업 활동을 통하여 기업을 키우고 싶은 것인지 아니면 돈을 벌고 싶은 것인지 등 돈 있는 가난뱅이를 선호하는지 아니면 돈 없는 부자가 되기를 선호하는지, 이러한 기업가의 특성이 기업 공개에 영향을 준다.

상장 회사의 대주주 지분은 함부로 처분할 수 없다. 처분 시마다 공시해야 한다. 공시보다 더 힘든 것은 소액 주주의 비난을 감수하는 일이다. 소액 주주들은 돈이 필요하면 아무 때나 소유하고 있는 주식을 처분한다. 그의 행위에 대하여 아무도 비난하지 않는다. 그러나 대주주는 다르다. 그의 주식 시장에서의 일거수일투족은 감시의 눈길에서 자유로울 수 없다. 기업 가치가 높아지고 시장에서의 거래 가격이 크게 상승하여, 기업가가 보유하고 있는 주식의 자산 가치가 크게 늘어나도 그것은 단지 계산상의 일일 뿐 기업가의 실제 생활이 풍족해지는 것은 아니다. 소위 돈 있는 가난뱅이 생활인 것이다. 기업가는 기업 공개 이후 기업이 성공적으로 발전하더라도 돈 있는 가난뱅이에 지나지 않을 수도 있다.(물론 여기서 가난뱅이라 함은 서민들이 생각하는 그런 가난함을 말하는 것은 아니다)

4) 기업가가 커지는 사회적 책임을 감수(甘受)할 수 있는가?

기업 공개를 하면 기업가에게는 이전보다 더 큰 사회적 책임이 요구된다. 당장 다수의 새로운 주주가 탄생한다. 그들은 적어도 은행의 금리보다 높은 수익을 추구하는 한편, 기업가가 그러한 기대를 충족시켜 줄 것을 바라고 있는 사람들이다. 그들의 기대에 부응하는 것이 기업가의 일차적 책임이다. [주주 – 종업원 – 고객]의 삼각형 내부가 복잡해진 만큼 기업가의 위치 잡기가 어려워진 것이다. 기업 공개와 함께 커지는 부수적인 사회적 책임은 거론치 않기로 한다. 다양해진 주주에 대한 책임만으로도 기업가의 어깨에는 충분한 하중이 걸린다.

5) 창업(創業)형 기업가인가 아니면 전문가(專門家)형 기업가인가?

창업형 기업가와 전문가형 기업가는 대체로 상반(相反)된 면을 갖고 있다. 상반된 면모를 단순화한다면 전자(前者)는 자신을 위해 일하는 반면, 후자(後者)는 타인을 위해 일한다. 전자는 개인의 실리를 중요시하는 반면, 후자는 개인의 명예를 중요시한다. 전자가 자신을 위해 일하는 것은 지극히 당연한 일이다. 자신을 위해 일한다는 그 점이 바로 중소기업의 경쟁력이며 창업형 기업가를 존재하게 하는 원동력이기 때문이다. 그는 아직은 타인의 시선이나 자신의 명예 등에 마음을 쓸 여유가 없다. 그의 최대 과제는 기업의 존속이며, 이를 위하여 기업가와 종업원은 자신을 위해 일한다는 한마음으로 이 단계까지 온 것이다. 따라서 이 단계의 기업가는 대개는 창업(創業)형이다.

창업형 기업가에게는 기업 공개가 체질에 맞지 않는다. 그가 기업 공개를 결심하기 위해서는 전문가(專門家)형으로의 변신이 필요하다. 그런데 전문가(專門家)형으로 변신하는 데에는 좀 더 긴 시간이 필요하다. 필자가 앞서 "이 시기에 기업 공개를 논하는 것이 조금 이른 것인지도 모른다."라고 말한 것은 이 때문이다.

이처럼 기업 공개는 기업가의 가치관(價値觀)과 문화(文化)뿐만 아니라 그가 갖고 있는 기업가의 특성, 추구하는 관점 등의 영향을 크게 받는다. 따라서 남이 한다고 무조건 따라 하거나, 장점이 크다고 마구 밀어붙일 일은 아닌 것이다.

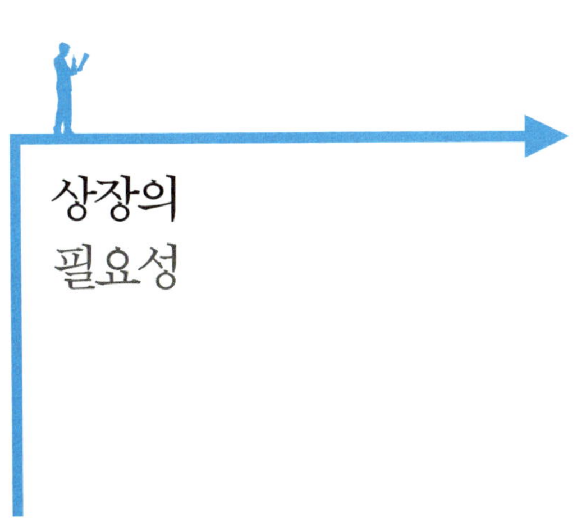

상장의
필요성

필자는 기업 공개를 찬양하거나 일방적으로 권장하지는 않는다. 다만 여건이 맞는다면 그리고 기업이 추구하는 목적에 부합하고 기업이 나아가는 방향에 도움이 된다면 기업 공개를 할 필요가 있다고 생각한다.

1) 만일 당신이 오랜 기간 기업을 적극적으로 경영할 긴 안목을 가졌다면 필자는 상장을 권한다. 그러나 무난한 생존과 편안한 일생을 보내기 바란다면 상장하지 않는 편이 좋다. 당신이 기업을 공개할 것을 결심하였다면 새로운 환경에 대한 학습 열의와 자신감을 가져야 한다. 그렇게 되면 당신의 기업은 긴 수명과 대기업으로의 성장 가능성을 갖게 될 것이다. 그러나 이때 자신감을 확보하지 못하여 마음이 현재 상태에 안주(安住)하는 쪽으로 기운다면 상장하지 않는 편이 좋다.

2) 기업가의 삼권(三權) 중 처분권과 경영권을 전적으로 사회화하고 재산 소유권의 일부조차 사회화할 용의가 있다면 상장을 권한다. 비록 처분권과 경영권에 있어서 독점적 위치를 상실할 수는 있으나 기업 전승의 확실성을 보장받을 수 있다. 이 경우에 있어서 핏줄 전승은 별도의 사안이다. 그렇더라도 2세 기업가까지의 핏줄 전승은 대체로 무난한 편이다. 만일 2세 기업가가 계승을 원하지 않는다고 하더라도 크게 문제 될 것은 없다. 그는 지분을 물려받고 주주로 남아 있으면 된다. 그가 주주조차 되기를 원하지 않는다면 그는 주식을 매각하면 그만이다.

3) 기업을 공개한 상장 기업은 금융권에서 자금을 차입하는 경우, 일반 기업에 비하여 유리하다. 또 유상증자를 통하여 원금 상환이 필요 없는 자기 자본 성격의 자금을 조달할 수도 있고, 사채(社債)를 발행할 수도 있다. 당신이 금융 전략상 유리함을 확보하기를 원한다면 상장을 하는 편이 좋다.

4) 기업을 공개한 상장 기업은 우수한 인재를 확보함에 있어서 일반 기업에 비하여 유리하다. 상장 기업은 주식 시장에서 이름이 거론되는 것만으로도 대단한 광고 효과를 얻을 수 있다. 특히 학교를 졸업하고 첫 직장을 구하는 신입사원에게 기업의 상장 여부는 큰 영향력을 가진다. 많은 인재들이 상장 기업의

채용 계획에 관심을 갖고 있으며, 채용의 기회를 기다린다. 그러므로 상장 기업이 필요한 시기에 인재를 구하지 못하여 문제가 되는 경우는 드물다. 당신이 인재를 확보함에 있어서 비교 우위적 위치에 있기를 원한다면 상장을 하는 편이 좋다.

5) 기업을 공개한 상장 기업은 기업의 공신력을 높이고 브랜드 가치를 창조하는 것이 비교적 용이하다. 주식 시장을 통하여 사람들의 입에 오르내리는 상장 기업의 이름(상호)이 가져다주는 광고 효과는 무시하기 어렵다. 당신의 제품이 불특정한 다수의 고객 및 소비자와 밀착된 성질의 것이라면 필자는 적극적으로 상장을 권한다.

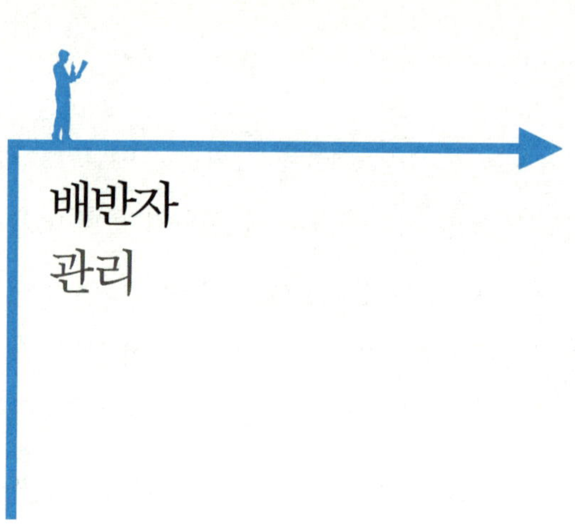

배반자
관리

takeoff(이륙) 이후 능신들이 유입되기 시작하면 능신들 중에서 배반자가 나올 수 있다. 배반자는 당신이 어렵게 심어 놓은 농작물을 파헤쳐서 못쓰게 만들고, 당신이 어렵게 쌓아 올린 탑의 한 부분을 허물어 탑 전체를 쓰러뜨릴 수도 있다. 당신의 핵심적 기술을 빼돌릴 수도 있고 당신의 귀중한 고객을 가로챌 수도 있다. 배반자의 실제 사례는 우리 주변에서 심심치 않게 볼 수 있는 것이어서 특별히 새삼스러울 것도 없다. 배반자에게 당하면 당하는 사람만 속을 썩는다. 배반자를 법적으로 처벌한다고 해도 찾아올 것은 별로 없다. 물적 손실은 이미 엎질러진 물이며, 정신은 정신대로 피곤해진다.

그러므로 기업가는 사람을 보는 안목이 있어야 한다. 만일 당신이 사람을 보는 안목이 부족하다는 사실을 스스로 잘 알고 있지만 어쩔 수 없이 기업을 끌고 가야 하는 사정이 있다면 기업을 배신자가 생기는 것은 일차적으로 기업가의 안목이 부족하기 때문이다. 무덕유재(無德有才) 즉, 덕이 없고 재주만 있는 사람을 채용한 것이 일차적인 문제이다. 무덕유재라 해서 전혀 쓸 수 없는 것은 아니다. 만일 당신이 제갈량(諸葛亮)과 같은 혜안(慧眼)을 갖고 있다면 무덕유재를 써도 무방하다. 당신은 능히 그를 당신이 뜻하는 바대로 움직일 것이며, 배반을 미연에 방지할 수 있을 것이다. 그러나 제갈량은 그리 흔하지 않다. 비록 제갈량이라고 하더라도 무덕유재한 사람을 쓴다는 것은 매우 피곤한 일이다. 부단히 동태를 살피고 감시를 해야 할 형편이라면 차라리 유재(有才)를 포기하는 편이 낳을 것이다. 눈을 크게 뜨고 넓게 두루 살피면 재능 있는 사람은 많이 있다. 구태여 피곤함을 무릅쓰고 무덕유재를 택할 이유가 없는 것이다. 알면서 택하였겠는가? 안목이 부족함을 탓해야 할 것이다.

무덕유재라고 해서 모두 배반을 하는 것은 아니다. 여건이 주어지지 않으면 쉽게 배반하기 어렵다. 그러므로 배반자가 생기는 이차적 요인은 기업가가 배반의 여건을 제공하였기 때문이다. 배반은 어떤 의미에서 쌍방 과실이다. 기업가와 배반자 공히 원인 제공자이다.

꼭 무덕유재가 아니더라도 사람인 이상 누구나 욕심이 있게 마련이다. 더구나 능신이라면 그 누가 자립하기를 원하지 않겠는가? 다만 여건이 주어지지 않아서 때를 기다리며 일시적으로 눌러앉아 있는 것이다. 능신은 공신과 다르다. 기회만 오면 언제라도 움직일 수 있다. 공신은 처음부터 같이 일해 온 사람이지만 능신은 유입되기 전에 다른 문화 속에서 길들여진 사람이다. 저쪽을 박차고 나온 사람이니 이쪽을 박차고 나가지 말라는 보장이 없다. 필자가 둘러본 바로는 중간에 간부 사원으로 유입된 능신은 대체로 오래지 않아 새로운 곳으로 떠난다. 끝까지 남아서 기업가 대신 사장의 자리에 앉는 사람은 공채로 들어와 신입 사원부터 커 온 사람들이다. 공신(功臣)은 사장이 되기 어렵다. 그들은 기업가와 같은 시대의 인물이기 때문에 기업가와 함께 물러나게 된다.

능신이 재능을 충분히 발휘하는 한편, 배반치 않도록 관리하는 것은 이 시기에 있어서 기업가에게는 매우 중요한 사안이다. 그렇다고 해서 한둘도 아닌 능신을 기업가 혼자서 감시하고 있을 수는 없는 노릇이다. 배반의 여건이 조성되지 않도록 관리한다고 해도 마음으로 승복하지 않는 한 능신을 충신으로 변화시킬 수는 없다. 아무래도 제도적인 장치가 있어야 하지 않겠는가?

다시 강조되는
이익 처분권의 사회화

배반을 방지할 방법을 찾기로 작정했다면, 배반을 나무라기 전에 먼저 배반이 일어나는 이유를 생각해 볼 필요가 있다. 이유는 간단하다. 배반을 하는 것이 하지 않는 것에 비하여 얻는 것이 훨씬 많기 때문이다.

배반은 아무나 할 수 있는 일이 아니다. 배반자는 나름대로 능력을 갖춘 사람이다. 물론 배반자 중에는 단순한 소인배도 있다. 정보나 팔아먹고 약간의 돈이나 챙기는 그런 부류의 배반자인데 대개 일회성으로 끝나며 피해도 그다지 심각하지 않다. 증거만 있으면 처벌도 가능하다. 소인배의 배반은 배반이라기보다는 도둑질에 가깝다. 여기서 필자가 말하는 배반이란 그런 것이 아니다.

배반자는 사업의 일부를 들고 나간다. 그가 들고 나가는 것은 단지 사업뿐만이 아니다. 그는 그 사업과 관련된 업무를 수행하던 유능한 직원들도 데리고 나간다. 그러므로 배반자가 들고 나간 것이 사업의 일부라 하더라도 그 사업만큼은 배반자를 이길 수 없다. 게다가 배반자는 고객을 장악하고 있다. 때로는 고객이 자신의 이익을 위하여 배반자를 부추기는 경우도 있다. 이 경우에는 고객이 배반자의 배경 역할을 하므로 배반자를 이기기가 더욱 어려워진다. 만일 배반자가 들고 나간 사업이 이익의 중요한 원천이 되는 사업이라면 배반자가 떠난 뒤에 남겨진 당신의 회사는 알맹이를 빼앗기고 껍질만 남은 꼴이 된다. 그렇게 되면 규모만 클 뿐 이익도 별로 없는 사업만 끌어안은 채, 효율이 낮은 상태의 경영이 계속되고 위기에 봉착한다. 이 상태에서 방치하면 도산한다. 자신도 모르게 규모의 늪에 빠져 있는 것이다.

배반자는 단순한 능신이 아니다. 그는 나름대로 리더십도 갖추고 있고 사람을 설득하는 기술도 있다. 그렇기 때문에 유능한 직원들을 사업과 함께 데리고 나갈 수 있는 것이다.

능신이 배반을 계획했더라도 유능한 직원들이 동조하지 않으면 배반은 현실화되기 어렵다. 추종 세력의 도움 없이 혼자서 배반을 감행할 수 있는 경우는 지극히 드물기 때문이다. 그렇다면 배반을 방지하는 것은 그리 어려운 일이 아닐 것이다. 능신을 감시할 것이 아니라 직원들이 배반에 동조하지 않도록 하면 되는 것이다.

제도화된 보상 시스템에 의하여 이익 처분권의 사회화가 정착되어 있는 기업이라면 배반 따위는 걱정하지 않아도 좋다. 보상 시스템의 맛을 아는 지혜로운 종업원들은 그 누구도 장래를 보장할 수 없는 미지의 세계로 자리를 옮기는 모험을 할 생각이 없다. 결국 배반자는 외톨이가 될 수밖에 없으며 이러한 배반의 실패 사례는 제2의 배반을 계획하고 있는 자에게 경고를 던지는 효과까지 가져다준다. 그렇게 되면 능신들은 제도화된 보상 시스템의 그늘 밑에 모이게 되고 시스템에 적응하고 충신으로 변모되기 시작한다.

기업의 규모를 막론하고, 이익 처분권의 사회화와 이를 제도화한 보상 시스템은 아무리 강조해도 지나치지 않다. 이로써 능신의 배반 문제가 해결되면 기업은 탄탄대로를 걷게 된다. 드디어 장년(壯年)기에 진입하는 것이다.

대기업의
사회적 책임

　전 장에서 필자는 중소기업의 사회적 책임에 대하여 지면을 할애한 바 있거니와, 중소기업이든 대기업이든 기본적으로 갖는 사회적 책임은 건강한 존속이다. 기업의 건강한 존속은 기업가의 중요한 역할인 '기업가 위치 잡기'가 해결의 열쇠임을 말한 바 있다. [주주 – 종업원 – 고객]으로 이루어진 삼각형의 중심에 기업가가 위치할 때 기업의 건강한 존속이 유지됨을 기억하고 있을 것이다.

　기업가 위치 잡기. 어찌 말처럼 쉬울 수 있겠는가? 경쟁이 치열해지거나 원가가 상승하여 삼각형이 작아지면 기업가의 위치 잡기는 기우뚱해지기 쉽다. 기업가도 사람인 이상 '주주의 변'을 소홀히 하기는 싫은 법이다. 그렇다고 해서 '고객의 변'을 줄여서는 시장 대응에 문제가 생긴다. – 뱃장 좋게 '고객의 변'을 줄이는 기업가도 간혹 있기는 한데 오래 버티기는 어렵다. – 결국 '종업원의 변'이 줄어든다. 등변 삼각형의 균형이 깨어지면 삼각형의 면적은 급격히 축소되고 악순환이 시작된다.

'종업원의 변'이 축소되면 아무도 신명나게 일하지 않는다. 기회를 봐서 달아날 생각을 하는 종업원이 늘어나면서 생산성이 떨어지기 시작함은 물론, 업무의 질도 떨어진다. 집중력이 떨어지면 오류도 증가한다. 증가하는 낭비로 인하여 원가는 더욱 상승하고, 경쟁력은 더욱 약화된다. [주주 - 종업원 - 고객] 삼각형은 더욱 작아지고 그 결과 이제는 '주주의 변'마저 축소될 수밖에 없다. '고객의 변'을 줄여서는 버틸 수 없기 때문이다. 결국 기업가(= 주주)와 종업원은 일만 실컷 하고 손에 쥐는 것은 없는 상태가 된다. 종업원은 떠나고 회사에는 기업가만 남는다. 그렇게 되면 고객도 떠난다.

'기업가 위치 잡기'는 기업의 건강한 존속을 지키는 보루이다. 견고해야 하며 어떠한 공격을 받아도 무너지면 안 된다. 보루가 무너지면 기업가는 물을 떠난 물고기 신세가 된다.

기업이 건강하게 존속하는 것은 기업의 최우선적인 사회적 책임이다. 전(前) 장에서 거론한 것을 왜 재차 강조하는가? 대기업의 경우 도산(倒産)이 사회에 미치는 영향력이 더 크기 때문이다. 바꾸어 말하면 건강한 존속을 통하여 이행하는 기업의 사회적 책임에 있어서 대기업이 중소기업보다 훨씬 엄중하다는 말이다. 사회 전반에 있어서 대기업의 도산이 커다란 물의를 빚는 이유가 여기에 있다.

특히 산업 전반에 걸쳐 여러 분야와 관련되어 있는 대기업 - 자동차, 종합 건설 등 - 의 도산은 한 지역사회를 황폐하게 할 수도 있다. 수십 수백에 달하는 협력 업체들의 줄도산으로 이어질 수도 있다. 중소기업의 경우처럼 종업원들의 고용에 국한된 문제가 아니다. 한마디로 대기업의 도산은 중소기업의 도산과는 차원이 다른 것이다. 그래서 대기업은 중소기업에 비하여 단순히 규모만 큰 것이 아니라 차원이 다른 것임을 누누이 강조하는 것이다. 대기업의 도산으로 인하여 발생하는 사회적 파문은 독자 제위들이 신문, 방송 등을 통하여 접하는 낯설지 않은 이야기이므로 별도의 설명을 생략한다.

[주주 - 종업원 - 고객]의 삼각형 속에서 위치잡기를 잘하는 것이 중소기업을 경영하는 기업가의 중요한 역할이라면, 대기업의 기업가에게는 그것 이외에 또 다른 하나의 역할이 추가된다. 그것은 [정부 - 기업가 - 국민]이라는 거국적인 삼각형에서 한 변을 맡는 역할이다.

위에서 기업의 사회적 책임을 말해 왔지만 사회에 대한 책임이 어찌 기업가만의 몫이겠는가? 이 책의 저술 목적상 기업가의 책임을 강조하는 것일 뿐, 기업가 혼자 사회의 모든 책임을 떠안을 수는 없는 것이다. 사회적 책임을 져야 할 주체를 크게 보면 정부, 기업가 그리고 국민 이렇게 셋으로 나눌 수 있다. [정부 - 기업가 - 국민]이라는 거국적인 삼각형은 다름 아니라 사회적 책임을 져야 할 주체(主體)들로 이루어진 삼각형이다. 정부와 국민은 사회의 주요 구성 요소이므로 그들 스스로가 사회적 책임을 져야 한다는 것은 지극히 당연한 이치이다. 여기에 기업가가 책임의 한몫을 맡고 있다. 타당성 여부를 말하는 것이 아니라 이것이 현실이라는 말이다. 우리 사회는 기업가에게 참으로 막중한 책임을 지우고 있는 것이다.

에너지의 출처인
기업을 괴롭히는 사회

사회적 책임의 거국적 삼각형을 구성하고 있는 3자 즉, [정부 – 기업가 – 국민]을 자세히 들여다보자. 3자는 균형 있게 정립되어 있는 것처럼 보이지만 사회적 책임을 감당하는 실상은 그렇지 않다. 책임 수행에 필요한 에너지의 출처는 기업가가 만든 기업뿐이다. 국민은 기업에 소속되어 에너지 창출의 직접적인 조력자가 되고, 정부는 에너지 창출을 원활하게 하는 간접적인 조력자의 역할을 한다. 그러므로 정부와 국민은 엄격한 의미에서는 책임 수행의 주연이 아니라 조력자이다. 조력자는 조력자로서의 역할이 있다. 그리고 그들은 나름대로 자신의 역할에 충실해야 한다. 조력자 없이 주연 혼자서 모든 것을 다 이루어낼 수는 없는 것이다.

정부의 역할은 기업하기 좋은 사회 기반과 풍토를 조성하는 것이다. 이를 위해 조세, 금리, 물가, 거래 형태, 시장질서 등 다방면에 걸쳐서 많은 대상을 관리한다. 국민의 역할은 근면하고 성실하게 기업에 종사하는 것이다. 이를 통하여 에너지 창출의 기반을 조성한다.

금세기(21세기)에 들어서서 거국적 삼각형에 두드러진 변화가 나타나고 있다. 불행하게도 변화의 바람은 역풍이다. 이러한 현상이 한국의 미래를 생각하는 사람들의 마음을 어둡게 한다.

1) 정부

표면상으로 정부는 기업하기 좋은 풍토의 조성을 표방하고 있다. 그러나 현실은 크게 다르다. 정부가 금융권에게 기업을 도와주라고 말하면 금융권은 오히려 기업을 압박한다. 뒤이어 기업 도산이 급격히 증가한다. 완전 역풍이 아닐 수 없다. 경제가 어려워질 때 정부가 나서면 좋아져야 할 텐데 결과는 대체로 신통치 않다. 시장이 알아서 기능하도록 내버려 두는 것에 비하여 크게 나을 것이 없다는 말이다.

정치가들의 등장은 절대 금물이다. 경제문제를 해결하기 위해서는 경제적 논리가 필요한 것인데, 정치가들은 모든 문제를 정치적 논리로 해석하고 정치적 논리로 풀려고 하는 성향이 강하다. 그러니 문제가 풀릴 리가 없다. 그뿐만 아니라 정치적 입장이라는 것이 일정한 것이 아니라 수시로 변하는 것이므로, 정치적 입장이 바뀌면 마음이 바뀌고, 마음이 바뀌니 논리도 바뀌고, 논리가 바뀌니 말도 바뀌고, 그래서 시시때때로 이랬다가 저랬다가를 반복하지 않을 수 없게 되는 것이다.

2) 국민

금세기에 들어서서 산업계의 두드러진 현상 중 하나는 자발적
실업이다. 일자리가 없어서 노는 것이 아니라 일자리가 있는 데도
노는 것이다. 한쪽에서는 노는 자가 있는가 하면, 다른 한 쪽에서
는 사람이 필요한 데 구할 수가 없다. 언론에서는 대학 졸업자의 취
업률이 저조하다느니, 취업난의 정도가 심각하다느니 하며 떠들어
대는데, 참으로 웃기는 행위가 아닐 수 없다. 외국인 근로자들 밀
려들어와서 그들에게 일자리를 빼앗긴 것인가? 천만에 말씀이다.
그들이 무슨 힘으로 한국인의 일자리를 빼앗는단 말인가? 한국인
그 누구도 취업을 원하지 않는 자리에서 그들이 일하고 있는 것이
다. 인건비를 줄이기 위하여 기업가가 외국인 근로자를 외국에서
데리고 온 것이 아니다. 기업가가 외국인 근로자를 고용하는 것은
한국인들이 3D 직무에 취업을 원하지 않기 때문에 이루어진 강요
된 선택이다. 사족(蛇足)을 단다면 외국인 근로자를 고용한다고 해
서 인건비가 절약되는 것은 결코 아니다. 기본급이 다소 낮을는지
는 몰라도 – 사실 기본급은 한국인 근로자보다 약간 낮다 – 생산
성과 부대비용을 감안해보면 제품 한 개당 인건비는 한국인 근로자
보다 낮다고 말하기 어렵다.

3) 기업가

금세기에 들어서서 기업에게 가장 큰 영향을 주고 있는 변화는
세계화(世界化)의 물결이다. 이 물결에 휩쓸려서 적지 않은 기업들이

세계 각 곳에 해외 공장, 해외 지사, 현지 법인 등을 두고 있다. 그러나 신중히 생각하고 결정해야 할 사안이다.

해외 투자는 해외 관광과는 다르다. 성공 확률도 매우 낮다. 그럼에도 불구하고 기업의 해외 진출은 멈추지 않는다. 밖으로 나가면 무슨 좋은 일이라도 생기는 것인가? 분명한 한 가지는 기업이 행하는 사회적 책임의 수혜자가 자국민이 아니라 기업이 진출한 현지인으로 바뀐다는 사실이다.

기업을 지켜야
나라를 지킬 수 있다

기업은 국부(國富) 창조의 시발점이다. 경제 발전의 원동력이다. 사회에 활력을 제공하는 에너지의 원천이다. 총과 칼을 만드는 대신에 기업을 보호하는 것이 오늘날 강국이 되는 길이며 정부가 맡아야 할 역할이다. 기업은 국민 모두의 삶의 터전이다. 기업이 없어지면 국민은 발붙일 곳을 잃게 된다. 옛날에는 국토를 빼앗기는 것이 삶의 터전을 잃는 것이었다면, 지금은 기업을 잃는 것이 삶의 터전을 잃는 것이다. 그러므로 국민은 기업을 사랑하고, 기업에서 일하는 근로를 신성하게 생각하고, 삶의 터전인 기업을 만든 기업가를 존중해야 한다. 이것이 국민이 맡아야 할 역할이다. 현실은 어떠한가?

우리 사회는 의도적이든 아니든, 결과적으로 볼 때 기업을 괴롭히고 있다. 기업을 뜯어먹는 정치가는 셀 수 없이 많다. 그들의 이야기는 일 년 내내 신문사와 방송국에 일거리를 제공하고 있다. 때로는 추리 소설 같고, 때로는 무협 소설 같은 이야기들과 함께 신문 지상에 오르내리면서, 정치가들은 마치 거짓말 대회라도 하듯 훌륭한 연기를 보여준다. 한국에서 기업은 정치가의 밥이다. 한국을 제외한 어느 나라에서 대기업의 총수(總帥)가 감옥에 가고, 이런저런 압력에 못 이겨 스스로 목숨을 끊는다는 말인가? 기업가가 정치권에 맺힌 매듭이 얼마나 컸으면 대기업의 총수가 스스로 대통령이 되려고까지 했을까?

기업을 괴롭힌다는 면에서 본다면 국민도 만만치 않다. 소극적으로는 힘든 일을 기피하는 것에서부터, 적극적으로는 각종 분규를 일으키면서, 기업의 성장과 발전에 발목을 잡는 사태로, 지난 사반 세기 동안 하루도 조용한 날이 없었다고 해도 과언이 아니다. 그 결과 한국의 국제적 위상과 국부는 전세기 말과 비교해볼 때 크게 나아진 것이 없다. 그나마 국가의 인지(認知)도가 커진 것은 정치나 경제에 의한 것이 아니라 개인적으로 탁월한 능력을 가진 몇몇 운동선수나 예술인에 의한 것이다. 이러한 점에서 우리 모두 반성하고 부끄러워해야 할 것이다.

정치가이든 노동 운동가이든 저마다 자신의 논리로만 말한다면 도대체 누가 옳고 누가 그른 것인지 결론이 나지 않는다. 다만 필자가 확실히 말할 수 있는 것은 기업이 건강을 잃으면 그 여파가 국민과 정부에게 밀어닥친다는 사실이다. 기업이 쓰러지면 국민이 일자리를 잃고 거리를 방황하게 된다. 조세의 원천이 줄어들면 정부는 무엇으로 지탱할 것인가? 국가가 강해지고 국민이 행

복해지는 길은 기업이 잘되는 방법뿐이다. 그러므로 정부와 국민
은 그들 자신을 위해서라도 기업가를 보호하고, 기업가를 존중해
야 하는 것이다.

5장

장년기 기업의 존속

- 대기업을 지탱해 주는 것은 무엇인가? -

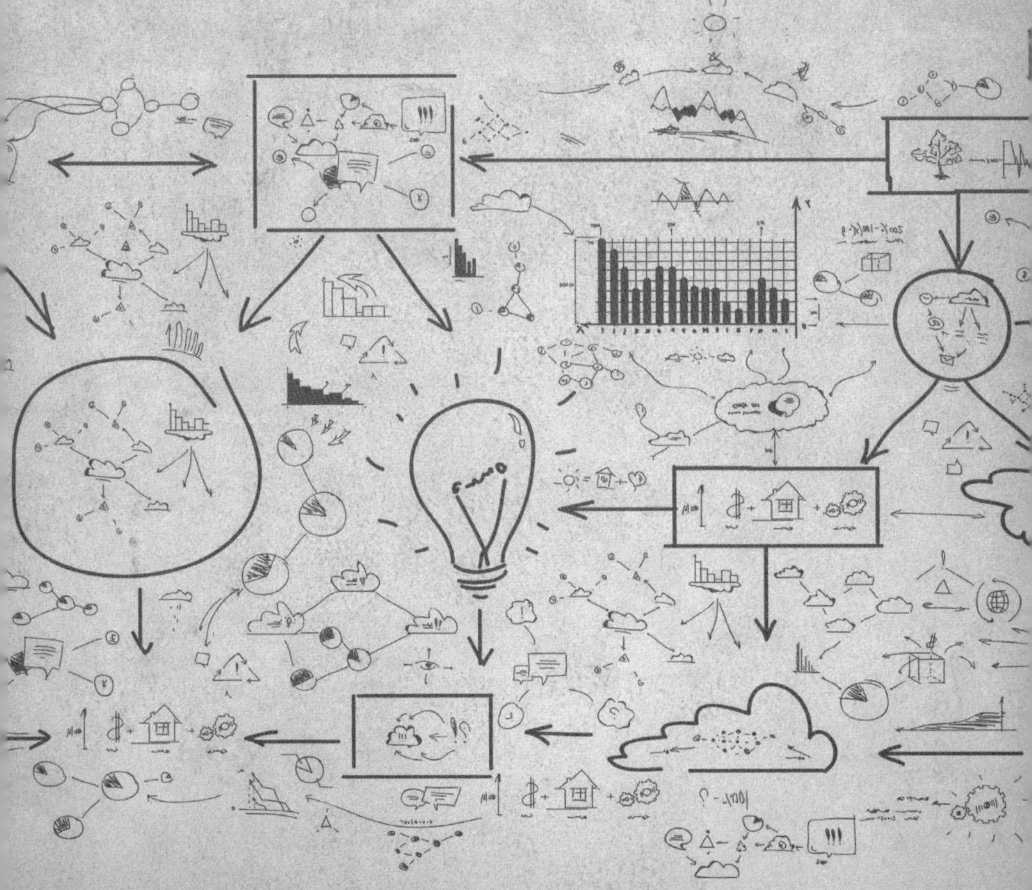

기업의 규모와
관리 방식

필자는 중소기업 사장에게는 경영학 서적을 읽지 말라고 하고, 대기업 사장에게는 경영학 서적을 읽으라고 한다. 경영학 교본에 나와 있는 내용이 거의 다 대기업의 관리 방식에 관한 것이기 때문이다. 기업을 관리하는 방식에 차이가 있는 것인가? 기업 규모에 관계없이 두루 통용되는 이론이 아니라는 말인가? 필자의 대답은 이렇다. "차이가 있다. 고로 두루 통용될 수 없다." 좀 더 명확히 말한다면 중소기업을 위하여 특별히 저술된 책이 아니라면 중소기업의 경영자에게는 도움이 되지 않을 뿐만 아니라 오히려 독(毒)이 될 수도 있다. 어째서 그럴까?

동물에게는 동물이 살아가는 방식이 있고 식물에게는 식물이 살아가는 방식이 있다. 동물이라고 해도 육식동물과 초식동물, 큰 동물과 작은 동물의 살아가는 방식이 같을 리 없다. 기업도 규모에 따라 살아가는 방식이 달라야 한다. 관리하는 방식에 있어서 대기업

방식과 중소기업 방식이 서로 다른 것은 지극히 당연한 일이다. 그런데 여기에 재미있는 일이 벌어지고 있다.

동물은 여간해서는 식물의 생활 방식을 택하거나 흉내 내지 않는다. 식물도 마찬가지로 자기의 방식을 고수한다. 육식동물은 여간해서는 초식동물의 생활 방식을 택하거나 흉내 내지 않는다. 초식동물도 마찬가지로 자기의 방식을 고수한다. 그런데 만물의 영장인 사람이 만든 기업은 매우 자유롭게 관리 방식의 경계를 넘나든다. 대기업의 관리 방식을 모방한 중소기업이 있는가 하면 중소기업의 관리 방식에서 벗어나지 못한 대기업도 있다. 대기업의 관리 방식으로 운영되는 중소기업은 앞서가는 것이니 그렇다 치더라도(사실은 이것도 위험한 선택이다. 앞서가는 것이 항상 좋은 것은 아니다) 적지 않은 대기업들이 중소기업의 관리 방식으로 운영되고 있음은 어찌 된 연유일까? 변명하기를, 기업이 급작스럽게 커지다 보니 관리 제도가 미처 규모를 따라가지 못해서 생긴 결과라는 것인데, 사건 발생의 원인과 경위가 어떻든 중요한 것은 관리 방식이 기업 규모에 적합지 않으면 기업 발전에 큰 장애 요인이 된다는 사실이다. 대기업 방식의 중소기업이 조숙한 어린 아이라면, 중소기업 방식의 대기업은 지능 장애를 겪고 있는 덩치만 큰 어른인 것이다.

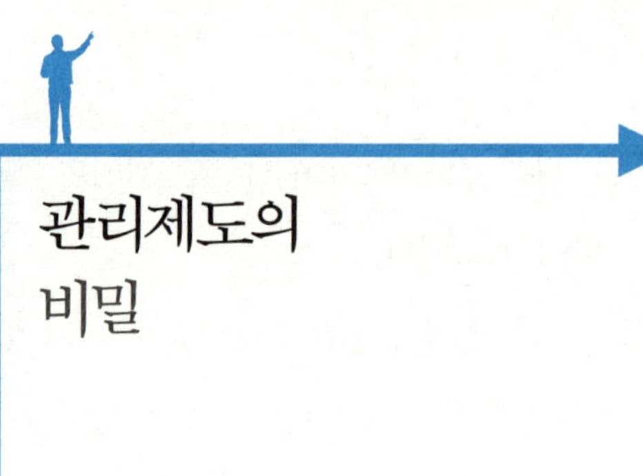

관리제도의
비밀

　관리제도는 조직의 원활한 운영을 위하여 만들어진 것으로, 조직이 존재하는 한 유지되고 보호되어야 할 일정한 행위에 관한 규칙이다. 조직 내에서 일어날 수 있는 각종 불량 행위를 규제하고, 조직 구성원이 나쁜 마음을 먹고 나쁜 일을 하는 것을 예방하기 위한 도구이다. 그러므로 관리제도는 기업 경영을 효율적으로 안전하게 보호하기 위하여 절대적으로 필요한 것이다.

　기업가 혼자서 장사를 한다고 가정해보자. 기업가 스스로 나쁜 마음을 먹지 않는 한 아무런 문제도 발생하지 않는다. 설혹 나쁜 마음을 먹고 나쁜 일을 했다고 해도 기업가 자신의 일이다. 별도로 마련된 제도나 규칙이 없더라도 기업가 한 사람의 양심과 도덕, 가치관 자체가 그를 관리한다.

　장사의 규모가 커지면 식구를 동원한다. 문자 그대로 순수한 가족(家族)기업이다. 혼자일 때와 완전히 같지는 않겠지만 어지간한 일들은 가계의 질서로 관리될 수 있다. 여기서 조금 더 커지면 소기업이다. 종업원이 몇 명 있기는 하지만 기업가의 한눈에 들어온다. 나쁜 마음을 먹고 나쁜 일을 하려 해도 기업가의 눈을 피할 수 없다. - 라고 말하기는 하지만 개중에는 눈뜬장님도 전혀 없는 것은 아니다 - 기업의 규모는 자꾸만 커진다. 중소기업이 되고 중견기업이 되고 마침내 대기업이 된다. 이때에 와서는 기업가가 아무리 눈을 크게 떠도 조금밖에 보이지 않는다.

대기업의 기업가가 보고 있는 것은 기업의 일부분에 불과하다. 보이지 않는 곳을 방치하면 나쁜 마음을 먹고 나쁜 일을 하려는 사람이 생긴다. 그중에서도 가장 경계해야 할 것은 배반자와 그를 추종하는 반군의 무리이다. 그 외에도 기업의 재산을 직접 횡령하는 간이 큰 도둑도 있고, 직위를 이용하여 부당한 이익을 간접적으로 취하는 자도 없지 않다. 그 외에 무수한 좀도둑에 대해서는 말할 필요도 없다.

나쁜 일을 하는 것을 미연에 방지하지 않으면 피해를 보는 것은 주주와 선량한 종업원들이다. 주주의 배당금과 종업원들의 보상금이 줄어든다. 그러나 이런 정도는 그런대로 견딜 만하다. 정작 문제가 되는 것은 다른 곳에 있다. 작은 피해가 모여 큰 피해가 되기도 하지만, 그것보다 더욱 우려되는 것은 대형사고가 터지는 것이다. 작은 사고가 유야무야 넘어가 버리면 사고에 대한 내성이 생기고, 그렇게 되면 머지않아 대형사고가 터진다. 규모가 매우 큰 경우에는 한 방에 도산할 수도 있다. 물론 이것은 최악의 사태이다. 기업가는 모든 것을 잃게 되고 선량한 종업원들은 길거리로 내몰려 여기저기로 흩어진다.

기업의 규모가 어느 정도 이상 되면 관리제도는 필수적이다. 소기업을 운영하던 시절에 관리의 귀재였던 기업가라고 하더라도, 조직이 커지면서 규모에 적합한 관리제도가 없으면 순식간에 무능한 기업가로 전락한다. 관리제도가 있는 것만으로는 충분하지 않다. 규모에 적합한 관리제도가 있어야 하는 것이다.

대기업과 중소기업은 본질적인 차이가 있다. 필자는 이를 서로 다른 차원(次元)이라고 말한 바 있다. 소기업의 관리 방법으로 대기업을 관리하면 발전하기 어려울 뿐만 아니라 위험하다. 그럴 바에는 차라리 규모를 줄이고 중소기업으로 되돌아가는 편이 낫다. 그렇게 하면 발전은 포기하더라도 위험은 피할 수 있다. 한편 소기업이 대기업의 관리 방법을 채택하면 소기업의 대다수는 고사(枯死)한다. 대기업을 모방한 조직과 제도를 지탱해 줄 영양소를 공급할 만한 규모의 에너지원을 갖추고 있지 않기 때문이다.

부족하면 위험하고 지나치면 고사(枯死)한다. 이것이 관리제도의 비밀이다.(거듭 말하지만 경영학에서 말하고 있는 관리제도의 제반 이론은 기업 규모에 따른 구분이 없이 일률적인 것으로 특별한 언급이 없는 한 대기업을 위주로 한 것이므로, 중소기업의 기업가는 무턱대고 따라 하지 마시기 바랍니다)

변모하는 기업가

중소기업이 청년(靑年)기를 거쳐서 장년(壯年)기의 대기업으로 발전하는 과정에서 많은 변화가 일어나는데, 그중에서도 두드러진 것이 관리제도의 변화이다. 이는 변화가 너무 커서 변화라고 하기보다는 차라리 변혁(變革)이라고 할 정도이다. 이 변화의 과정에서 적지 않은 관리자가 바뀌고, 종업원이 물갈이된다.

너무나 당연한 이야기를 하는 것인지는 모르겠으나 이러한 일련의 변화 속에서 처음부터 끝까지 버티고 있는 사람은 기업가 한 사람뿐이다. 기업가는 드라마의 주인공이다. 그가 없어지면 드라마가 끝나므로 그가 드라마 도중에 사라지는 일은 여간해서는 일어나지 않는다. 기업가는 드라마의 가장 흥미진진한 대반전(反轉)의 시기에 대변혁의 용광로 속에서 단련되고 강해진다. 그리고 이 과정이 끝날 때쯤이면 주인공은 일약 강호의 고수가 된다.

기업의 규모가 커지는 것과 발맞추어 관리제도도 부단히 바뀐다. 중소기업이 대기업으로 바뀌는 과정에서 가장 어려운 과제는 무엇일까? 조직 체계, 정보 체계 등의 개혁은 마음만 먹으면 어려울 것이 없으며 자금 관리, 인사 관리 등의 개혁도 방법을 찾고자 노력하면 무난히 해결된다. 과제는 역시 드라마의 주인공인 기업가에게 귀착된다.

기업은 기업가의 배경이며 기업가의 터전이다. 드라마의 배경이 바뀔 때마다 드라마의 주인공은 역시 모습을 바꾸지 않으면 안 된다. 모습을 바꾼다는 것은 역할을 바꾼다는 것이다. 장수의 모습을 한 자는 장수의 역할을 하고, 왕의 모습을 한 자는 왕의 역할을 하는 것을 말한다. 그러나 이 일은 말처럼 쉽지 않다. 기업가는 특별히 연기에 재능이 있거나 또는 연기 수업을 받은 연예인이 아니다. 게다가 대본(臺本)도 없다. 그러한 기업가가 배경이 바뀌는 것에 맞추어 모습과 역할을 바꾼다는 것이 어찌 쉬운 일이겠는가? 그러나 드라마를 계속하려면 기업가는 싫든 좋든 역할이 바뀜에 따르는 연기를 해내야 한다. 그것도 단순한 연기에 그치는 것이 아니라, 진실로 자신의 역할을 바꾸어야 하는 것이다.

중소기업의 기업가는 소부대의 부대장이다. 부대 전면에 나서서 진군(進軍)을 독려하고, 전투가 벌어지면 솔선하여 싸워서 적을 무찌르는 선봉장이다. 그러나 대기업의 기업가가 되면 그는 역할을 바꾸어야 한다. 부대의 선봉에 서서 칼을 휘둘러대는 대장군은 대장군이 아니다. 대장군(大將軍)이라면 마땅히 장군의 장막에 머물러 참모들과 함께 작전을 수립하는 한편, 앉아서 천 리 밖을 볼 수 있는 혜안을 갖고 있어야 한다.

　기업의 규모에 따른 기업가의 변신은 필수적이다. 그러나 이는 용이한 일이 아니며 따라서 모든 기업가가 훌륭하게 변신한다고 보기도 어렵다. 필자는 기업가 중에서 정말로 변신하지 못하는 경우를 가끔 본다. 기업가는 불량이 발생한 현장에 쪼그리고 앉아 작업자들과 함께 대책을 강구하느라고 정신이 없는 동안 회사의 중요한 자금 정책은 경리부장에 의해서 결정되고, 저녁 늦게까지 분투하여 해결책을 찾아낸 기업가가 작업자들과 함께 늦은 저녁 식사 ─ 대체로 몇 천 원짜리 배달 음식 ─ 를 하는 동안 영업부장은 기업가 대신 회사의 중요한 고객을 만나 비싼 술을 마신다.

　어떤 기업가는 대기업이 된 후에도 여전히 일선 실무자를 사장실로 불러 업무를 지시하고, 현장 곳곳을 돌아다니며 끊임없이 잔소리를 늘어놓는다. 중소기업 초기인 유아기 때의 습관을 끝내 버리지 못하기 때문이다. 이러한 경우에는 향후 방향이 대략 두 갈래로 나누어진다. 하나는 기업가가 일선에서 물러나고 전문 경영자가 유입되는 경영권의 사회화(社會化)가 이루어지는 것이고, 다른 하나는 같은 상태가 계속되면서 조직 상하(上下) 간에 갈등이 고조되고 조직 능력이 점차 악화 일로를 걷는 것이다. 그 이후의 진행은 여러 형태여서 한마디로 단정하기 어렵다.

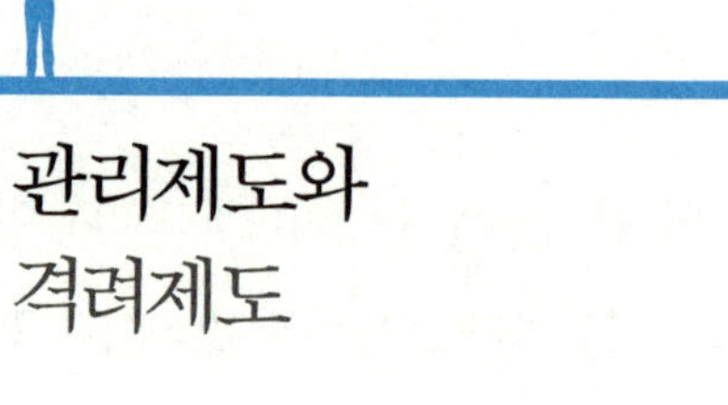

관리제도와
격려제도

본 장(章)의 화두에서 "대기업을 지탱해주는 것은 무엇인가?"를 물은 바 있다. 이에 대한 필자의 답변은 '관리제도'이다. 그럼 중소기업을 지탱해주는 것은 무엇인가? 이에 관하여는 1장에서 자세히 설명한 바 있다. 그것은 이익 처분권의 사회화이며, 이익 분배 제도이며, 이익 분배의 규정화이다. 이를 한마디로 묶어 말한다면 '격려제도'가 된다. '격려제도'가 중소기업을 지탱해주는 핵심적 요소라면 이 제도가 대기업으로 변모한 후에도 여전히 지속되어야 함은 너무도 당연한 일이다. 그러므로 대기업을 지탱해주는 것이 '관리제도'라고 말한 필자의 답변 속에는 '격려제도'가 이미 존재하고 있음을 전제(前提)로 한 것이다.

중소기업이 '격려제도'라는 외바퀴로 기우뚱거리며 불안하게 굴러가는 수레라면, 대기업은 '격려제도'와 '관리제도'라는 두 개의 바퀴로 굴러가는 상당히 안정된 수레이다. 중소기업은 외바퀴로 굴러

가기 때문에 수레를 끄는 기업가는 한시도 쉴 수가 없다. 속도를 늦추면 중심을 잃고 옆으로 쓰러질 우려가 있다. 이에 비하여 대기업은 상당히 안정된 상태이다. 수레를 천천히 끌어도 안정되게 굴러간다. 설혹 수레를 끌지 않더라도 잘 붙잡고만 있으면 적어도 쓰러지지는 않는다.

'격려제도'는 '관리제도'의 기초이며 주춧돌이다. 그러므로 '격려제도' 없는 '관리제도'는 사상누각(砂上樓閣)이다. 효율을 발휘할 수도 없고 다분히 형식적으로 흐를 수밖에 없다. 마찬가지로 '관리제도' 없이 '격려제도'만으로는 대기업을 끌고 갈 수 없다. 이러한 의미에서 양자는 상호 보완적이다. 그런데 관리제도의 근본적 취지는 조직 구성원이 나쁜 마음을 먹고 나쁜 일을 하는 것을 미연에 방지하기 위한 것이다. 한편 격려제도는 조직 구성원이 좋은 마음을 먹고 좋은 일을 하는 것을 장려하기 위한 것이다. 이러한 의미에서 양자는 상호 제약적이기도 하다.

'격려제도'가 조직원을 선한 방향으로 유도하고, '관리제도'가 조직원을 악한 방향으로 가지 않도록 방지하기 위한 것이라면 이와 유사한 개념으로 도덕(道德)과 법률(法律)을 생각할 수 있다. 역사 대대로 위정자가 백성을 선한 방향으로 유도하기 위하여 도덕(道德)을 강조하고, 백성을 악한 방향으로 가지 않도록 하기 위하여 법률(法律)을 제정하여 시행하는 것과 일맥상통(一脈相通)하는 것이다. 그러므로 제도라 하는 것은 단순히 규정이나 규칙을 만드는 것으로 완성되는 것이 아니다.

관리는 유형관리뿐만 아니라 무형관리까지 포함하는 광범위하고 포괄적인 개념이다. 유형관리는 권력과 상벌(조직원 입장에서 볼 때는 득과 실)을 통하여 관리되는 반면, 무형관리는 도덕과 문화를 통하여 관리된다. 두 형태의 관리는 필연적으로 상호 지지하고 보완하는 관계에 있기 때문에, 단지 유형관리에만 의존하는 방법은 성공하기 어렵다.

경영학 서적에는 많은 종류의 관리제도가 소개되어 있다. 우리는 마음만 먹으면 세계적 1류 기업의 관리제도와 손쉽게 만날 수 있다. 일본의 식자들이 즐겨 사용하는 말 중에 '우선 복사'라는 것이 있다. 좋은 제도나 제품을 우선 모방하고 점차 개선하여 자신의 것으로 만들면 된다는 뜻이다. 서양인들은 '벤치마킹(bench-marking)'이라고 한다. 여기서 간과해서는 안 될 것이 있다. 세상만사(世上萬事) 중 모방해서 그대로 사용할 수 있는 것도 있지만 그럴 수 없는 것도 있다는 사실을 항상 유념해야 한다.

관리제도는 기업가를 중심으로 만들어지는 기업의 영혼이다. 기업이라는 조직이 만들어 낸 독창적 문화이다. 조직의 일원이 되어 문화 속으로 녹아들어가 동화될 수는 있으나, 밖에서 복제하거나 모방해서 쓸 수는 없다. 그럼에도 불구하고 성공한 관리제도나 기업문화를 연구하는 것은, 연구 과정을 통하여 힌트(hint)를 얻거나 또는 고무되어 잠재력을 격발시켜주는 효과를 기대하기 때문이다.

격려제도와 관리제도는 조직 내의 구성원을 승화시키고, 기업문화를 형성하는 데에 본질적으로 영향을 준다. 성공한 관리제도는 조직원에게 강제로 무언가를 지키도록 하는 것이 아니라, 조직원을 인도하고 조직원 스스로 가치를 추구하게 한다.

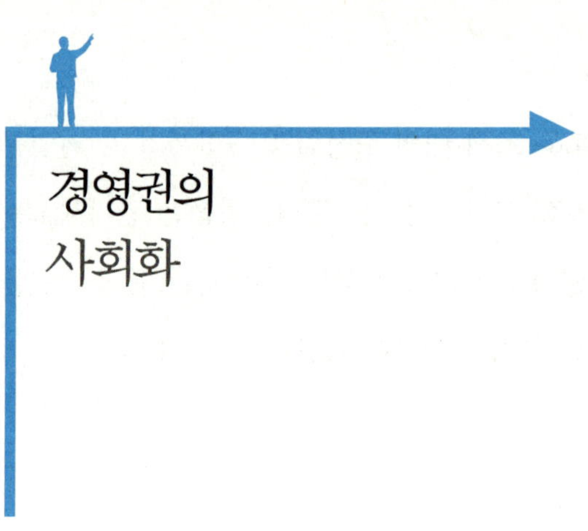

경영권의
사회화

장년기 대기업에 있어서 경영권의 사회화는 쏘아놓은 화살이다. 이미 커져 버린 규모를 유지할 생각이라면 어떤 이유로도 이를 저지할 수 없다. 규모를 더욱 키울 생각이라면 더더욱 그러하다. 기업가의 입장에서는 관리의 사각지대가 늘어나므로 그를 대신하여 관리해 줄 사람이 필요해진다. 그러나 경영권의 사회화는 이러한 양적(量的)인 문제 때문만은 아니다.

기업가라 해서 모든 분야에서 만능은 아니다. 만능은커녕 장년기의 대기업에서 기업가가 전문가보다 잘할 수 있는 부문은 거의 없다고 해도 과언이 아니다. 적진을 돌파하는 일이라면 어느 누구보다 용맹했던 공신들도 기업이 커지면서 생긴 새로운 업무 분야에 관해서는 기업가보다 형편이 나을 것이 없다. 기업이 커지면서 새로 생긴 업무들 – 예컨대 특수한 금융업무, 수출입업무, 계약과 관련된 법률적 문제, 신규 시장 관리, 장기 전략의 수립, 심지어는 외국어의 자유로운 구사에 이르기까지 ― 은 그동안 용맹을 떨쳤던 공신들에게는 만만한 분야가 아니다. 기존 공신들의 업무 능력을 벗어난 새로운 분야에 대하여는 아무래도 외부에서 유입되는 능신에 기댈 수밖에 없다.

경영권의 사회화는 통상적으로 부문 경영권부터 진행된다. 독립적 예산 단위의 사업부가 설치되기도 하고, 조직에서 아예 떨어져 나가기도 한다. 어떤 기업가는 기업 전체를 총괄적으로 경영할 전문 경영자를 초빙하여 모든 것을 맡기고 일선에서 물러나기도 한다. 이 경우 기업가는 삼권(三權) 중 소유권만 남기고 모든 권리를 사회화하는 셈이 된다. 전문 경영자의 경영권 접수는 한시적일 수도 있고 그렇지 않을 수도 있다. 한시적인 경우에는 대체로 일정 기간이 지난 후 창업가 2세가 이어받는다. 전문 경영자가 경영권을 접수하면 기업 내부의 인사권은 전문 경영자에게 넘어가지만, 기업가에게는 여전히 전문 경영자를 해임 또는 선임할 수 있는 의결권을 갖고 있기 때문이다. 이 문제는 다음 장에서 다루기로 한다.

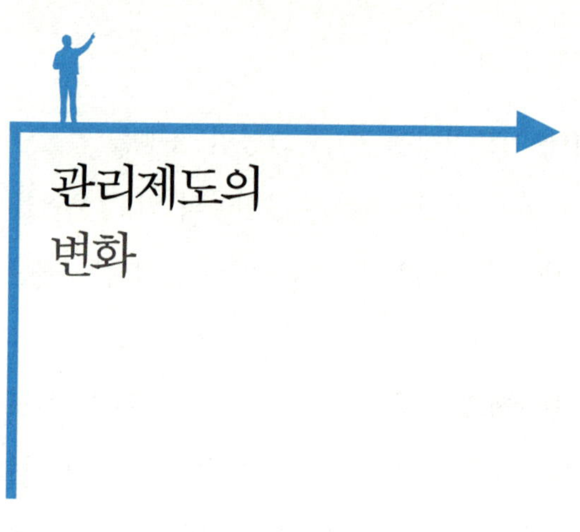

관리제도의
변화

　장년(壯年)기 대기업의 화두는 뭐라 해도 관리제도이다. 그러므로 규모의 변화에 따라 관리가 어떻게 달라지는 것인지 연구할 필요가 있다. 중소기업에서 대기업으로 바뀌는 변화는 단순한 규모의 변화가 아니라 차원(次元)이 달라지는 것이라고 누누이 강조한 바 있다. 생물학적으로 말한다면 종(種)이 바뀌는 것이다. 종(種)이 바뀐다는 것은 살아가는 방식이 달라지는 것을 의미한다. 기업으로 본다면 관리 방식이다. 관리 방식이 달라지지 않으면 안 되는 것이다.

　관리 방법이 어떻게 달라지는지 변화를 보는 기준에 따라 비교해 보면 다음과 같이 세 가지 측면으로 요약될 수 있다.

1) 보이는 관리 ➜ 보이지 않는 관리

2) 직접 관리 ➜ 간접 관리

3) 사람에 의한 관리 ➜ 제도의 의한 관리

위에서 열거한 세 가지 개념은 구태여 설명하지 않아도 잘 알고 있는 내용일 것이다. 다만 용어의 개념에 대한 오해가 있을까 염려되어 몇 가지만 언급토록 하겠다.

1)은 규모가 커짐에 따라 나타나는 관리 방법의 변화를 기업가의 시야를 기준하여 본 것이다. 한눈에 들어오던 조직이 점차 시야에서 벗어난다. 눈에 의존하여 해 왔던 관리 – 이를 필자는 '보이는 관리'라 부른다 – 가 불가능해지기 시작한다. 일일이 챙기려 해 봐도 몸만 피곤할 뿐, 제대로 관리되지 않는다. 기업가의 눈을 대신하여 누수 되는 곳과 사각지대를 살펴 줄 다른 도구가 필요해진다. 이른바 '보이지 않는 관리'가 시작되는 것이다.

2)는 관리 방법의 변화를 관리의 주체를 기준하여 본 것이다. 기업 규모가 커짐으로 인하여 모든 것을 직접 관리하는 것이 불가능함을 인정한 기업가가 1인 관리 체계인 직접관리를 포기하고 다수가 관리하는 간접관리 체계로 전환코자 한다. 그러나 처음부터 기업가가 직접 관리의 습관에서 쉽게 벗어날 수 있는 것은 아니다. '보이는 관리'가 불가능해졌음을 인정한 기업가는 자신의 눈과 귀의 역할을 해 줄 기구를 만든다. 대표적인 것으로 감사(監査)실이 있다. 암행어사(暗行御史)를 활용하는 기업가도 있다. 어느 쪽이라도 못할 바 없으나 '관리제도'의 근본적 취지가 조직원이 악한 방향으로 가는 것을 방지하기 위한 것이라면 암행어사보다는 상설기구로서의 감사실이 바람직할 것이다.

그런데 이와 같은 상태에서의 감사실은 조직의 한 부문이기는 하나 기업가의 분신으로 활동하게 되며, 조직원의 선도(善導)보다는 기업가의 눈과 귀의 역할이 강조될 수밖에 없다. 감사의 방향을 비리의 적발보다는 업무 지도와 비리의 사전 예방으로 정했더라도 기업가로부터 적발 감사의 지시가 있을 경우에는 따르지 않을 수 없는 것이다.

이와 같은 상태에서의 간접관리는 기업가가 직접 나서지는 않았지만 기업가를 대신한 조직 또는 사람에 의존하는 상태를 벗어나지 못하고 있다. 물론 간접관리는 이런 상태로 머물러 있는 것은 아니다. 조직은 기업의 규모가 커짐에 따라 계속 분화된다. 이 부분에 대하여는 뒤에서 다시 알아보도록 하자.

3)은 관리 방법의 변화를 관리의 방식을 기준하여 본 것이다. 창업 초기의 관리 방식은 사람이 사람을 관리하는 방식이다. 처음에는 기업가가 종업원을 관리하다가, 규모가 커지면 종업원의 관리는 관리자의 몫이 되고 기업가는 관리자만을 관리하게 된다. 그렇더라도 이러한 관리 방식은 여전히 사람이 사람을 관리하는 방식이다. 간접 관리가 완성 단계에 이르면 사람이 사람을 관리하는 모습은 사라지고 제도가 사람을 관리한다. 규정과 규칙이 정비됨은 물론, 기업문화도 상당 부분 형성되어 조직원들의 행동을 유도하고 또는 규제하는, 보이지 않는 손의 역할을 한다.

이 단계에서 기업문화가 갖는 영향력은 매우 크다. 긍정적인 기업문화는 조직 전체의 분위기를 정직하고, 근면하고, 상호 협조적인 방향으로 이끌어 주는 반면, 부정적인 기업문화는 조직 전체의 분위기를 정직하지 않고, 나태하며, 상호 배타적인 방향으로 이끌어 조직의 미래를 어둡게 한다. 긍정적인 성격의 기업문화가 형성되는 밑바탕에는 기업가의 가치관과 기업 윤리가 크게 작용한다.

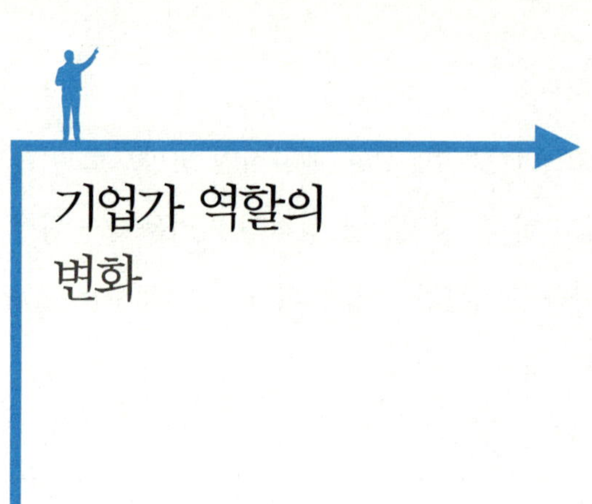

기업가 역할의 변화

관리제도의 변화와 함께 기업가의 역할도 크게 변한다. 아니, 변하여야 한다. 중소기업 당시와 대기업이 된 지금과의 차이를 기업가의 역할을 중심으로 정리해본다.

1) 종업원의 사기(士氣) 관리

중소기업 시절에는 대오의 선봉에 서서 솔선수범을 통하여 종업원의 사기를 진작시켰으나, 이제는 진(陣)을 지키며 훌륭한 전략과 적절한 상벌로 종업원의 사기를 관리해야 한다.

2) 종업원과의 대인 관계

중소기업 시절에는 감정이 주가 되고 제도가 보조 수단이었으나, 이제는 제도가 주가 되고 감정이 보조 수단이 되어야 한다.

3) 문제 해결 방안의 추구

중소기업 시절에는 문제가 발생할 때마다 유능하거나 문제 해결에 적합하다고 판단되는 사람에게 일임하였으나, 이제는 문제가 발생하면 문제가 귀속된 부문에서 제도적으로 해결 방안을 내도록 해야 한다.

4) 결재와 의사 결정

중소기업 시절에는 기업가 혼자서 결재하고 의사 결정을 하였으므로 기업 내부에서 일어나는 일 중에서 기업가가 모르는 내용이 없었다. 그러나 이제는 여러 부문의 여러 계층에서 업무 전결(專決) 규정에 따라 결재가 이루어지고 의사 결정을 한다. 따라서 기업가가 알지 못하는 내용이 결정되기도 하고, 기업가가 그러한 사실을 제법 시일이 경과한 후에야 알게 되는 경우가 비일비재(非一非再)하다. 전결 사항이므로 맡겨 버려도 된다면 별다른 문제가 없겠지만, 전결 사항이라도 내용이 무엇인지 정도는 알아야 한다면 별도의 제도가 필요하다.(관리용 사본 회람 제도, 결재 문서 전달 제도 등 방법은 많이 있음)

5) 비용의 사후 심사

중소기업 시절에는 비용에 관련된 의사 결정권이 기업가 1인에게 있었으므로 비용 처리에 대한 사전 심사가 가능하였지만, 이제는 여러 부문의 여러 계층에서 업무 전결 규정에 따라 결재가 이루어지므로 기업가가 알지 못하는 비용이 무수히 처리된다. 따라서 비용 처리 후 사후에 심사하는 제도가 필요하다. 내부 감사 제도 등이 보편적으로 활용되고 있다.

6) 조직 구성과 인력 자원의 관리

중소기업 시절에는 기업가 자신이 배양한 인재를 중심으로 조직을 구성하고 공로를 중시하는 인사 정책이 이루어졌다. 그러나 이제는 기업가 자신이 배양한 인재와 외부에서 유입된 능신을 합하여 조직을 구성해야 한다. 인사 정책도 공로를 중시하는 것에서 능력을 중시하는 것으로 바꾸어야 한다. 그렇게 하지 않으면 기업이 필요로 하는 능신을 붙잡아 둘 수가 없다. 이 때문에 공신과 능신 간에 갈등이 발생하는데 이는 별도의 과제인 동시에 기업가가 해결해야 할 숙제이다. 이 부분에 관하여는 잠시 후 '대기업의 인재 관리'에서 다시 살펴보도록 하자.

이상으로 기업 규모의 변화에 따른 관리 방법의 변화를 기업가의 역할을 주된 관점으로 하여 생각해보았다. 위에서 말한 여섯 가지 항목은 중소기업의 관리 방법과 대기업의 관리 방법을 비교해 놓은 것이다. 즉 '소규모적 관리 방법'과 '대규모적 관리 방법'의 비교이다. 주의해야 할 것이 있다. 두 가지 관리 방법 중 어느 것이 더 좋은 방법인가를 말하는 것이 아니라 기업의 규모에 따라서 관리하는 방법이 달라야 한다는 것을 말하는 것이니 2분법에 의한 선악 논리에 빠지지 않기를 당부한다.

기업가는 소기업(小企業)부터 시작하여 대기업(大企業)에 이르는 과정을 겪으면서, 현재의 기업 규모와 처해 있는 환경을 정확히 파악하고, 규모와 환경에 적합한 관리 제도를 만들어서 운영해야 한다. 기업은 작아야 할 때는 커져서는 안 되며, 커야 할 때에는 커져야 한다. 중요한 것은 규모가 크게 변하면 관리도 마땅히 적절하게 변해야 기업을 건강하게 이끌 수 있다는 점이다.

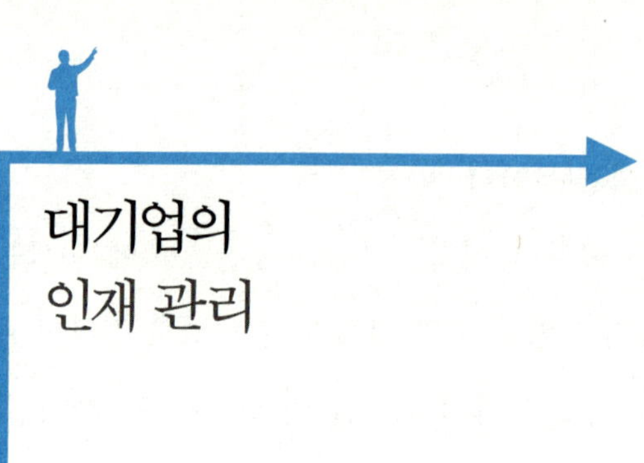

대기업의
인재 관리

앞에서 언급한 바와 같이 중소기업 시절에는 기업가 자신이 배양한 인재를 중심으로 조직을 구성하고 공로를 중시하는 인사 정책이 이루어졌다. 그러나 기업의 규모가 커지고 외부로부터 능신들이 유입되면서 상황이 크게 달라진다. 가장 두드러진 변화는 인사 방침이다. 공로를 중시하던 종전의 정책이 능력을 중시하는 것으로 바뀌어야 한다. 그렇게 하지 않으면 기업이 필요로 하는 능신을 붙잡아 둘 수가 없기 때문이다.

인재가 오래 머무르지 않으면 지식이 축적되지 않고, 지식이 축적되지 않으면 핵심 기술을 확보할 수 없으며, 핵심 기술을 확보하지 못하면 브랜드의 창조가 어려워진다. 그렇게 되면 기업은 항상 제자리걸음을 면할 수 없다. 따라서 기업이 발전하기 위해서는 인재를 오랫동안 머무르게 할 방도를 갖고 있어야 한다.

인재를 잡아두기 위하여 우리가 해야 할 질문은 '인재는 무엇 때문에 머무는가?'이다. 이에 대한 대답은 대략 세 가지로 압축된다.

첫째는 대우(待遇)이다. 생활이 여유롭고 안주할 수 있는 수준의 대우 정도이면 된다. 둘째는 업종(業種)과 관련 기술(技術)이다. 인재는 현실에 머물러 있지 않고, 항상 미래의 기회를 위하여 준비한다. 자신의 미래를 위한 준비 단계로서 일정 기간 기업에 머문다. 그를 내보내는 방법은 아주 간단하다. 그에게 창의성을 요하지 않는 반복적 작업을 시키거나, 배울 것도 없는 단순한 업무에 계속 종사하게 하면 그는 제 발로 나갈 것이다. 셋째는 기업 문화(文化)이다. 인재는 자신의 적성에 맞는 기업 풍토에서 머문다. 번뜩이는 제안이 받아들여질 때마다 그가 머무는 시간은 자꾸 길어지는 반면, 보수적인 상사나 조직에 의하여 훌륭한 제안이 차단되거나 묵살되면 그가 머무는 시간은 급격히 짧아질 것이다.

인재는 머물게 하기도 쉽고 내 보내기도 쉽다. 그가 원하는 것이 무엇인가를 알기만 하면, 오래 머물게 할 수도 있고 스스로 나가게 할 수도 있다. 다만 어려운 것은 인재를 만나는 것이다. 인재를 만나는 일이 쉬운 일이라면 '인재는 무엇 때문에 머무는가?'라는 따위의 질문에 마음을 쓸 필요도 없다. 인재를 만나는 일은 흔한 일이 아니며, 만났다고 해서 그가 나와 같이 일하리라는 보장도 없으므로, 어렵사리 확보한 인재를 오래 머물도록 관리하지 않으면 안 되는 것이다.

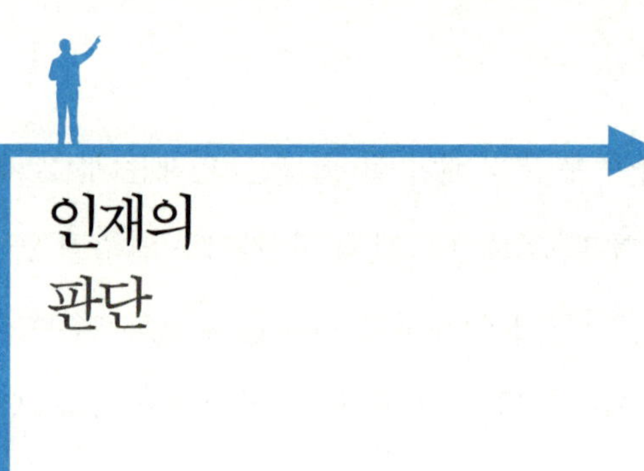

인재의
판단

인재를 머물게 하려면 우선 인재를 만나야 한다. 기업이 어느 정도 규모를 갖추고 이름이 알려지면 인재가 제 발로 찾아오는 경우도 있지만 보통의 경우에는 찾아 나서야 한다. 어쨌든 인재를 만나야 하는데 행여 만났다고 해도 무엇으로 인재를 판별할 것인가? 이 대목에서 필요한 것이 기업가의 안목이다.

인재를 가리는 기준은 무엇일까? 매우 어려운 문제이기는 하나 필자라면 덕성(德性)과 재능(才能)을 꼽고 싶다. 항목의 수가 너무 간단한 감이 없지는 않지만, 항목이 늘어나도 복잡해지기만 할 뿐, 판단에 별로 도움이 되지 않는다. 인재를 판별하는 것이므로 재능이 있어야 함은 말할 필요도 없다. 문제가 되는 것은 덕성이다.

재능에 덕성을 겸비했다면 금상첨화(錦上添花)인데 문제는 덕성의 판단이 어렵다는 것이다. 써 봐야 판단이 나온다는 것이다. 그렇다면 재능만 보고 일단 써 봐야 한다는 말인가? 여기서 필자는 다시

한 번 기업가의 안목을 거론할 수밖에 없다. 기업가의 소질을 타고
난 기업가와, 소질을 타고 나지 못한 기업가가 이러한 대목에서 현
저하게 갈린다.

1등급 기업가: 써 보지 않고도 안다.
2등급 기업가: 써 봐야 안다.
3등급 기업가: 써 봐도 모른다.

인재의 덕성 유무는 매우 중요한 사안이다. 인재가 덕성을 갖추
었는지에 따라, 그는 막강한 조력자가 될 수도 있고 위험하고 위협
적인 적이 될 수도 있다. 기업을 대기업의 단계까지 키울 수 있는
기업가라면 대체로 '1등급 기업가'일 것이다. 그들은 감각적으로 사
람을 볼 줄 안다.

필자가 걱정하는 것은 중소기업에 머물러 있으면서 기업가의 안
목을 갖추지 못한 일부 '3등급 기업가'이다. 그들의 공통적인 특징
은 사람을 판단함에 있어서 자신의 선호도에 지나치게 의존한다는
점이다. 객관성이 결여된 그들의 선호도는 고집스럽기까지 하여 자
신이 좋아하는 것(좋은 것이 아님)은 더욱 좋게 보고 싫어하는 것(나쁜
것이 아님)은 더욱 나쁘게 인식함으로써 판단을 그르치고 일을 그르
친다. 불행하게도 그들은 덕성이 결여된 인재에게 이용당하는 어리
석은 일을 반복함으로써 기업을 답보 상태에 머물러 있게 하거나,
운(?)이 나쁘면 파산을 겪기도 한다.

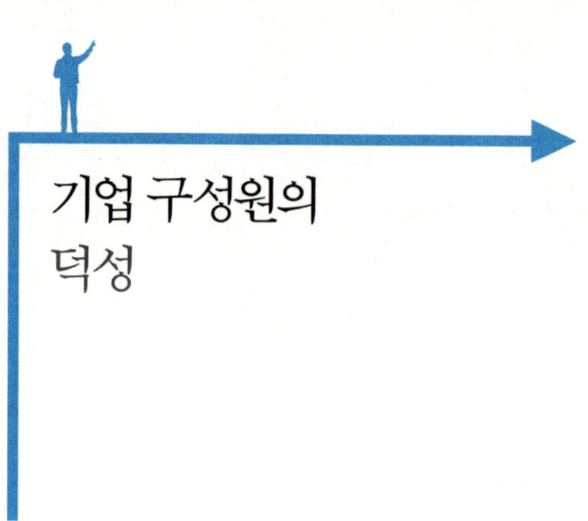

기업 구성원의
덕성

앞에서 거론한 덕성(德性)이란 과연 무엇인가? 알 듯 하면서도 막연한 느낌이 없지 않다. 그런 의미에서 약간의 부연 설명이 필요할 것 같다. 추상적이고 철학적인 관념에서 탈피하여 기업 조직이라는 구체적인 울타리 안에서 개념을 정립하고자 한다.

덕성(德性)이라고 하지만 한 마디로 정의를 내릴 수 있는 것은 아니다. 사람이 처해져 있는 입장과 위치에 따라 덕성의 성격이 달라진다. 군주는 군주로서의 덕성이 있고 신하는 신하로서의 덕성이 있듯이 모든 사람의 덕성이 같을 수 없다. 따라서 덕성을 논함에 있어서 위치에 따른 구분이 선행되어야 한다. 편의상 기업가, 관리자, 일선 종업원으로 나누어 생각해보도록 하자.

기업가(企業家)의 덕성(德性)은 재물을 사랑하되 탐하지 않는 것이다. 탐하지 않으므로 사욕이 없으며 따라서 부패하지 않는다. 이성적이며 책임감(사회와 종업원에 대한 책임감)이 강해야 덕성을 갖춘 기업가라 말할 수 있다. 덕성을 갖춘 기업가는 종업원에게 주는 것을 당연한 것으로 생각한다. 종업원이 만들어 낸 것을 돌려주는 것이므로 주는 것에 대하여 자신을 내세우지 않는다. 기업가가 자신의 것을 베푼다고 생각하면 그것은 덕성과는 거리가 먼 것이다.

관리자(管理者)의 덕성(德性)은 기업가를 속이지 않으며, 부하 직원에게 피해를 주지 않는 것이다. 부하 직원을 위한다는 것을 명분으로 기업가를 속이거나 기업가에 대한 충성을 명분으로 부하에게 피해를 주는 일은 관리자의 덕성에 위배되는 대표적인 사례이다. 관리자는 단순히 일만 잘하는 것으로는 충분하지 않다. 관리자는 기업가와 직원들 사이에서 중재인 역할을 훌륭히 해낼 수 있어야 한다. 관리자가 이러한 덕성을 갖추게 하는 것은 기업가의 책임이다.

일선 종업원의 덕성은 회사(會社), 고객(顧客), 동료(同僚)에게 손해를 끼치지 않는 것이다. 종업원의 덕성에 위배되는 최악의 사례는 고객에게 피해를 주는 것이다. 회사에 대한 이익을 명분으로 고객에게 피해를 주는 사례가 있는데, 이는 결국 더 큰 피해가 되어 회사로 되돌아오게 마련이어서 가장 경계해야 할 사항이다.

이상 간략하게 기업 구성원의 덕성에 대하여 서술하였거니와 덕성을 어찌 몇 마디 말로 설명할 수 있겠는가? 다만 필요한 최소한의 것만을 압축하여 서술했을 뿐이다.

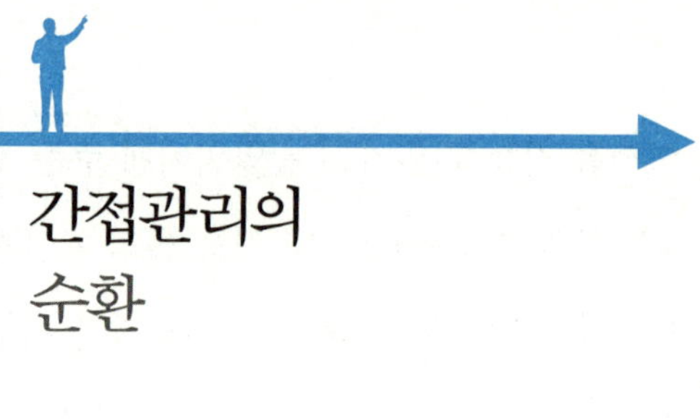

간접관리의
순환

앞서 「관리제도의 변화」에서 설명한 바 있는 간접관리에 대하여 좀 더 연구해 보기로 하자. 간접관리는 소기업이 대기업으로 성장하는 변환기에 있어서 필연적으로 따라오는 과정이다. 만약 기업가가 간접관리를 거부하고 끝까지 직접관리를 고집한다면 그는 기업을 일정 규모 이상 키우지 말아야 할 것이다.

경영학 서적에서 관리라 함은 별도의 제약적 언급이 없는 한 간접관리를 말한다. 경영학의 연구 대상 자체가 대기업이므로 직접이니 간접이니 하는 별도의 구분이 필요치 않은 것이다. 그러나 본서는 소기업(小企業)에서 대기업(大企業)에 이르는 전 과정을 다루고 있어 양자의 구분이 불가피하다.

간접관리에 대한 자세한 내용은 경영학원론을 비롯하여 경영조직론, 경영관리론 등의 서적에서 손쉽게 접할 수 있고, 저명한 학자들의 이론들이 어지러울 정도로 소개되어 있으므로 독자 스스로 찾아보기 바란다. 본서는 저술 목적상 간접관리의 골자만 서술할 뿐, 경영학 교과서에 나오는 세부적인 내용을 요약하여 소개할 생각은 없다.

간접관리란 한마디로 요약해서 경영 조직에 의한 관리(사람에 의한 관리의 상대적 개념)를 말한다. 그러므로 간접관리의 원칙이라고 하면 경영 조직의 원칙을 말하는 것이다. 간접관리의 시발점은 조직 쪼개기이다. 조직이 분할되면 각각의 영역이 생긴다. 각 영역은 자신의 영역을 지키며 맡겨진 업무를 수행한다. 그러다 보면 분할된 조직의 조각과 조각 사이에 갈등이 생기지 않을 수 없다. 이해관계가 상반될 수 있기 때문이다. 조직을 쪼개고, 조직을 쪼갬으로써 비롯된 문제들을 해결하고, 분할된 조직을 다시 통합시키는 일련의 과정이 관리 사이클(cycle)이다. 이러한 과정을 단계별로 정리해 보도록 하자.

1단계) 조직 쪼개기와 간접관리

기업 규모가 커지면 업무 수행을 원활히 하기 위하여 조직을 분할하지 않을 수 없다. 조직은 먼저 수평적으로 분할되고 이어서 수직 분할이 일어난다. 수평적 분할로 업무가 배분되고, 수직적 분할로 권한과 책임이 배분된다. 이렇게 해서 배분된 권한과 책임에 의하여 간접관리가 시작된다.

2단계) 조정에 의한 보완

조직 쪼개기와 간접관리는 업무를 효율적으로 수행할 수 있는 여건을 조성하여 주지만 다른 한편으로는 약점을 들어낸다. 직무 상호간의 마찰과 사각지대의 생성이 대표적인 예이다. 이러한 약점을 방치하면 조직은 경화(硬化)되어 활력을 잃게 된다. 조직의 경화를 방지하기 위한 조정 기능을 갖춤으로써 약점을 보완하여야 한다.

3단계) 통합

기업은 본래 한 덩어리이다. 규모가 커져서 어쩔 수 없이 조직을 분할했을 뿐이다. 그러므로 분할된 조직은 다시 통합되어야 한다. 기업가 한 사람으로부터 분할된 조직의 모든 기능은 다시 통합되어 기업가 한 사람에게 돌아와야 한다.

이상(以上) 개략적으로 설명한 내용의 이해를 돕기 위하여 약간의 지면을 추가로 할애할 필요가 있을 것 같다.

조직
쪼개기

조직 형태는 유사한 규모라 하더라도 업종에 따라 상이하고, 같은 업종이라도 규모에 따라 다르다. 이와 같은 현상은 거대한 조직이 어느 날 갑자기 하늘에서 떨어진 것이 아니라, 규모가 커짐에 따라 조직 분할이 단계적으로 일어났다는 것을 의미한다. 당신이 기업을 경영해 본 적이 있거나 또는 기업에서 여러 해 일해 본 경험이 있다면 이 부분을 구태여 설명하지 않아도 잘 알고 있을 것이다. 그런데 기업의 조직 분할은 단순히 규모가 커짐에 따라 잘게 쪼개지는 것은 아니다. 그런 의미에서 '연대 → 대대 → 중대 → 소대' 식으로 쪼개어지는 군대식 분할과는 다소 다르다. 기업의 조직은 쪼개어지면서 전문화되고 특수화된다. 그래서 학계에서는 분할보다는 분화(分化)라는 용어를 사용한다. (그러니 우리도 이제부터는 조직 쪼개기를 분화라고 부르자)

1단계 분화: 과정별 분화

과정별 분화는 가장 초보 단계의 분화이다. 소기업 때부터 일어나는 분화이지만 이때는 업무를 분담하는 정도로 굳이 조직이랄 것까지 못된다. 그러나 중소기업만 되어도 과정별 분화는 확연히 구분되는 조직 분화이다. '구매 → 생산 → 판매'와 같은 기업 활동의 과정을 기준으로 분화되므로 과정별 분화라 부르기로 하자.

대기업이 되면 구분이 더욱 명확해질 뿐만 아니라 부문 간의 이해관계도 첨예화된다.

2단계 분화: 전문별 분화

기업 활동이 고도화됨에 따라 전문적 업무를 담당하는 부문으로 분화된다. 예컨대 생산 부문은 생산 관리, 설비 관리, 품질 관리, 생산 기술 등으로 분화되고 판매 부문은 시장 조사, 홍보, 판매 촉진, 제품관리, 납품 및 배송 등으로 분화된다.

전문적 분화는 일반 관리 부문에서도 일어난다. 관리 부문은 경리, 인사, 총무 등으로 분화되고(1차적 분화) 경리 부문은 다시 자금, 출납, 회계, 원가 등으로 분화된다.(2차적 분화) 분화가 진행됨에 따라 어제의 단위 업무가 오늘의 과(果)가 되고, 오늘의 과는 내일은 부(部)가 될 것이다.

3단계 분화: 단위별 분화

기업 활동이 다원화, 다각화됨에 따라 사업 단위를 달리하는 분화가 일어난다. 이러한 분화는 제품별, 지역별, 사업 단위별로 일어난다. 단위별로 분화된 각 사업 단위는 규모가 커짐에 따라 다시 내부적으로 과정별 분화와 전문별 분화를 반복한다.

상기 3단계의 분화와는 별도로 수직적 분화가 일어난다. 기업가와 담당자 사이에 과장이 생기고 부장이 생긴다. 어제의 과(果)가 오늘의 부(部)가 되고 내일은 본부가 되기 때문이다. 기업의 규모가 커지면 커질수록 기업 조직은 가로로 쪼개지고 세로로 쪼개져서 바둑판처럼 아니 거미집처럼 복잡해진다. 그리고 거미집의 한복판에 기업가가 있게 된다.

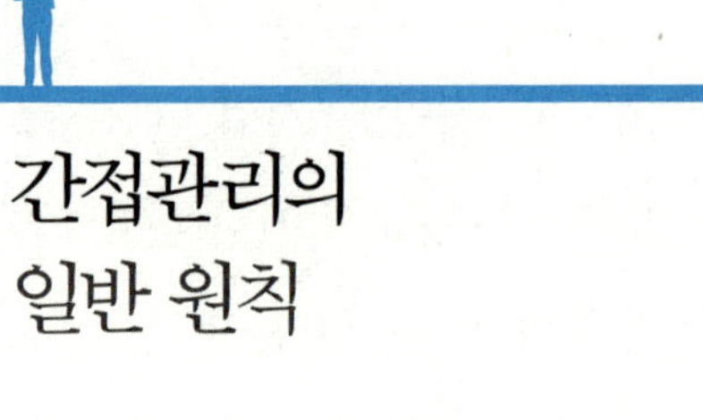

간접관리의
일반 원칙

앞서 언급한 바와 같이 간접관리의 원칙이라고 하면 경영 조직의 원칙을 말하는 것이다. 조직 분화가 이루어지고 간접관리가 시작되면 업무 관계가 복잡해진다. 차량 통행량이 많은 교차로와 같아져서 교통정리가 필요하게 된다. 그래서 원활한 소통을 위해서 몇 가지 기본적인 원칙을 세워 놓고 준수토록 하는 것이다. 이에 필자는 두 개의 기본 원칙과 두 개의 운영 원칙을 말하고자 한다.

기본 원칙1) 통제 범위의 원칙

간접관리의 핵심은 기업가의 눈과 귀를 대신하는 것이다. 따라서 단위조직은 한 사람의 관리자가 지휘하고 통제할 수 있는 범위를 넘어서지 않아야 한다. 이 원칙이 지켜지지 않으면 애써 마련한 간접관리 제도 자체가 무의미해진다. 통제의 범위는 한 사람의 관리자가 통제할 수 있는 부하의 '수(數)로 표시하는데 숫자 자체가 정해져 있는 것은 아니어서 유동적이고 신축성을 가진다.

통제의 범위에 영향을 주는 인자(因子)로는 관리자, 부하, 직무를 들 수 있다. 관리자의 능력이 높을수록, 부하들의 훈련받은 정도가 높을수록, 직무가 쉽고 단순할수록 통제의 범위는 넓어진다.

적게는 3~4명에서 많게는 15명 내외일까? 지도를 해 본 경험으로 미루어 볼 때 15명이 넘어가면 아무래도 한눈에 들어오지 않는다. 보이는 관리의 한계가 통제의 범위가 아니겠는가?

기본 원칙2) 권한과 책임 대응의 원칙

간접관리는 기업가를 대신하여 관리하는 것이므로 직무가 주어지면 직무수행에 따른 권한이 주어져야 한다. 권한은 없이 직무만 주어지는 경우가 현실적으로 왕왕 있는데 이는 간접관리라 말할 수 없다. 권한이 주어지는 곳에는 책임도 동행한다는 사실에 대하여는 별도의 설명이 필요 없을 것이다.

이상 두 개의 원칙은 간접관리의 존재의 의미를 결정짓는 사항이므로 필자는 이를 기본 원칙으로 분류한다.

운영 원칙1) 전문화의 원칙

조직 분화 이후 조직 구성원들은 각자에게 부여된 고유한 업무만을 수행하게 된다. 그 옛날 소기업 때처럼 한 사람이 북 치고 장고 치는 식과는 전혀 다르다. 이 원칙이 지켜지지 않으면 업무가 중복된다. 업무가 중복된다는 것은 동시에 업무가 누락됨을 의미한다. 문제가 발생하지 않을 수 없다. 따라서 누구든지 새로운 부서로 전보되면 예전의 업무와는 결별한다. 구매과장이 영업과장으로 전보되면 그가 비록 구매 업무에 귀재(鬼才)였다고 하더라도 이제부터는 어떻게 하든 팔지 않으면 안 된다. 구매가 어떻게 되든 이미 그와는 다른 세계의 일이다.

운영 원칙2) 명령 일원화(一元化)의 원칙

조직 구성원들은 단지 한 사람의 직속 상사로부터 명령을 받는다. 이는 일사불란(一絲不亂)한 조직 운영과 업무 수행을 위하여 필요한 원칙이다. 구매부장은 영업과장으로 전보된 예전의 부하에게 구매업무를 지시할 수 없다. 이 원칙이 지켜지지 않으면 조직이 크게 혼란스러워질 것이다.

이상 두 개의 원칙은 간접관리를 운영함에 있어서 구성원의 업무 행위를 규정하는 필수적 사항이므로 필자는 이를 운영 원칙으로 분류한다.

간접관리 일반 원칙의
예외적 조치

대기업이라고 해서 어느 날 갑자기 생긴 것이 아니라 중소기업이 자라서 된 것이므로, 조직 내에는 중소기업 당시의 인력이 상당 부분 남아 있다. 이들은 직접관리에 길들어져 있어서 관리 체계가 간접관리로 바뀌었다고 해도 쉽게 적응하지 못한다. 게다가 외부로부터 유입된 인력들과 뒤섞이고 낯선 조직 속에 배속되면 혼란스럽기까지 하다. 업무의 사각지대(死角地帶)가 존재하고 진공(眞空)구역이 생겨난다. 직무 상호 간에 마찰이 생기고 관료화의 폐단도 나타난다. 이러한 현상들을 방치하면 기업은 이내 병들고 만다. 모처럼 이룩해놓은 규모는 허장성세(虛張聲勢)로 바뀌고, 어제의 '작지만 강한 기업'은 오늘의 '크지만 약한 기업'으로 전락하고 만다. 이렇게 되면 도산하는 것은 시간문제이다. 차라리 규모를 키우지 않은 것만 못하게 된다. 이러한 사태가 일어나는 것을 미연에 방지하기 위하여 간접관리의 일반 원칙을 깨는 특별한 조치가 필요한 것이다.

1) 사각지대의 처리

조직 분화가 시작되는 간접관리의 초기에는 업무의 사각지대가 발생하는 것이 통상적이다. 조직 분화와 함께 업무 배분이 이루어지는데, 구성원의 대다수가 새로운 조직 관리에 익숙하지 않은 데다가 조직을 관리하는 부서도 전문화되어 있지 않아 업무 분장조차 성문화되어 있지 않은 경우도 있다. 이 경우 업무 분장이 부서장간의 구두 협의에 의해 이루어지기도 한다.

한 부서가 분화되어 두 개의 부서가 된다. 이때 두 부서 중 어느 부서의 업무인지 애매한 사안이 발생했다고 가정해보자. 오래전 중소기업 시절부터 근무해 온 종업원은 상하 관계에서 '지시 및 복종'에 습관화되어 있어 업무 처리에 소극적이다. 상부의 지시가 없는 한 자진해서 나서지 않는다. 외부로부터 유입된 종업원은 발생한 사안이 조직이 분화되기 전부터 해 왔던 업무라는 사실을 모른다. 이렇게 되면 이 사안은 양 부서 사이의 골짜기로 떨어져 버린다.

고의에 의해서든 무지의 탓이든 이러한 일은 간접관리 초기에 흔히 발생하는 일이다. 이러한 경우에는 '전문화의 원칙'을 따지며 시간을 흘려보낼 일이 아니다. 어느 한 부서가 주관하여 일을 처리하되 관련 부서(이 부서는 현재 이 일을 처리하고 있는 부서와 수평 관계에 있는 부서로, 서로 미루기를 했을 것이다)의 협조를 얻도록 하면 된다. 중요한 것은 이후 신속히 규정을 제정 또는 개정하여 이와 같은 일의 재발을 방지하는 것이다.

2) 관리 교차 구역의 처리

관리 교차 구역이란 동일 부문 내에서 상위 관리자와 하위 관리자의 권한이 교차하는 구역 또는 상이한 부문 간에 있어서 동급 관리자의 권한이 교차하는 구역을 말한다. 이러한 구역에서 묘한 일들이 발생한다. 특히 동일 부문 내에서 일어나는 불합리한 일들을 방관해서는 안 된다. 간접관리의 운영 원칙 중 지키기 어려운 것이 '명령 일원화(一元化)의 원칙'이다. 이 원칙을 고수해야 한다면 상사가 출장 또는 외출로 자리를 비웠을 때에 발생하는 일은 어떤 일도 처리할 수 없게 된다. 이래서는 안 되지 않겠는가? 그럼에도 불구하고 현실에서 이러한 일이 실제로 일어나고 있는 것이다.

상급자 부재(不在) 시 업무 처리에 관한 예외적 조치를 할 수 있는 규정이 필요하다. 예를 들면, 긴급한 경우에는 '선처리 후보고'로 하되, 일반적인 경우에는 '선보고 후처리'로 규정함으로써 업무 지연을 방지하면서 권한의 남용(濫用)도 억제토록 하는 것이다.

3) 진공 구역의 처리

조직 분화가 어느 정도 진행되면 분화가 당분간 정지된다. 이때쯤 되면 간접관리가 성숙해지는 단계가 된 것이다. 조직 분화가 정지된다는 것은 조직 분화가 현재 규모에 걸맞게 충분히 이루어졌다는 말이다. 이 시기에 있어서 최대의 과제는 조직 간에 발생하는 갈등과 마찰을 해소하는 것이다. 갈등과 마찰은 조직 곳곳에서 일어난다. 라인 부문과 라인 부문 간에, 라인 부문과 스탭 부문 간에,

본사와 지사(또는 현장) 간에, 전통적 조직과 근대적 조직 간에, 심지어는 공식 조직과 비공식 조직 간에도 마찰이 일어난다.

여기에 관료화의 징후까지 나타나기 시작한다. 부문 간에 책임 회피 및 책임 전가, 책임 분산과 안주, 규칙과 절차를 앞세우는 형식주의 등으로 의사 결정이 지연되고 조직 효율이 저하된다. 이런 와중에 아무도 손을 대려 하지 않는 기피 업무가 생기고, 이런 업무가 이곳저곳 굴러다니다가 누구의 손에도 닿지 않는 곳에 둥지를 틀고 숨어 버리니, 이른바 '진공 구역'인 것이다. '진공 구역'은 고의적인 업무 기피이며, 다들 알고 있으면서도 입을 다물고 있다는 점에서 '사각지대'보다 훨씬 악성이다.

이와 같은 조직적 병폐는 어떤 방법으로든 해결해야만 한다. 해결 방법은 조정과 중재이다. 상설 기구인 기획 조정실을 두거나, 비공식 조직으로서의 위원회를 구성할 수도 있다. 회의를 통한 조정도 있으나 '진공 구역'이 발생할 정도의 조직이면 실효성이 의심스러워진다.

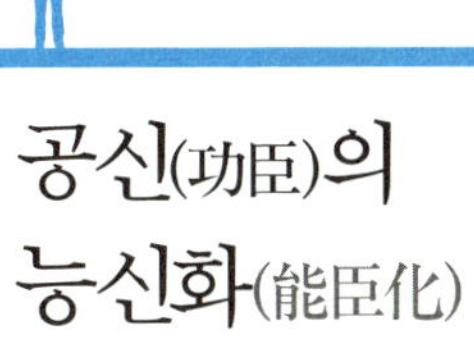

공신(功臣)의
능신화(能臣化)

이 시기에 있어서 조직 간의 갈등에 못지않게 심각한 갈등이 있으니 다름 아닌 공신과 능신의 갈등이다. 공신과 능신의 갈등이 시작되는 것은 간접관리가 시작되는 장년기 초기로 거슬러 올라간다. 이때부터 능신의 유입이 본격화되고 조직의 분위기가 술렁거리기 시작한다. 그러나 아직까지는 공신의 숫자가 압도적으로 많고 능신의 역할 또한 절실히 필요한 때이므로 양자 간의 갈등은 표면화되지 않는다. 그러나 이러한 때일수록 능신은 처신을 잘해야 한다.

능신을 고운 눈으로 보지 않는 사람은 공신만이 아니다. 능신보다 입사 시기는 빠르지만 입사 전 경력이 없기 때문에 조직상 능신 밑에 배속되어 있는 공채 입사자들이 있다. 이들 중에는 입사한 지 2~3년 정도 되어 회사 업무에 제법 눈이 뜬 미래의 인재들도 있다. 미래의 인재들은 사람에 따라 혹은 공신의 영웅담에 마음이 쏠리기도 하고, 혹은 능신의 전문성에 매료되기도 한다.

간접관리의 후반에 접어들면 조직 구성원들은 공신, 능신, 공채로 확연히 구분된다. 그들은 저마다의 위치에서 자리를 잡고 나름대로 역할을 하고 있다. 그럼에도 불구하고 공신은 불편하다. 전문성을 갖고 있는 능신들의 자리는 탄탄하다. 공채들은 미래의 꿈을 안고 어디서든 잘 해내고 있다. 그러나 공신은 처지가 다르다. 전문성에서도 그저 그렇고 미래의 꿈을 꾸기에는 너무 늦은 느낌이 든다. 이건 제3자의 판단이 아니라 공신 스스로의 생각이다. 이때 기업가가 나서야 한다.

기업가에게 가장 중요한 일은 사람을 쓰는 일이다. 아무리 바쁜 일이 많더라도 이 일에 관한 한 소홀히 할 수 없다. 제갈량과 같은 인물을 얻는 일이라면 세 번의 걸음도 마다 않는다. 대업을 이룬 역대 제왕들의 주위에는 항상 탁월한 인재가 있다. 용인(用人)을 그르치는 기업가는 결코 큰일을 도모하지 못한다.

용인의 기본은 자기 사람을 쓰는 것이다. 사람이 필요할 경우, 자기 사람의 배양이 주(主)이며 외부로부터의 영입(迎人)은 보(輔)이다. 외부로부터 영입된 자들이 주가 되어서는 곤란하다. 공신은 어려웠던 시절에 기업가와 함께 고통을 분담했던 사람들이다. 어디에 가서 이처럼 충성스러운 인재들을 구할 수 있겠는가? 공채한 신입 사원들이 몇 년이나 지나야 이처럼 충성스럽게 될 것인가? 그러한 공신들이 세상이 바뀌는 바람에 본의 아니게 무능해져 버렸다. 이들 공신을 능신으로 변화시키지 않으면 안 된다.

훌륭한 기업가는 공신들을 재활(?)시키기 위하여 부단히 노력한다. 내부적으로 교육을 실시하고, 외부의 체계적인 교육 기관을 활용하기도 한다. 외국 연수도 보내고 자기 계발의 기회도 부여한다. 반면에 어떤 기업가는 공신들을 적당한 시기에 밖으로 내친다. 그러나 공신이 나간 자리에 누구를 채운다 해도 충성심까지 채울 수는 없다. 기업가가 곤경에 처했을 때 진심으로 기업가를 구하고자 하는 자는 공신뿐이다. 이미 기업이 안정되어 다시는 기업가가 곤경에 빠질 일이 없다고 해서 공신을 가볍게 떠나보내서는 안 된다.

기업가가 후대(後代)에게 진정 기업을 전승(傳承)하고자 한다면 기업 문화가 전승되어야 한다. 기업 문화의 전승 없이 주권(株券)만 넘어가는 것으로는 진정한 전승이 될 수 없다.

기업 문화는 어떻게 전승되는가? 공신이 능신으로 변화되어 회사에 남아 있음으로써 전승이 가능해지는 것이다. 기업가가 공신을 능신으로 변화시킬 수 있는 열의와 능력이 없다면 그러한 기업가는 기업 문화를 전승시킬 수 없다. 기업가는 공신을 능신화(能臣化)하고, 능신으로 변화된 공신과 외부에서 유입된 능신을 전사적 이익의 개념 속에서 화합시킴으로써, 조직원 모두가 공동의 이익을 추구하는 시스템을 견지할 수 있도록 해야 할 것이다.

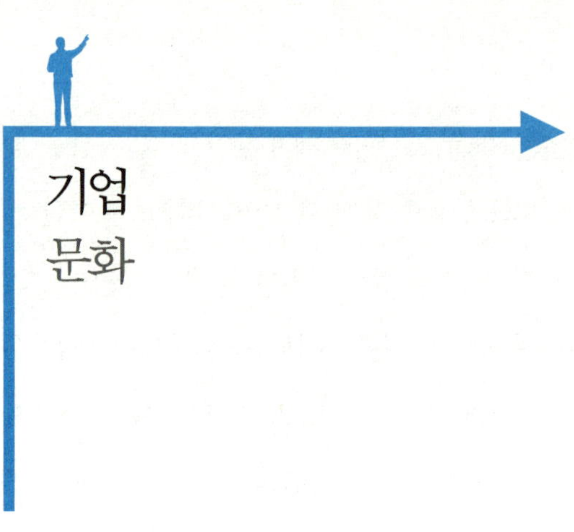

기업
문화

기업 문화라는 것은 기업 구성원이 공유하고 있는 가치관이 만들어낸 관습이며 규범이며 전통이다. 이것은 기업의 구성원이 만들어 낸 독특한 사고의 틀이다. 이것은 구성원의 행동을 규제하고, 행동의 지침이 되며, 그럼으로써 조직이 추구하는 방향에 영향을 준다.

조직 내에는 두 가지의 기대(期待)가 있다. 하나는 기업가가 종업원에게 기대하는 행동 유형이고, 다른 하나는 종업원이 기업가에게 기대하는 행동 유형이다. 이 두 가지 유형의 기대는 조직 문화를 통하여 반영되고 전달된다.

기업 문화가 무엇인지를 쉽게 이해하려면 민족의 문화를 생각해 보면 된다. 각 민족마다 가치관이 다르고 그로 인하여 관습, 규범, 전통 등이 다르지 않은가? 또한 민족이 다름에 따라 사고방식도 다르고 표현 방식도 행동 유형도 다르지 아니한가? 다만 그러한 특성이 민족이 아니라 기업에서 형성된 것이 기업 문화인 것이다.

그렇다면 기업 문화를 형성하는 요인도 민족 문화를 형성하는 요인과 같은 것일까? 근본적으로는 크게 다를 것이 없다. 구성원들이 공유하고 있는 가치관, 환경, 도덕성 등의 영향을 받아 형성된다는 점에서 양자는 크게 다르지 않다. 다만 기업 문화는 기업가의 가치관과 기업을 어떤 방향으로 끌고 가겠다는 기업가의 의지가 강하게 반영되어 있고, 그것을 이루기 위한 기업가의 노력이 크게 작용하였다는 점에서 민족 문화에 비하여 의지적이라고 말할 수 있다.

그렇다. 기업 문화는 유구한 세월을 통하여 자연스럽게 형성된 민족 문화에 비하여 의도적인 면이 적지 않다. 창업자의 정신이 크게 작용하기도 하고, 장기적으로 추구해 온 경영 전략이 영향을 주기도 한다. 그러나 가장 중요한 것은 기업가이다. 기업가가 무엇을 추구하며, 종업원과의 관계를 어떻게 맺고 있으며, 조직 분위기를 어떻게 유지할 것인가에 따라 기업 문화는 크게 달라질 수 있다.

기업 문화가 기업 발전에 미치는 영향은 실로 지대하다. 건전한 기업 문화가 형성되지 않고는 결코 일류 기업이 될 수 없다고 말해도 지나친 표현이 아니다. 기업 문화가 기업 발전에 미치는 여러 가지 작용을 간략하게 정리해 보면 다음과 같다.

1) 인도(引導) 작용:

기업 문화는 조직 구성원의 행동을 규제하고 행동의 지침이 됨으로써, 조직원들 모두가 조직이 추구하는 방향으로 가도록 인도하는 작용을 한다. 특히 구체적으로 성문화(成文化)되지 않은 범주에서 문제가 발생하는 경우, 이에 대한 의사 결정 방향 및 처리 방법을 정함에 있어서 기업 문화가 크게 작용한다. 기업가와 종업원이 목표를 공유하고, 동일한 방향을 향해 갈 수 있는 것은 기업 문화의 힘이다.

2) 약속(約束) 작용:

기업 문화는 긴 세월을 통하여 기업 내부에서 형성된 가치관이며 도덕규범이다. 구태여 성문화하지 않아도 누구나 지켜야 하는 무언(無言)의 약속이다. 조직 구성원들은 누가 시키지 않아도 기업 문화의 틀 속에서 해야 할 일과 해서는 안 되는 일을 구별하며 준수한다.

3) 응집(凝集) 작용:

기업 문화는 사람과 사람이 모여서 형성된 것이다. 따라서 사람을 근본으로 하며 사람의 감정을 중시한다. 동일한 문화 속에서 생활하는 사람의 집단은 서로를 사랑하며 한편이 된다. 크게는 애국심이 그러하고 작게는 가족끼리의 사랑과 결속력이 그러하다. 기업 문화에 의해서 이루어진 애사심 또한 그러하다. 국가 대항 운동 경기 등에서 애국심이 보여주는 엄청난 응집력처럼 애사심 또한 기업 간의 경쟁에 있어서 강력한 응집력을 만들어낸다. 이러한 응집력은 조직원을 더욱 강하게 결속시키고, 귀속감을 한층 강하게 한다. 이러한 마음은 기업 경쟁력과 직결되며 조직의 힘 그 자체라고 할 수 있다.

4) 조정(調整) 작용:

사람이 모여 사는 곳에는 항상 서로 간의 갈등이 있게 마련이다. 기업이라고 해서 예외일 리 없다. 수평적으로는 저마다 다른 업무를 수행하는 여러 부문과 수직적으로는 저마다 권한과 책임이 다른 각 계층으로 구성된 것이 기업의 조직이다. 갈등이 없다면 오히려 이상하다. 그러나 이 경우, 매우 첨예화(尖銳化)된 갈등을 제외한 대부분의 갈등은 기업 문화에 의해 자동적으로 조정된다. 동일한 목표와 동일한 가치관이 사소하고 일시적인 갈등보다 높은 차원에서 존재하기 때문이다.

이상, 기업 문화가 기업에 미치는 작용 중 중요한 네 가지를 언급하였으나 그 외에도 기업 문화는 기업에 대한 홍보(弘報) 작용, 조직원 상호 간의 격려(激勵) 작용 등 넓은 범위에 걸쳐서 기업 내외에 영향을 미친다. 건전한 기업 문화 없이는 일류 기업이 될 수 없다고 단언한 이유가 여기에 있는 것이다.

기업 문화는 기업의 특성이며 역사적 산물이다. 이는 기업 전승과 함께 전승되면서 차기 경영자의 사고와 행동을 구속할 것이다. 그럼으로써 1세 기업가는 떠나도 그의 정신은 기업 속에 남아 있게 되는 것이다.

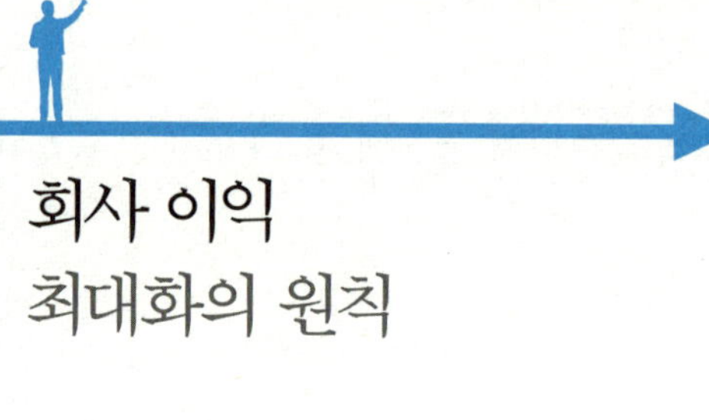

회사 이익
최대화의 원칙

본 장을 마무리할 때가 되었다. 본 장의 내용은 장년기의 대기업이 어떻게 존속하는가를 골자로 하고 있다. 기업이 장년기에 진입하면 사실상 생존은 이미 문제가 아니다. 뿌리도 깊게 내리고 기둥도 굵어져서 여간해서는 쓰러지지 않는다. 그러나 주의해야 한다. 가지도 많아지고 잎도 무성해졌다는 사실을 망각해서는 안 된다. 몸집이 커진 것은 사실이지만 짊어져야 할 짐도 더 많아지고 더 무거워진 것이다. 그러므로 커지는 것보다 강해지는 것이 중요한 과제이다.

전업화의 수준이 높아지면서 실제로 기업가가 직접 관리를 할 수 있는 부문은 없어진다. 각 부문의 업무는 전문 관리자에게 맡겨질 수밖에 없다. 업무와 관련된 실질적 권한도 부문 관리자에게 위임된다. 각 부문의 관리자는 각자 맡은 부문의 실질적인 리더이며 실권자이다. 적어도 자신이 맡고 있는 부문에 관한 한, 그의 힘은 기업가보다 강하다. 예전에는 영웅이며 용감무쌍한 선봉장이었던 기업가는 이제는 일선에서 물러나 기업 전체를 바라다보는 입장에 있게 된다.

기업가가 일선에서 물러나 현업에 관여하지 않게 되었다고 해서 크게 문제될 것은 없다. 각 부문 관리자에게 실질적인 권한을 위임했다고 해도 문제는 발생하지 않는다. 오히려 놓지 않고 움켜쥐려 하면 문제가 생길 것이다. 이때에 와서 중요시되는 것은 기업가의 업무 처리 능력이 아니라 그의 품행이나 도덕적 역량이다. 동시에 기업 문화를 만드는 것이 중요한 과제로 부상한다. 기업 문화는 민족 문화처럼 자연스럽게 형성되는 것이 아니라 기업가가 의도적으로 가꾸는 나무이다. 씨를 뿌리고, 묘목을 키우고, 영양을 공급하고, 바르게 자라도록 관리하는 일 전부가 기업가의 몫이다.

기업가는 현업에서 물러서는 대신 임원회의, 이사회 등을 조성하고 주관한다. 기업가가 예전처럼 혼자서 의사 결정을 하기에는 기업이 너무 커졌기 때문이다. 기업이 커진 만큼 의사 결정도 더욱 신중해져야 한다. 이때가 되면 조직이 일을 한다. 자신만의 조직을 갖지 못한 기업가는 고립된다. 각 부문의 조직은 부문장에 소속되어 있다. 기업가라고 해도 그들을 마음대로 움직일 수 없다. 따라서 기업가를 도와 줄 직능 스탭이 필요하게 된다. 예를 들면 회장비서실 같은 기구이다.

조직이 일을 한다는 것은 제도가 모든 관리를 떠맡는다는 뜻이다. 이제 더 이상 온정주의가 발붙일 곳은 없다. 기업가에게는 새로운 갈등이 생긴다. 무능해진 공신을 처리하는 일이 과제로 떠오른다.

어제까지 유능했던 공신이 갑자기 무능해진다. 기업 상장, 전산화, 세계화 등이 공신의 무능화를 가속화한다. 그들을 어떻게 정리할 것인가? 정리하지 않고 문제를 해결할 수 있는 방법은 없을까? 이런 종류의 갈등은 기업가에게 큰 고통을 준다. 그러나 이 문제는 어떠한 일이 있어도 기필코 해결하지 않으면 안 되는 과제이다. 어떤 어려운 문제가 생기더라도 "나 못해." 하기에는 이미 기업이 너무 커져 있다. 수천 수만 명의 식구가 기업에 의지하여 밥을 먹는 상태이기 때문이다.

장년기의 후반(=초로기)에 들어서는 시기에 기업 내부의 갈등은 심화된다. 공신과 능신의 갈등이 표면화되고 온정과 제도, 전통적 관리와 과학적 관리가 충돌한다. 사람과 제도도 충돌하고 내부 문화 간에도 충돌이 생긴다. 때로는 기업가 자신도 제도와 충돌하고 과학적 관리와 충돌한다.

기업가는 장년기의 기업이 만들어 놓은 모든 갈등을 해결하기 시작한다. 갈등에 있어서 가장 시급히 해결해야 하는 것은 부문 간의 이해관계이다. 영업1부와 영업2부가 부문의 실적을 위하여 내부적으로 충돌한다. 제1사업부와 제2사업부의 충돌은 영업1부와 영업2부의 충돌보다 더욱 강하다. 영업 본부와 수출 본부도 저마다 실적을 위하여 충돌한다. 기업 내부에서 이런 유형의 갈등과 충돌이 일어나는 것은 지극히 당연한 일이다.

기업은 한정된 자원으로 운영된다. 자원 배분에 제약이 있을 수밖에 없다. 전략적 우위를 상실한 곳에서는 자원을 아끼기 위하여 과감히 철수해야 한다. 한정된 자원을 광범위하게 분산 투입하면 어느 분야에서도 우위에 설 수 없기 때문이다. 그러므로 판매 부문 간의 충돌은 필연이다. 이 문제를 해결하는 방법은 하나뿐이다. 부문 중심의 이기주의를 버리고 조직 전체의 이익을 위하여 역량을 집중시키고 협력하는 것이다. 이 방법을 문제 해결의 원칙으로 정하고 '회사 이익 최대화의 원칙'이라고 부르자.

'회사 이익 최대화의 원칙'은 판매 부문 간의 갈등과 충돌을 해결하는 원칙일 뿐만 아니라 다른 갈등을 해결하는 데에도 적용된다. 공신과 능신, 온정과 제도, 전통적 관리와 과학적 관리 간의 갈등과 충돌을 해결하는 데에도 훌륭하게 기능할 수 있다.

대부분의 내부적 갈등이 해소되고 기업이 안정 상태로 유지되는 어느 시기에 문득 기업가 ─ 물론 모든 기업가를 말하는 것은 아니다 ─ 는 스스로 무능함을 지각(知覺)한다. 각 부문의 관리자에 비하여 학력을 비롯하여 전문적 지식, 경험, 능력 등이 대체로 뒤떨어진다는 사실에 불만을 느끼기도 하고, 스스로 어느 한 부문의 업무도 수행할 능력이 없다고 한탄하기도 한다. 이러한 기업가는 최고 경영자의 자리조차 전문가의 초빙이 필요하다고 느끼기 시작한다.

이제 제2의 창업이 필요한 시기가 된 것이다. 기업을 전승(傳承)

할 후계자가 준비되어 있지 않다면 더욱 그러하다. 제2의 창업을 통하여 기업가는 창업 당시의 마음 자세로 돌아간다. 기업가 정신에 관한 한 그는 소질을 타고난 희소 자원이다. 재창업의 열정을 통하여 기업가는 다시 태어나고 무능함에서 벗어난다. 그리고 기업은 노화(老化)의 시기를 늦출 수 있다.

모든 기업이 이러한 길을 걷는 것은 아니다. 대부분의 내부적 갈등이 해소되고 기업이 안정 상태로 유지되는 시기가 되면 대다수의 기업가들은 안주하게 된다. 스스로 무능함을 지각(知覺)한다거나 각 부문의 관리자에 비하여 자신의 업무 수행 능력이 미흡하다고 한탄하는 일 따위는 결코 하지 않는다. 제2의 창업은 일어나지 않으며, 기업은 장년기를 지나 노년기로 들어선다.

6장

기업의
전승

– 대기업은 어떻게 전승되는가? –

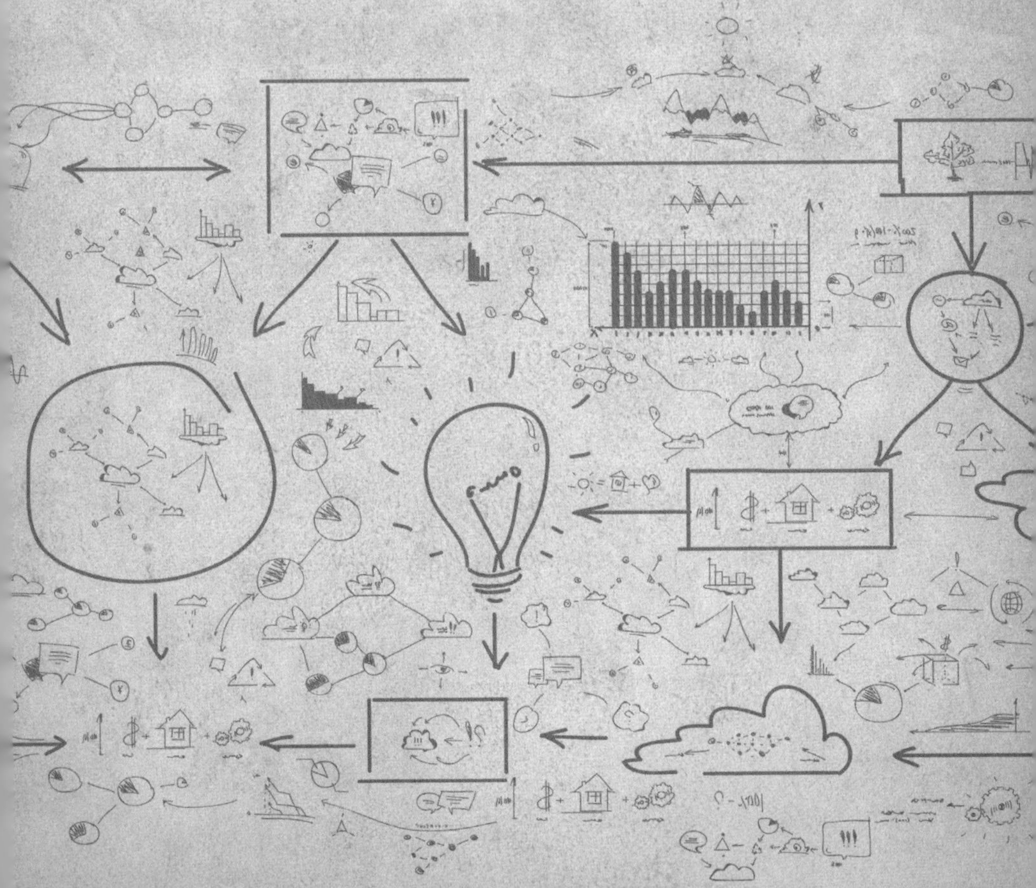

전승(傳承)의
현실적 의미

경영학 서적에서는 기업의 전승(傳承)을 다루지 않는다. 필자는 학자들이 왜 기업의 전승(傳承)을 경영학의 연구 분야에서 제외시켰는지 그 이유를 알지 못한다. 기업 전승이 기업의 경영 관리와 무관한 분야라는 생각에서일까? 그러나 기업가 개인의 입장에서 생각할 때 전승만큼 큰 비중을 차지하는 과제는 얼른 떠오르지 않는다. 그만큼 기업가에게는 기업의 전승(傳承)이 중요한 과제이다.

고대 이집트의 파라오(Pharaoh)가 제위 기간 내에 자신의 피라미드(pyramid)를 완성하기 위하여 총력을 다했듯이 오늘의 기업가는 자신의 기업을 자신의 후대에게 전승하기 위하여 총력을 다한다. 전승이라고 해서 꼭 핏줄로 대를 이으라는 법은 없다. 그러나 독보적인 기술, 비방(秘方) 등이 핏줄로 대를 이어가는 것이 현실이다. 더구나 전승의 대상이 토지, 가옥, 가보(家寶)와 같은 유형적 재산이라면 핏줄로 전승되는 것은 더욱 당연시된다. 기업이라고 해서 예외일 리 없다. 그래서 연구 분야에서 제외된 것인가? 기업이 핏줄로 전승되는 것은 재산의 상속과 같은 것인가? 기업의 전승이 재산의 상속과 같은 것이라면 연구하고 말고 할 이유도 없다. 그냥 자연스럽게 전승하면 되는 것이다. 그러나 기업의 전승은 그리 단순한 것이 아니다.

기업이 후대에 전승될 시점이 되면 기업가의 삼권(三權) 중 재산 소유권을 제외한 두 가지 권리 —이익 처분권과 인사 경영권— 는 이미 사회화(社會化)된 상태에 있을 것이다. 재산 소유권은 주권(株券) 그 자체이므로 지분(持分)만큼은 자연스럽게 상속될 수 있다. 문제는 이익 처분권과 인사 경영권, 특히 인사 경영권의 전승이 어떻게 되느냐에 있다.

이 경우 기업가의 지분(持分)이 50%가 넘는다면 큰 문제가 생기지 않는다.(물론 이 경우라도 기업가의 후대가 계승을 원하지 않는다면 문제는 달라진다. 그러나 이는 다른 성질의 문제이다) 그러나 지분(持分)이 50%가 되지 않는 경우에도 기업가는 자신의 후대에게 인사 경영권을 포함한 기업의 모든 것을 전승하려 한다. 기업가는 왜 기업의 전승에 그토록 집착하는가? 기업가 자신이 다 이루지 못한 것을 후대를 통하여 완성시키려는 것인가? 물론 그럴 수도 있다. 그러나 현실적인 이유는 따로 있다. 그것은 보다 동물적이고 보다 본능적이어서 오히려 인간적이다.

기업 전승에 담겨 있는 기업가들의 공통된 마음은 이러하다.

"내가 일으키고 평생 동안 힘들여 이루어 놓은 위대한 사업을 후대에 전승하겠다. 그럼으로써 후손이 편히 지낼 수 있도록 하겠다. 내가 노력하여 얻은 부(富)를 승계하고, 내가 노력하여 얻은 사회적 지위를 승계한다."

기업 전승에 관한 한 물려받는 자보다 물려주는 자의 집념이 더 강하다. 물려주는 자의 입장에서는 물려주는 그 자체가 중요한 것이다. 후대를 통하여 자신이 이루지 못한 것을 완성시키려는 것은 부차적 과제이다.

안전한 전승

기업 전승을 통하여 기업의 자산이 살아남는다. 계승되는 것은 눈에 보이는 유형 자산만이 아니다. 눈에 보이지 않는 무형 자산도 계승된다. 기업의 명성, 기업의 문화, 특히 명품의 브랜드(brand)가 갖는 가치는 국가의 위상과 관련하여 국제적으로도 매우 중대한 의미를 갖는다. 어떤 브랜드(brand)는 기업이 속해 있는 국가보다 더 큰 인지도를 갖기도 한다.

만일 기업이 전승되지 않는다면 이는 사회적으로 크나큰 손실이 아닐 수 없다. 종업원 수천 수만인 대기업이 파산이라도 한다면 사회적으로 커다란 혼란까지 일어날 수도 있다. 고려자기나 무형 문화재의 전승 못지않게 기업의 전승이 중요한 이유는 여기에 있다.

전승에서 중요한 것은 전승되는 자산의 품질 수준이다. 품질이 좋은 전승물은 후대에게 부(富)를 물려주지만 품질이 나쁜 전승물은 오히려 후대에게 빚이 된다. 기업 전승에 있어서 품질 못지않게 중요한 것은 안전한 전승이다. 기업가에 있어서 안전한 전승은 품질보다 더 중요한 것일는지도 모른다. 현실에 있어서 많은 기업가들이 기업의 안전한 전승을 위하여 의식적으로 오랜 세월을 투자하는 반면, 좋은 품질은 전승이 아니라 기업의 존속을 위해 노력한 결과로 얻어진 부산물에 가깝다.

안전한 전승을 위하여 기업가는 두 가지 측면을 고려한다. 하나는 전승 과정의 안전이고, 다른 하나는 전승 이후의 안전이다. 전승 과정의 안전이란 말 그대로 무사히 후대에게 기업을 전승하는 것이다. 기업가의 지분(持分)이 50%가 넘는다면 큰 문제가 생기지 않는다는 식으로 위에서 기술한 바 있지만 현실에서는 그처럼 간단한 것만은 아니다. 기업가가 전승을 생각하는 시기에 후대가 아직 어린 경우도 있다. 이러한 경우에는 과도기에 경영을 맡아 줄 대리 경영자가 있어야 한다. 이 시기에 있어서 대리 경영자의 선정은 매우 미묘하다. 대리 경영자는 기업의 영수(領袖)로서 손색이 없어야 하겠지만 더욱 중요한 것은 '안전한 전승'이라는 본래의 목적을 달성하는 데 있어서 걸림돌이 되지 않아야 한다는 점이다. 대리 경영자가 지나치게 유능하면 후대가 기업을 전승하는 일이 거북해질 수도 있다. 그렇다고 해서 무능한 인물을 기업의 영수(領袖) 자리에 앉게 할 수는 없는 것이다. "대리 경영자의 선정은 매우 미묘하다"라고 말하는 것은 이런 이유에서이다.

전승 이후의 안전이란 기업을 계승한 후대에게 기업을 경영할 능력이 갖추어져 있는지에 관한 문제이다. 만일 후대에게 기업을 경영할 의사가 없거나, 있더라도 능력이 갖추어져 있지 않다면 기업을 위험에 빠뜨릴 수도 있다. 따라서 기업 자체로서는 '전승 이후의 안전'이 '전승 과정의 안전'보다 더 중요한 사안일 수도 있다. 대기업이 되면 그 기업은 이미 기업가 한 사람의 기업이 아니기 때문이다.

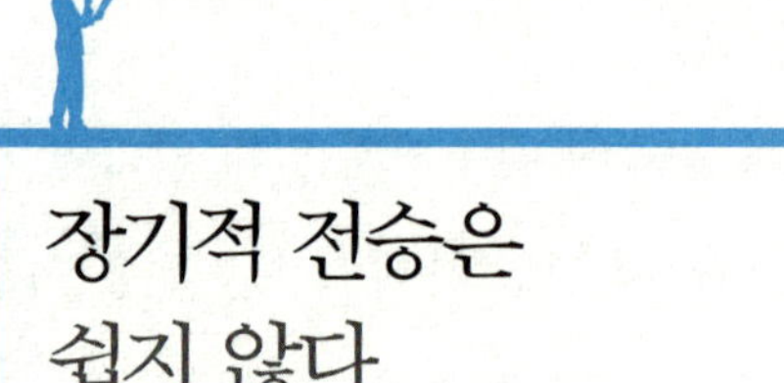

장기적 전승은
쉽지 않다

기업 전승은 한마디로 쉬운 것이 아니다. 여러 대에 걸친 전승은 더욱 그러하다. 단순히 생각해서 기업을 계승한 후대가 성공적으로 기업을 경영할 확률을 1/2이라고 가정하면 기업이 전승될 때마다 기업의 존속 확률은 1/2, 1/4, 1/8 이런 식으로 크게 줄어든다. 그러나 이런 식의 가정은 그래도 다행스러운 편이다. 기업이 쓰러지는 것은 한순간이다. 한 세대마다 1/2씩 약해져서 오랜 세월에 걸쳐서 영(零)에 수렴하는 수학과는 다르다. 계승된 후대 중 무능한 사람이 나오기만 하면 기업은 그 대(代)에서 끝나고 만다.

기업의 장기적 전승이 쉽지 않은 이유는 기업가 문제로 귀결된다. 2장에서도 언급한 것처럼 기업가의 소질은 천부적인 것이다. 기업가를 가르칠 수는 있지만, 가르쳐서 기업가를 만들어 낼 수는 없는 것이다.

기업가의 소질은 천부적이며 유전되지 않는다. 그러므로 기업은

308

전승되어도 기업가의 소질은 후대에 전승되지 못한다. 기업가의 소질이 후대에 전승되지 못한다면 기업의 장기적 전승이 어려운 것은 이상한 일이 아니다.

장기적 전승이 비록 용이한 것은 아니지만 1세 기업가가 성공한 기업가라면 후대가 1~2대 정도를 버티는 것은 그리 어렵지 않다고 본다. 성공한 기업가의 2세가 가령 기업가의 소질을 타고나지 못하였다고 해도 그는 물려받은 유형적 자산과 무형적 지원에 힘입어 상당 기간을 버틸 수 있다. 선대의 지원은 브랜드(brand)의 우세와 생산 기술 그리고 막강한 유통망(流通網)이다.

기업의 전승에는 어느 정도 운(運)도 작용한다. 기술 진보가 느리고 브랜드(brand)의 의존도가 높은 업종은 전승에 유리한 반면, 기술 진보가 빠르고 브랜드(brand)의 의존도가 낮은 업종은 전승에 불리할 수밖에 없다.

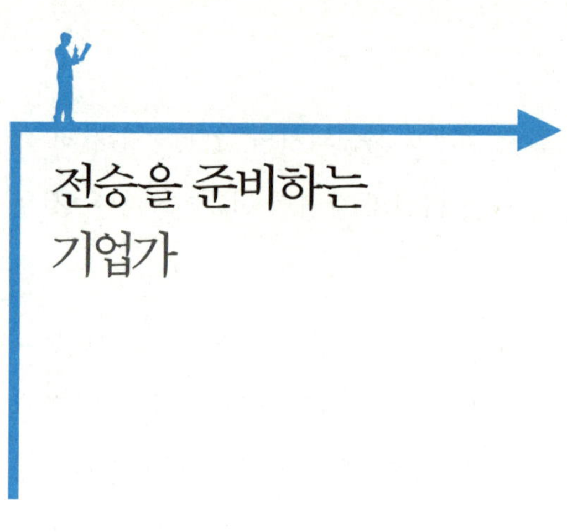

전승을 준비하는 기업가

성공한 기업가라면 백이면 백 모두가 핏줄에 의한 전승을 생각한다. 이러한 마음은 부모 된 자라면 누구나 가질 수 있는 본능적인 욕망이다. 아직 성공하지 않은 기업가라 해도 미래의 성공을 예견하고 핏줄에 의한 전승을 준비한다. 모든 기업가가 미래에 성공하리라는 희망을 갖고 기업을 운영하는 것이므로 전승에 대한 사전 준비는 조금도 이상할 것이 없다. 기업가의 소질을 갖고 태어난 사람은 언젠가는 기업가가 되리라는 생각을 갖고 있으며, 그렇기 때문에 그는 언젠가는 기업가가 된다. 아직 기회가 도래하지 않았으므로 일시적으로 다른 사람 밑에서 부하로서 일하는 경우가 없지 않지만 결국은 자기 사업을 시작하고야 만다. 그런 의미에서 기업가의 소질을 갖고 태어난 사람이 기업가가 되는 것은 거의 숙명적이다. 반면에 기업가의 소질이 없는 사람은 억지로 떠맡겨도 기업가 노릇을 하지 못한다.

기업가는 여러 가지 면에서 보통 사람과는 다른 점이 있다. 그래서 기업가의 특징에 관한 연구가 이루어지기도 한다. 그러나 이 장(章)에서 필자가 말하려는 기업가의 특징은 단지 기업 전승에 관한 것이다. 기업가는 자손을 많이 갖는다. 필자의 연령대를 둘러보면 대체로 아들딸 구분 없이 두 명 정도의 자녀가 있는 것이 보통인데 기업가인 친구들은 자녀가 보통 넷 정도이다. 네 명의 자녀 중에 한두 명의 아들이 있다. 만일 아들이 없다면 더 낳았을 것이다. 자녀가 두 명뿐인 기업가가 없는 것은 아니나 이러한 경우에는 대체로 둘 다 아들이다. 이러한 경향은 단순히 종족 보존과 관련된 것은 아니다. 대를 잇기 위하여 아들을 낳을 때까지 아이를 줄줄이 낳던 시대는 지나갔다. 기업가가 아닌 친구들은 딸만 둘이어도 싹싹하게 거기서 멈춘다. 필자는 이러한 현상을 기업의 핏줄 전승과 연관 지어 생각하게 된다.

기업가는 아들을 어떻게 해서라도 1류 대학에 보내려 한다. 기업가 자신이 제대로 된 학력을 갖추지 못한 경우에는 더욱 그러하다. 이는 단순히 자신이 갖지 못한 것에 대한 보상 심리 이상의 것이다. 2세 기업가의 출신 대학(또는 출신 고교)이 어디인가 하는 것이 기업 전승 이후, 기업 내에서의 인식, 인맥 형성 등에서 적지 않은 역할을 한다. 누가 무어라 해도 이것은 현실이다. 기업가가 K고교 출신인 경우, 임원(任員) 중에 K고교 출신이 많고, 고문 변호사나 회계사까지 K고교 출신이라고 해서 이상할 것이 없다. 출신 대학 역시 영향력이 크다는 점에서는 대동소이(大同小異)하다.

　성공한 기업가는 본능적으로 또는 의도적으로 전승에 대비하여 필요한 것들을 준비한다. 그러나 모든 기업가가 그러한 것은 아니다. 어떤 기업가는 전승을 앞두고 고심한다. 전승할 후대가 없는 경우는 별개로 하고, 후대는 있으나 후대가 전승하기에 마땅한 그릇이 아님을 기업가 스스로 잘 알고 있는 경우, 기업가는 전승을 앞두고 고심할 수밖에 없다. 그러다가 갑자기 기업가에게 예상치 않았던 변고가 생기면 기업은 마땅한 그릇이 아닌 기업가 2세에게 전승된다. 그렇기 때문에 겉으로 보기에는 같은 것 같아도 준비된 전승과 준비되지 않은 전승이 있는 것이다.

준비되지 않은
전승 (1)

준비되지 않은 전승은 의외로 많다. 유형도 여러 가지이다. 필자는 직업상 적지 않은 기업가와 만나게 되는데 그중에서 필자가 지켜 본 '준비되지 않은 전승'에 대하여 몇 자 적어 본다. '준비되지 않은 전승'은 기업가에게 예상치 않은 변고가 생기면서 이루어진다. 이 경우 기업을 계승한 사람이 기업가가 점지해 놓은 사람일 수도 있고 그렇지 않은 사람일 수도 있다.

D사는 자동차 부품을 생산하는 중견 기업이다. 어느 날 갑자기 회사에 예상치 않은 변고가 발생하였다. 급성 심장 질환으로 창업자인 사장이 세상을 떠난 것이다. 평소에 건강해 보였기 때문에 아무도 예상 못 한 일이었다. D사의 사장이 기업 전승에 전혀 대비가 없었던 것은 아니다. 그는 전승을 염두에 둔 다른 기업가처럼 큰아들을 1류 대학에 보냈고, 경영대학원까지 마친 큰아들은 D사가 아

닌 다른 대기업에서 근무하면서 나름대로 기업 경영에 관한 수업을 하고 있었다. 문제는 D사의 사장이 너무 빨리 세상을 떠났다는 점이다. 나름대로 전승에 대한 준비는 있었으나 준비의 기간이 충분하지 않았던 것이다.

대기업에서 이제 막 기업 경영에 관한 수업을 시작한 큰아들이 D사의 경영을 맡는다는 것은 아무래도 무리였다. 기업가로서의 능력도 미지수이지만 30도 되지 않은 나이도 기업을 전승하는 데 걸림돌이 되었다. 경험도 부족하고 공신들을 통솔하는 것도 문제였다.(젊은 나이라고 하더라도 미리 입사하여 1세 기업가와 함께 경영에 참여한 경우라면 사정이 달랐을 것이다) 어쩔 수 없이 D사의 경영은 고인이 된 기업가의 부인에게 맡겨졌다. 그리고 2년 동안 회사는 한마디로 엉망이 되었다. 여성이라고 해서 그런 것은 아니다. 여성 기업가 중에도 탁월한 기업가가 적지 않다. 그러나 D사의 기업가 부인은 기업가의 소질이 없었던 모양이다. 게다가 공신들은 기업가의 부인을 새로운 기업가로 모시고 보좌하는 임무를 성실히 수행하지 않았다.

회사는 무주공산(無主空山)이 되어 버렸고 이내 위기에 처해졌다. 사태가 이러한 지경에 이르자 기업가 부인은 아직 수업이 덜된 큰아들을 불러 들였다. 큰아들은 D사의 2세 기업가가 되었다. 다행스럽게도 D사의 2세 기업가는 기업가의 소질을 갖추고 있었다. 그는 아주 짧은 기간 기업의 대부분의 문제들을 해결했다. 1년 사이에 충성심이 부족한 공신들이 대거 퇴출되고 새로운 능신들이 하나둘 유입되었다. 전승의 과정이 매끄럽지는 못하였으나 결과적으로

는 성공적인 핏줄 전승이 이루어진 것이다. 그 후 이십여 년이 지났
지만 회사는 건강하게 존속하고 있다.

준비되지 않은
전승 (2)

필자는 또 하나의 '준비되지 않은 전승'을 소개하고자 한다. 출판 업계의 원로인 K사장은 어느 때부터인가 자신이 경영하고 있는 기업의 전승을 걱정하기 시작했다. 필자는 그가 왜 기업 전승에 대하여 걱정을 하는 것인지 이해할 수 없었다. 그에게는 기업을 전승할 수 있는 장성한 아들이 여럿 있었기 때문이다.

K사장은 평소 입버릇처럼 말했다. 아들이 여럿이지만 그가 품고 있는 뜻을 이어받아 출판업을 계승할 생각을 갖고 있는 아들은 하나도 없다는 것이었다. 필자가 보는 K사장은 진정한 출판인이다. 그에게서 장사꾼의 냄새는 전혀 맡을 수 없다. 모두가 출판하기를 외면하는 학술 서적 – 돈벌이가 되지 않으니 외면하는 것이다 – 이라도 그것이 학술적, 문화적 가치가 있다면 그는 결코 외면하지 않았다. 그러니 어찌 사업이 되겠는가? 필자의 계산대로라면 그는 출판업을 해온 전 생애에 걸쳐서 한 푼의 돈도 모으지 못하였다. 사

업이 가져다주는 수입은 가족의 생활을 꾸려가기에도 부족하였을 것이다. 다행스럽게도 그는 선대로부터 물려받은 재산이 있었다. 자기 소유로 된 건물에서 사업을 했기 때문에 집세를 내지 못해서 쫓겨나는 일은 없었다. 그러나 그 건물도 결국은 지켜내지 못했다. 운영자금을 충당하기 위해 처분할 수밖에 없었던 것이다.

그는 매우 고매한 인격을 가진, 존경할 만한 인물이지만 기업가로서는 적절하지 못한 사람이었다. 그가 자신이 갖고 있는 고상한 뜻을 이어받기를 강요하는 한, 계승할 후계자가 없는 것은 전혀 이상할 것이 없다. 영리한 아들들은 구태여 자청하지 않아도 K사장이 계승자를 찾을 수 없다는 것을 잘 알고 있었을 것이다.

K사장이 계승자를 끝내 찾지 못한 것은 아니다. 문제는 K사장이 계승자를 찾아낸 후에도 계속 결단을 미루었다는 데에 있다. 그는 자신이 여전히 건강하다고 생각했고, 그렇기 때문에 그가 찾아낸 계승자에게 기업을 전승하는 일을 서두르지 않았다. 또한 기업 전승과 관련된 아무런 서류조차 만들어 놓지 않았다. 그런 와중에 변고가 일어났다. K사장이 갑자기 세상을 떠난 것이다.

K사장이 세상을 떠남과 동시에 그가 생각했던 기업 전승의 계획은 물거품이 되었다. K사장이 갖고 있던 기업가의 삼권(三權)은 자연스럽게 아들들에게 상속 – 이는 전승이라기보다는 상속에 가깝다 – 되었다. 삼권이라고 하지만 아들들에게는 재산 소유권 이외에는 아무런 의미도 없다. 아들들은 출판사를 경영할 의지도 없고 K사장의 고상한 뜻을 이어갈 생각은 더욱 없다. 사업을 이어간다 해도 예전

과 같은 의미 있는 출판 사업은 더 이상 없을 것이다. 핏줄 전승은 자연스럽게 이루어졌으나 전승된 것은 K사장의 유형 자산뿐이다. 세월이 지나면 그동안 K사장과 인연을 맺었던 저자들의 발길은 끊어질 것이고, K사장의 고귀한 뜻은 사람들의 기억 속에서 희미해질 것이다.

전승을 준비하지 않는 기업가

이상 '준비되지 않은 전승'의 두 가지 사례를 소개하였다. 사례를 소개하면서 준비되지 않은 전승은 의외로 많다고 말했지만 이 말은 일반 사람들이 생각하는 것보다 많다는 것이지 '준비되지 않은 전승'이 '준비된 전승'보다 많다는 뜻은 아니다. 성공한 기업가라면 대체로 전승을 준비한다. 대기업이라면 거의 전부라고 해도 과언이 아니다. 문제는 전승이 되느냐 되지 않느냐가 아니라 얼마나 자연스럽게, 또한 효율적으로 전승이 이루어지느냐에 있다.

준비된 전승은 치밀한 계획과 충분한 기간을 거쳐서 순조롭게 이루어지는 반면, 준비되지 않은 전승은 전승의 의사가 있었더라도 적절한 시기를 놓침으로써 전승이 부자연스럽게 진행된다. 그런데 기업가 중에는 아예 전승을 생각하지 않는 사람도 없지 않다. 창업가라면 그럴 리가 있겠는가? 2세 기업가의 경우 간혹 있는 일이다.

무엇이 2세 기업가로 하여금 전승을 포기하게 하는가? 이는 기업가 정신이 유전되지 않는다는 사실에 기인한다. 기업가의 소질을 타고나지 않은 기업가 2세는 원하지 않는 상태에서 기업을 계승한다. 이들을 '강요된 기업가'라 부르기로 하자. '강요된 기업가' 중에는 기업을 경영하는 일이 자신에게 적합하지 않은 일임을 기업 전승 직후 직감적으로 느끼는 사람도 있지만 대체로 기업을 경영해 가는 과정에서 서서히 깨닫는다. 이러한 일이 '강요된 기업가'를 더욱 힘들게 한다.

결론부터 말한다면 '강요된 기업가'는 결국은 기업을 후손에게 전승하지 못한다. 자신이 싫어하는 일을 후손이 장성하여 전승이 가능해질 때까지 끌고 갈 리가 없다. 적당한 시기에 조건만 맞으면 기업을 처분할 것이 거의 확실하다. 그렇다고 해서 그것이 크게 잘못된 일이라고 단정할 수는 없다. 기업의 핏줄 전승이 끊어진 것이지 기업 전승 자체가 끊어진 것은 아니기 때문이다.

하기 싫은 일을 한다는 것은 정말 고통스럽다. 그것이 기업을 경영하는 일이라면 더욱 그렇다. 기업가는 특이한 종(種)이다. 전체 인구 중에 얼마 되지 않는 희귀한 종이다. 하나의 기쁨을 위해 아홉의 고통을 감내할 수 있는 사람만이 할 수 있는 직업이다. 안일하고 편안함을 추구하고 고통을 두려워하는 사람은 기업가의 꿈을 갖지 않는 것이 좋다. 이렇듯 특이한 직업을 본인의 뜻과는 무관하게 계승한 '강요된 기업가'가 할 수 있는 선택은 어떤 것이 있을까?

기업가의 소질을 타고나지 않은 기업가 2세가 원하지 않는 상태에서 기업을 계승하는 경우, 그 기업은 기업가 3세에게 전승되기 어렵다. 그렇게 될 것이라면 차라리 계승한 기업을 제3자에게 매각하는 것이 기업 전승의 대안이 될 수도 있다.

사람은 누구나 소질을 타고나지만 타고난 소질의 내용이 제각기 다르다. 기업인의 2세가 비록 선대로부터 계승한 기업을 지켜내지 못한다 하더라도 그러한 사실이 그의 무능함을 말해주는 것은 결코 아니다. 다만 기업가로서 사는 것이 적성에 맞지 않은 길임을 말해주는 것에 지나지 않는다.

친자 전승의
득과 실

　자본주의 체제에서 사는 사람이라면 그 누구도 기업가의 핏줄 전승을 비난하지 않는다. 기업가가 자신의 기업을 친자에게 전승한다는 것은 재산 상속의 개념에서만 본다면 조금도 이상한 일이 아니다. 문제는 기업 전승의 범위에 기업의 소유권뿐만 아니라 경영권까지 포함되는데, 이때 기업을 계승하는 친자에게 기업가의 소질이 있는가 하는 것이다.

　핏줄 전승은 많은 대상을 포괄한다. 예컨대 재산을 위시하여 명예, 인맥(人脈), 문화, 도덕, 소양 등 다양한 대상이 핏줄을 통하여 전승된다. 기업 전승은 핏줄 전승의 많은 대상 중에 하나일 뿐이다. 그러므로 기업이 핏줄을 통하여 전승될 수도 있지만 꼭 그래야만 하는 것은 아니다. 안타까운 것은 정말로 핏줄 전승이 필요한 문화적, 기술적으로 중요한 대상들은 방치되면서도 유독 기업 전승만큼은 핏줄 전승을 해야 한다는 집념이다.

많은 기업가들이 핏줄 전승을 염두에 두고 자식을 낳는다. 아들을 낳을 때까지 출산을 멈추지 않는다. 우스운 이야기 같지만 사실이다. 3녀 후 1남, 4녀 후 1남 등은 단지 대를 잇기 위한 것만은 아니다. 요즘처럼 한 가족에 자녀가 한둘인 경우에는 대가 끊어지는 것은 흔한 일이다. 필자도 아들이 둘이지만 아들들이 딸만 하나 낳고 출산을 중단하면 바로 대가 끊어진다. 그래도 어쩔 수 없는 일이다. 일반 사람들은 대가 끊어지는 것을 기꺼이 감수한다. 그러나 기업가는 다르다. 그는 의식적이든 무의식적이든 간에 핏줄 전승을 염두에 두고 있다. 그래서 여간해서는 대가 끊어지는 것을 감내하기 어렵다.

많은 기업가들이 핏줄 전승을 염두에 두고 자식을 키운다. 친자를 미래의 기업가로 키우려 한다. 명문 대학에 보내고, 외국 유학도 보낸다. 그러나 그러한 교육 과정이 기업가의 자식을 훌륭한 기업가로 만들 수 있는 것은 아니다. 기업가 2세 중에서 선대보다 더 훌륭한 기업가가 나오는 경우도 없지 않다. 이러한 사례는 국가 창업의 경우에도 적용된다. 조선조 태종 이방원(李芳遠)이나 당 태종 이세민(李世民)이 좋은 예이다. 조선 태조 이성계(李成桂)나 당 고조 이연(李淵)이 이방원이나 이세민을 특별히 가르친 것은 아니다. 이들 2세의 창업가적 능력은 타고난 소질이다. 그래서 그들은 태종(太宗)이 된 것이다.

오늘날의 기업가 2세의 대부분은 선대의 후광에 힘입는 바가 크다. 그건 옛날에도 다를 바 없었다. 선대의 업적을 뛰어넘는 이방원이나 이세민은 흔한 경우가 아니다.

창업가는 공성(攻城)에 능(能)하나 훌륭한 기업가 2세는 수성(守城)에 능하다. 훌륭한 기업가 2세는 성실함과 덕(德)으로 선대에 이루어 놓은 것을 잘 지켜나간다. 그러나 기업가의 소질을 타고나지 않은 기업가 2세에게는 이와 같은 수성이 결코 쉬운 일이 아니다. 결국 친자 전승의 문제는 기업을 계승하는 친자의 기업가적 소질 여부로 귀결된다. 소질이 있는 경우에는 교육의 효과가 나타나지만, 소질이 없는 경우에는 교육의 효과가 없다고 해서 이상할 게 없다.

맹목적으로 친자 전승을 향해 달려갈 것이 아니라 친자 전승을 할 경우의 득과 실을 기업의 입장에서 생각해보는 여유가 필요하다. 이것이 창업가 정신이며 진정한 기업가의 태도이다.

제3자에 의한 기업 전승

핵가족 중심의 사회로 변모된 오늘에 있어서 대가 끊어지는 것은 그다지 희한한 일이 아니다. 따라서 제3자에 의한 기업 전승을 고려하여 그 방법을 적극적으로 생각해보고 연구해야 할 시기가 되었다는 것이 필자의 소견이다.

핏줄 전승인가 기업 전승인가는 양자택일(兩者擇一)의 과제가 아니다. 핏줄 전승에는 가문에 의해서 전승되는 여러 가지 유형의 산과 무형의 자산이 포함되는데 기업 전승은 그러한 유·무형의 자산 중 하나일 뿐이다. 그러므로 기업 전승은 핏줄 전승의 부분 집합에 불과하다. 이것을 양자택일의 과제로 오해하면 주객이 전도될 수가 있다.

기업가의 가문이라고 해서 유별난 것은 아니다. 우리 사회에 있어서 후손들에게 진정으로 물려주어야 할 것이 무엇인가? 이것을 생각한다면 우리에게 진실로 필요한 전승이 무엇인지를 판단해 내는 일은 별로 어려운 일이 아니다. 재산을 물려주고 명예를 물려주는 일도 필요하지만 더욱 중요한 것은 문화, 도덕, 소양 즉 인간의 됨됨이가 아니겠는가?

내가 기업가라고 해서 자식에게 기업을 꼭 물려주어야 할 필요는 없다는 것이 필자의 사견이다. 자식에게 그리고 후손들에게 훌륭한 문화, 도덕, 소양 등을 물려준다면 그것으로 충분하다. 몇 대가 지나서라도 그 가문에서 기업가의 소질을 타고난 후손이 나온다면 그는 기필코 창업할 것이다. 그때를 위해서 지금 재산과 인맥을 전승한다. 나의 기업을 공개하고 상장 주식을 전승하면 어떤 재산을 물려주는 것보다 더욱 좋다. 지금 당장 기업을 후손에게 전승하지 않더라도 기업가의 소질을 타고난 후손이 나오는 먼 훗날을 위한 간접적인 전승이 될 것이다.

기업 전승의 관점에서만 본다면 핏줄에 의한 전승보다는 제3자에게 전승하는 것이 기업이 장수할 확률이 크다. 이때의 제3자가 기업가의 소질을 타고난 능력 있는 인재를 전제로 함은 말할 필요도 없다. 기업 규모가 커지는 시기에 외부로부터 유입된 능신(能臣)들 또는 공채로 입사한 사원들 중에서 적임자를 선별하여 능력을 발휘할 기회를 부여한다. 오랜 기간을 두고 관찰한 후, 소질과 능력을 확인하고 후대(後代)로 삼는다. 적당한 때를 택하여 자연스럽게 경영권을 넘겨준다. 중요한 점은 이 시기에 기업가가 기업의 모든 권한을 장악하고 있는 상태이어야 한다는 것이다. 그렇지 못하면 '제3자에 의한 기업 전승'은 잡음이 커지고 기업의 내분을 야기할 수 있다.

어떤 기업가는 기업 매각을 통한 기업 전승을 생각한다. 물론 이 것도 '제3자에 의한 기업 전승'의 한 가지 방법이다. 그러나 이 경우 전승되는 것은 유형 자산뿐이다. 기업가가 평생 동안 공들여 쌓아 올린 무형 자산은 전승과 동시에 소실되고 그 대가로 기업가의 손에는 돈이 쥐어진다.

기업 매각을 통한 기업 전승도 생각처럼 쉬운 것은 아니다. 우선 기업을 매수할 의사를 가진 상대가 있어야 한다. 다행스럽게도 매수자가 있다면 제값을 받을 수 있지만 그렇지 못한 경우에는 청산이나 다름없는 저가에 기업을 처분해야 한다.

기업의 규모가 작은 소기업이라면 내부자끼리 매매하는 방식으로 전승할 수도 있다. 어떤 의미에서는 이 방법이 전혀 모르는 제3자에게 기업을 매각하는 방법보다는 기업 전승이 좀 더 성실하게 이루어질 것이다. 기업의 계승자가 내부자라면 적어도 기업의 무형 자산을 잘 지켜낼 것이기 때문이다.

'제3자에 의한 기업 전승'의 골자는 능력 있는 후대를 통하여 기업가가 이루어 놓은 기업의 유·무형의 자산을 소실되지 않도록 보존하는 것이다. 그런 의미에서 내부 능력자에게 전승하는 것이 최선이라고 본다. 상장기업이라면 이러한 일을 쉽게 처리할 수 있다. 내부의 최고 능력자를 주주로 만들고 그에게 경영권을 이양한 후 기업가는 주주로 물러나 앉으면 그만이다. 기업가는 주주

로서 배당에 만족하며 기업의 소유권은 지분만큼 기업가의 후손에
게 상속될 것이다. 기업의 모든 유·무형의 자산, 특히 브랜드와 기
업의 명성은 고스란히 전승될 것이며 기업가의 후손은 미래의 배당
과 지분만큼의 소유권을 보장받을 것이다.

주주와 전승 경영자의
이윤 분배

필자는 '제3자에 의한 기업 전승'의 필요성을 언급한 이상, 그 방법에 대하여도 언급하지 않을 수 없다. 제3자에 의한 기업 전승에 있어서 논쟁이 될 수 있는 가장 핵심적인 사항은 주주와 기업을 계승한 전승 경영자의 이윤 분배이다. 양자의 이윤 분배의 방식은 크게 두 가지로 구분된다. 하나는 주식을 나누는 방식이고, 다른 하나는 주식을 나누지 않는 방식이다.(주식을 상장한 경우는 별개의 사안이므로 여기서는 다루지 않는다)

비상장 기업의 전승에 있어서 기업가와 계승자가 주식을 나누어 갖는 방법은 명쾌하면서도 효과적인 방법이다. 이러한 경우라면 분배 방법과 조건 등은 기업가와 계승자가 협의하여 결정할 사항으로, 필자는 양자 간의 결정 내용에 대하여 조언하거나 개입할 수 없다.

다른 하나는 비상장 기업이면서 주식을 나누지 않는 방식인데 아마도 가족 기업에 있어서 가장 많은 경우가 될 것이다. 이 경우 필자가 추천하는 방법은 다음과 같다.

1) 경영 실적의 평가 기간을 설정한다. 회계연도와는 별개의 개념으로, 적어도 1년 이상이어야 한다. 평가 기간이 짧으면 단기(短期) 이익의 실현을 중시하는 비정상적인 경영 전략을 채택할 우려가 있다.(분기별 성과급 등과 혼동하지 말 것)

2) 기간 이익의 1/2은 회사에 유보시키고 1/2은 주주, 경영자, 종업원 3자에게 분배한다.

3) 이익 분배율은 주주 2/5, 경영자 2/5, 종업원 1/5로 하고, 세금 효과 금액은 종업원에게 재분배한다.

예를 들어 설명해보면 이러하다. 평가 기간 실현한 이익이 100이라면, 세금 30(세금을 30이라고 가정한다)을 공제하고 70이 처분 대상이 될 것이다. 처분 대상 70 중 1/2인 35는 회사에 유보하고 남은 35는 주주, 경영자, 종업원에게 분배한다. 주주에게는 35의 2/5인 14, 경영자에게는 35의 2/5인 14, 종업원에게는 35의 1/5인 7을 분배한다. 세금 효과 금액 9는 종업원에게 재분배한다. 종업원에게 세금 효과 금액이 재분배되면 16이 분배되는 셈이다. 참고로 처리 방법을 정리하면 다음과 같다.

1) 비용 처리해야 할 금액을 산출한다.

14(경영자 배당)+7(종업원 배당) = 21

21/0.7(세전이익 대비 세후 이익률) = 30(비용 처리 대상 금액)

※ 비용 처리 대상 금액이 9만큼 증가하여 종업원 배당이 16
   이 됨.

2) 비용 처리 대상 금액을 비용 처리하고 세전이익을 확정한다.

100(비용 처리 전 이익)−30(비용 처리 금액) = 70(세전이익)

3) 세금 공제 후 세후이익을 확정한다.

70(세전이익)−21(세금) = 49(세후이익)

4) 세후 이익에서 주주 배당을 확정하고 잔액을 유보 처리한다.

49(세후 이익)−14(주주 배당) = 35(사내 유보)

14(주주 배당: 당초 배당하기로 한 금액. 35의 2/5)

35(당초 사내에 유보하기로 한 금액. 70의 1/2)

이상 설명한 방법은 필자의 사견이다. 독자 여러분은 공감할 수
도 있고 그렇지 않을 수도 있다. 어떤 정도의 수치여야 하는지 학술
적으로 검증하기 어려운 부분이다. 상기 수치들에 대한 타당성 여
부의 판단은 독자들의 몫이다.

기업 전승의
사회 효율적 관점

    기업 전승은 기업가에게는 매우 중요한 사안이지만 세상만사가 다 그러하듯이 밝은 면이 있으면 필히 어두운 면이 있는 것이다. 어떤 기업이 대를 거듭하면서 항상 성공적으로 전승된다면 그 기업은 독점적 지위를 형성하게 될 것이다. 처음 2, 3대에서는 긍정적으로 작용하였던 품질의 우위, 기업의 명성 등이 세월이 흐르면서 보수화되고 브랜드의 폐단도 생겨날 것이다. 하나의 기업이 오랜 기간 전통을 유지하며 독점적 지위를 유지한다는 것은 시장 경제에 흐르지 않는 물웅덩이를 만드는 것과 흡사하다. 고인 물은 썩는다. 시장 경제의 기반을 오염시키고 악화시킨다.

    만일에 현존하는 모든 기업이 전승에 성공한다면(물론 그럴 가능성은 전혀 없다) 문제는 더욱 심각해진다. 전승을 거듭하며 더욱 커지고 강해지는 대기업의 틈바구니에서 새로운 사업을 시작할 수 있는 기회는 좀처럼 주어지지 않을 것이다. 균등한 기회가 부여되지 않는 사회는 가장 불안정하고 위험한 사회이다. 역사적으로 보면 모든 왕조의 말기에 일어나는 혼란과 폭동 등이 균등한 기회를 박탈당한 데 대한 반항적인 현상인 것이다.

사회 효율적 관점에서 본다면 기업가의 기업 전승은 이루어지지 않는 것이 바람직하다. 대를 이은 혈맥 전승은 더욱 그러하다. 그리하여 많은 사람에게 골고루 창업의 기회를 부여하는 것이 바람직해 보인다. 그러나 이 문제는 그리 단순한 문제가 아니다. 기업 전승이 전혀 이루어지지 않고 대가 바뀔 때마다 매번 창업에 의존해야 한다면 사회적 에너지의 손실은 실로 막대하다.

전승을 해도 문제이고 전승을 못해도 문제라면 어떻게 해야 한다는 말인가? 정말로 난감(難堪)한 과제가 아닌가? 그러나 크게 걱정할 필요는 없다. 대다수의 기업은 자연선택에 의해 적자(適者)는 살아남고 적합하지 않은 자는 도태된다. 사회 효율적 관점에서 기업 전승은 이루어지지 않는 것이 바람직하다고 해서 애써 기업 전승을 포기하거나 저지시키지 않아도 자연스럽게 생존의 질서가 유지되고 있는 것이다. 그러므로 당신이 기업가라면 기업의 전승을 위하여 최선을 다해도 무방하다. 다만 핏줄 전승을 하지 못해서 안달할 필요는 없는 것이다.

가족기업이 상장을 통하여 소유권의 사회화를 실시한다면 문제는 의외로 쉽게 풀릴 수 있다. 기업가는 지분 상속을 통하여 소유권의 일부를 유지하고, 기업은 기업대로 유능한 경영자와 조직에 의해 전승되어 나간다. 기업가의 지분이 상속되고 기업이 건강한 상태로 전승되는 한, 기업가의 후손 중에서 기업가의 소질이 뛰어난 자가 나타나면 그는 할아버지의 자리에 복귀할 수 있을 것이다.

기업가의 삼권(三權)은 움켜쥐고 놓지 않으려 하면 지켜내기 어렵다. 적절한 시기에 순리에 따라 놓아 버리는 것이 오히려 지켜내는 방법이다.

핏줄 전승의
전제 조건

　필자는 기업가가 이루어 놓은 기업의 유·무형의 자산을 소실(消失)되지 않도록 보존하고 전승한다는 관점에서 내부 능력자에게 전승하는 것이 최선이라는 생각을 갖고 있으나 핏줄 전승에 대한 미련을 버리지 못하는 기업가를 위하여 약간의 지면을 할애한 후 이 장을 끝내려 한다.

　필자가 핏줄 전승이 최선의 방법이 아니라고 말하는 것은 핏줄 전승을 해서는 안 된다는 뜻이 결코 아니다. 이 점에 오해 없기 바란다. 우리가 일생을 통하여 행하는 무수한 의사 결정 중에서 최선의 방법을 택하는 경우가 얼마나 되겠는가? 상책(上策)이 안 되면 중책(中策)이고, 중책도 안 되면 하책(下策)을 쓸 수밖에 없는 것이다. 단, 하책을 하책인 줄 알면서 어쩔 수 없어 쓰는 것과 하책을 하책인 줄 모르고(상책인 줄로 잘못 알고) 쓰는 것과는 다르다는 말이다.

기업가는 핏줄 전승을 결정하기에 앞서서 자신에게 적어도 세 가지 질문을 해 볼 필요가 있다.

질문 1) 기업을 경영하는 일은 후대가 좋아하는 일인가?
질문 2) 후대는 경영 활동을 통하여 내가 겪었던 고통과 굴욕을 나처럼 참고 견디어 낼 수 있을까?
질문 3) 기업의 전승은 후대를 행복하게 하는 것인가?

상기 세 질문에서 어느 하나라도 부정적인 면이 있다면 핏줄 전승은 무리한 결정인 것이다. 상기 세 질문을 자문(自問)하는 것보다 차라리 후대가 스스로 전승 여부를 선택하도록 하는 것이 좋다는 견해도 있다. 그러나 후대가 스스로 선택하도록 한다고 해서 전승의 성공확률이 더 높아지는 것은 아니다. 때로는 철부지, 때로는 욕심쟁이에 의해 모든 것이 망가질 수도 있다.

필자는 상기 세 가지 질문에 대한 확신을 가진 후 핏줄 전승을 결정할 것을 권고한다. 질문 1)은 너무나도 당연한 질문이다. 다른 일도 마찬가지이겠지만 특히 기업 경영은 좋아하지 않으면 못 한다. 그냥 좋아하는 정도가 아니라 지독하게 좋아해야만 할 수 있는 특별한 분야의 일이다. 보통 사람은 그냥 시켜줘도 못 하는 것이 기업가이다. 필자는 그 이유를 설명하지 않겠다. 당신이 기업가라면 설명하지 않아도 알 것이며, 기업가가 아니라면 설명해도 이해할 수 없기 때문이다.

질문 2)는 세 가지 질문 중 가장 핵심적인 내용이다. 기업가의 길이 화려한 비단길이라고 생각한다면 당신은 철부지이다. 잠깐 동안의 기쁨을 맛보기 위하여, 기나긴 험난한 길을 헤쳐 나가는 것을 마다하지 않는 자만이 기업가가 될 수 있다. 기업가의 자리가 두툼한 돈방석으로 만들어진 편안한 자리라고 생각한다면 당신은 꿈속을 헤매는 몽유병자이다. 기업가는 돈방석에 앉아 있는 것이 아니라 돈방석에 앉아 있는 사람 앞에서 돈을 구걸해야 하는 사람이다. 기업가가 받는 스트레스는 일반적인 그것과는 비교할 수도 없으며 그로 인하여 적지 않은 수의 기업가가 창창한 나이에 생을 마감한다.

질문 3)은 앞선 두 가지 질문의 종합적 판단이다. 후대에 유산을 물려주는 선대의 마음은 한결같게 후대의 행복을 염두에 두고 있다. 그가 물려줄 유산이 후대를 불행하게 하는 것이라면 그는 결코 그러한 유산을 후대에 물려주지 않을 것이다. 그래서 필자는 마지막으로 질문 3)을 통하여 한 번 더 물어보고 있는 것이다.

필자의 소견은 이렇다. 기업 전승은 기업가의 후대가 기업가로서의 특별한 소질을 가지고 있지 않은 한, 능력을 갖춘 내부자에게 계승되는 것이 최선이 아닐까? 어떻게 전승하는가가 아니라 무엇을 전승하는가를 생각한다면 명쾌한 답이 나올 것이다.

Successful development model of enterprise

기업의 일생과 변화

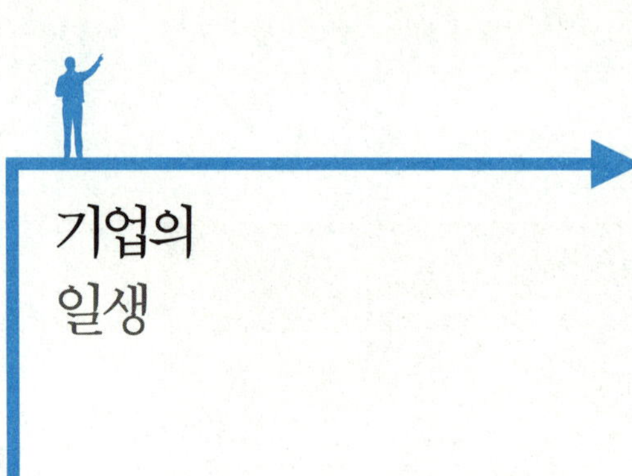

기업의
일생

기업은 창업과 동시에 태어난다. 그리고 사람과 유사한 일생을 산다. 사람과 마찬가지로 살아가는 동안 병에 걸리기도 하고 치유되기도 한다. 어떤 기업은 불운하게도 어린 나이에 생을 마감하고, 어떤 기업은 장수하는 사람보다 더 오랜 세월 장수하기도 한다.

사람의 수명에 운이 작용하듯이 기업의 수명에도 운이 작용한다. 아무리 조심해서 운전을 해도 운이 나쁘면 사고가 난다. 한강에 걸려 있는 대교가 무너질 것을 그 누가 예측이나 했겠는가? 조심해서 운전을 하면 사고의 확률을 줄일 수는 있지만 예기치 못한 사태에는 어쩔 도리가 없다. 그렇더라도 방호 운전은 필요하다. 예방할 수 있는 위험 요소는 최대한 제거해야 하는 것이다. 그래야 제명에라도 살 수 있다.

도대체 몇 년이 기업의 제명일까? 이에 대한 답변은 매우 난감하다. 생각하기에 따라서는 별로 의미 없는 질문일 수도 있다. 기업의 제명이 얼마인들 무슨 상관이란 말인가? 평균 수명이 아무리 늘어나도 내가 일찍 죽으면 그만인 것이다. 그러니 내 기업이 오래 살 수 있도록 최선의 노력을 하는 수밖에 없다. 예측되는 위험은 사전에 피해가고, 예측할 수 없는 위험은 피할 수 없으므로 극복해야 한다. 이를 위하여 기업은 강해지지 않으면 안 된다.

기업의 일생은 규모와 조직 특성에 따라 유아기, 청년기, 장년기, 장년기 후기(=초로기), 노년기로 구분할 수 있다. 유아기부터 장년기까지는 규모에 의해 확연히 구분되며, 장년기부터 노년기까지는 조직 특성에 의해 구분된다. 정상적인 기업은 유아기부터 다섯 단계를 순차적으로 겪지만, 개중에는 청년기에서 장년기를 거치지도 않고 조로(早老)해 버리는 기업도 있고, 어떤 기업은 영영 유아기를 벗어나지 못하고 제자리를 맴돌기도 한다. 많은 경우의 수가 있지만 모든 경우를 다루기에는 역부족이다. 따라서 본서에 서술된 내용은 정상적인 기업을 대상으로 한 것임을 첨언하지 않을 수 없다.

기업은 창업 후 다섯 단계를 거치면서 부단히 변한다. 우선 규모가 커진다. 변화하는 규모에 따라서 기업가도 변하고 관리 방식도 변한다. 용인(用人: 사람을 쓰는 방법)도 변하고 기업가의 삼권(三權)도 변한다. 기업이 변함에 따라서 관련된 모든 것이 변하는 것은 지극히 당연한 일이다. 그렇지 못한 경우에는 문제가 생긴다. 이 장에서는 본서의 내용을 되돌아보는 의미에서 기업의 일생에 따른 핵심적인 변화를 정리해보도록 한다.

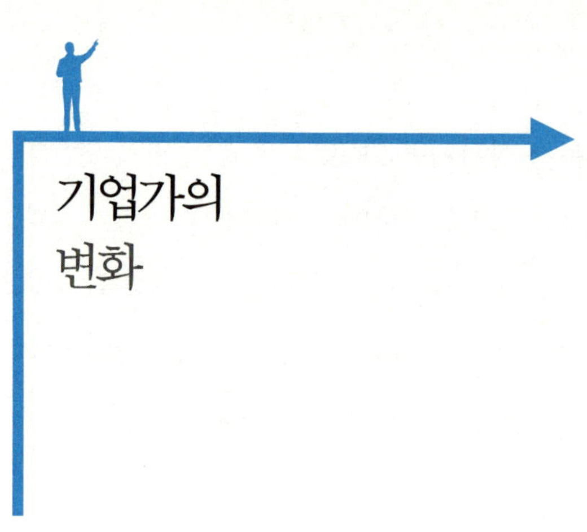

기업가의
변화

　기업의 핵심은 누가 뭐라고 해도 기업가이다. 따라서 기업가의 변화 과정을 가장 먼저 정리하도록 한다. 기업의 변화에 따른 기업가의 변화는 문자 그대로 변화무쌍(變化無雙)이다. 매 단계가 바뀔 때마다 기업가는 새로운 의상(衣裳)과 새로운 분장(扮裝)으로 다른 역을 맡아야 한다.

　유아(幼兒)기의 기업가는 영웅(英雄)으로 분장한다. 그는 기업의 꿈이며 모든 종업원의 선망과 존경의 대상이다. 기업의 모든 의사 결정은 기업가 한 사람에 의해 이루어진다. 이 시기에 있어서 기업의 절대적 과제는 살아남는 것이다. 유아기의 기업은 사람으로 치면 유아와 다를 바 없다. 몸집은 작고 체질도 약하며 항상 위험에 노출되어 있는 상태이다. 이처럼 열악한 여건하에서 기업을 지탱해 주는 유일한 힘은 기업가의 꿈이다. 기업가의 소질을 갖추지 못한 사람은 이 단계에서 대체로 도태된다.

유아기의 기업가는 기업 그 자체이다. 아무도 그의 생각과 행동을 제지할 수 없다. 기업가 개인의 능력이 기업의 성패를 결정한다. 그에게 필요한 것은 성공에 대한 자신감이다. 그에게는 열심히 하는 것보다는 투지가, 온건함보다는 위험을 무릅쓰는 용기가 필요하다. 조직보다는 기업가 개인의 탁월한 능력이 기업을 다음 단계로 끌어 올린다.

제1관문인 초기 성장 단계를 뚫고 나가면 청년기에 진입한다. 청년기(靑年期)의 기업가는 선봉(先鋒)대장으로 분장한다. 청년기의 기업은 유아기의 취약성에서는 벗어났지만 아직은 중소기업이다. 약간의 조직과 제도를 갖추었다고 하지만 아직까지는 사람, 즉 기업가가 핵심이다. 이 시기에 있어서 기업의 절대적 과제는 유아기와 마찬가지로 살아남는 것이다. 그러나 생존의 개념은 유아기와는 사뭇 다르다. 유아기의 생존 개념은 비교적 단순하다. 먹고 자라는 어린아이의 생존 개념이다. 죽지 않고 잘 자라기만 하면 된다. 여건이 좋지 않으면 잠시 성장을 보류할 수도 있다. 기회를 보아서 다시 자라면 된다. 그러나 청년기는 다르다.

청년기의 기업은 중소기업이기는 하나 유아기에 비하면 이미 몸집이 많이 커졌다. 더 이상 대책 없이 커지기만 하면 비만증에 걸린다. 몸집은 커졌지만 생각(기업의 조직과 관리 체계)은 아직도 어린아이이다.

몸집이 커지는 바람에 기업 IQ가 상대적으로 낮아진 것이다. 이미 커져버린 몸집을 건강하게 유지하려면 강해져야 한다. 더 이상 살을 찌우는 일은 중요하지 않다.

기업이 강해지기 위하여 해야 할 일이 많이 있다. 그러나 일을 훌륭하게 처리할 수 있는 인력은 별로 없다. 개국 공신(功臣)들은 충성스럽지만 능력은 별로 특출하지 못하다. 그렇다고 거금(巨金)을 들여서 고급 인력을 영입(迎入)하는 것은 여러 가지 이유로 부담스럽다. 그렇다면 회사가 풀어나가야 할 중대한 일들, 예컨대 신제품 개발이나 신시장 개척 또는 신고객 창출 등은 자연스럽게 기업가의 몫이 된다.

기업가는 신시장이라는 전선에서 신고객이라는 적장과 대치하는 선봉대장이다. 그가 적장과의 싸움에서 지거나 패배가 두려워서 부장(副將)을 대신 내보내고 꼬리를 내린다면 다음 단계로의 도약은 불가능해진다. 이 시기가 기업가에게는 가장 어려운 시기이다. 유아기에는 살아남아야 한다는 일념에 앞만 보고 달렸지만 이 시기는 심리적으로 여유가 있다. 규모도 어느 정도 커졌고 부하 직원들도 제법 된다. 어깨에 힘도 주고 싶고 고객을 만나는 일 정도는 영업부장이나 임원에게 맡기고 싶어진다. 과연 그럴 때가 된 것일까?

적지 않은 기업가들이 청년기에 선봉대장 역할을 제대로 해내지 못하고 주저앉는다. 기업은 도약하지 못하고(여기서 도약하지 못하면 대기업이 될 수 없다) 기업가는 대기업의 영수(領袖)가 되는 것을 포기한다.

장년(壯年)기의 기업가는 대기업의 영수로 분장한다. 이 시기에 도달하면 창업 이래 줄곧 절대적 과제로 되어 왔던 기업의 존속은 핵심적인 문제의 범주에서 멀어진다. 기업가는 창업 이래 줄곧 짊어지고 있었던 큰 짐을 내려놓게 된 것이다. 그러나 그 대신 복잡하고 다양한 문제들과 대면하게 된다. 그중에서 기업가 자신이 필히 해결해야 할 문제는 공신(功臣)과 능신(能臣)의 갈등이다.

기업으로 유입된 시기는 늦지만 각 분야에서 능력이 뛰어난 능신과 능신에 비하여 능력은 뒤떨어지지만 창업 초부터 동거동락(同居同樂)해 온 충성스러운 공신, 양자 간에 생기는 갈등과 마찰은 기업가로서는 매우 견디기 어려운 일이다. 이 문제는 이 시기의 기업이라면 대체로 갖고 있는 공통적 과제이며, 어떤 방법으로든 풀지 않으면 안 된다. 어떻게 풀어야 할 것인가? 정답은 정해져 있지 않다. 여러 가지 해결 사례를 알고 있을 뿐이다.(그러나 해결 사례를 소개할 필요는 없을 것 같다)

그 외에 잡다한 문제는 인간이 불완전한 존재이기 때문에 야기되는 문제이다. 이 시기에 기업가는 갑자기 무능해진다. 업무의 각 부문은 그 분야의 전문가들이 관장하고 있다. 그들 모두는 자신이 맡고 있는 업무 분야에서 기업가보다 우수하다. 한때는 영웅이었고, 한 때는 선봉대장이었지만 이 시기에 기업가가 나설 자리는 별로 없다. 중대한 의사 결정은 이사회나 중역회의에서 이루어지며 기업가 단독으로 좌지우지(左之右之)하기는 어렵다.

직접 관리에 길들여 있는 기업가라면 이러한 변화는 매우 견디기 어려울 수 있다. 어떤 기업가는 이와 같은 현실을 견디지 못하고 현장 구석구석을 다니며 잔소리를 해대기도 한다. 그러나 대다수의 기업가는 대기업의 영수로서의 역할을 잘 해낸다. 창업부터 여기까지 기업을 이끌어 온 기업가라면 범상한 인물이 아니다. 영수로서의 역할을 해내지 못할 리가 없다.

이 시기에 기업가에게 필요한 것은 전문적 지식이 아니다. 예리한 통찰력이나 과감한 판단력도 아니다. 그런 일들은 그 일을 잘하기 위해서 만들어 놓은 별도의 조직에게 맡기면 된다. 기업가는 대기업의 정신적 영수로서의 인격과 역량을 갖추고, 도덕적으로 흠잡을 데 없는 품행을 보여주기만 하면 된다. 진실로 훌륭한 대기업의 영수라면 그에 관하여 회사 안이나 밖에서 아무런 이야기도 들려오지 않는다. 자고로 빈 수레가 요란한 법이다.

초로(初老)기는 장년기 후기와 노년기 초기에 걸친 과도기 성격의 기간을 말한다. 이 시기를 별도의 시기로 볼 것인가에 대하여 필자의 고민이 있다. 이 시기에 기업가는 현저하게 둘로 갈라진다. 하나는 '제2의 창업'을 시도하고, 다른 하나는 현실에 안주한다. 전자는 기업의 혁신을 생각하고, 후자는 기업의 전승을 생각한다. 전자는 기업이 노화되는 시기를 늦추기 위하여 스스로 팔을 걷어붙이는 반면, 후자는 세대교체를 통해 과업을 후대로 넘기려 한다. 어느 쪽이든 기업이 노년기로 가는 것을 원치는 않을 것이다. 전자가 '제

2의 창업’에 성공한다면 장년기가 연장될 것이며 실패하면 노년기로 추락할 것이다. 따라서 기업의 일생에서 노년기는 특별한 목적을 제외한다면 큰 의미가 없다. 더구나 본서는 중소기업이 대기업이 되는 과정을 다루고 있다. 따라서 저술 목적상 대기업이 완성된 장년기 이후는 생략토록 한다.

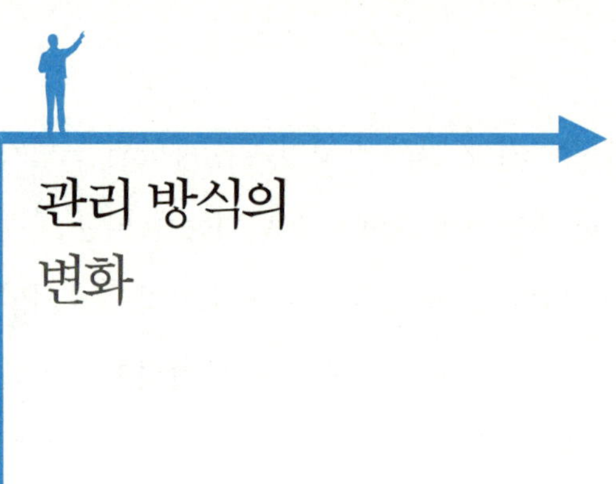

관리 방식의
변화

　기업의 변화 과정 중 기업가의 변화와 관리 방식의 변화는 시기적으로 볼 때 분리하여 생각하기 어렵다. 기업이 변화함에 따라 관리 방식이 변할 수밖에 없고 이에 따라 기업가도 변하는 것이기 때문이다. 그럼에도 불구하고 두 항목을 구분하여 다루는 것은 두 항목이 기업의 변화와 관련된 가장 핵심적인 요소이기 때문이다.

　앞서 설명한 바와 같이 유아기의 관리 형태는 전형적인 직접관리이다. 기업의 구석구석이 기업가의 시야에 들어와 있는 상태에서 이루어지는 눈으로 보는 관리이다. 그렇기 때문에 이 시기의 기업가는 필요할 때마다 필요한 장소에 나타나서 영웅의 역할을 할 수 있는 것이다.

　이 시기의 조직은 기업가 한 사람의 힘에 의하여 움직인다. 기업가는 확고한 신념과 엄격함으로 종업원을 관리한다. (단지 사람 좋은

 이 시기의 경영 논리는 상식 경영이다. 해야 할 일은 확실히 하고, 해서는 안 되는 일은 결코 하지 않아야 한다. 상식 경영의 핵심은 머리와 손발을 일치시키는 것이다. 머리 따로 몸 따로이면 좋은 성과를 기대하기 어렵다.

청년기 초기의 기업은 커진 몸집으로 인하여 상대적으로 낮아진 기업 지능 지수를 올리기 위하여 합리적인 관리 제도가 요구되는 시기에 놓여 있다. 그러나 아직은 기업가의 직접관리의 틀을 벗어나지 못한 상태이다.

기업이 커짐에 따라 기업가는 점점 더 바빠진다. 더 이상 직접관리를 고수하려 한다면 기업가는 과로로 쓰러질 것이다. 기업가가 아무리 애를 써도 기업가의 시선이 닿지 못하는 부분은 계속해서 넓어진다.

기업은 여전히 기업가가 선봉장의 역할을 해 줄 것을 요구하고 있다. 모든 것을 움켜쥔 상태에서는 총지배인이든 선봉장이든, 어느 쪽의 역할도 잘 해내기 어려운 처지에 놓이게 된 기업가는 선택의 기로에 선다. 필자는 이 시기에 기업가가 총지배인의 역할을 포기하고 선봉장의 역할을 선택할 것을 권고한다. 그러나 대다수의 기업가들이 총지배인의 역할을 포기하지 못함으로써 결과적으로 선봉대장 역할을 해내지 못하고 주저앉는다. 기업은 도약하지 못하고 대기업의 문턱에 걸려 주저앉게 된다.

이러한 선택의 기로에서 긴 안목을 가진 기업가는 간접관리의 틀을 잡는다. 부문 관리자를 믿고 권한을 위임한다. 그렇게 하면 기업가는 한결 여유가 생긴다. 회사의 성쇠(盛衰)를 가르는 중요한 전투에서 선봉장의 역할을 할 수 있는 여유가 생기는 것이다. 이것이 기업가가 뚫어야 할 두 번째 관문이다.

청년기의 기업가가 두 번째 관문을 뚫음과 동시에 기업은 직접관리와 간접관리가 혼재된 상태에서 도약의 기회를 맞게 된다. 도약에 성공하면 기업은 다른 차원의 세계에 들어선다. 대기업으로 변신하면서 장년기에 돌입하는 것이다.

장년기의 기업가는 대기업의 영수(領袖)로 분장한다. 관리 체계가 간접관리로 전환됨에 따라 기업가가 영수로 변신하는 것은 필연적인 과정이다. 간접관리가 심화됨에 따라 모든 실무적 권한은 기업가의 손을 떠난다. 기업가가 홀가분한 마음으로 간접관리 체계를 인정하고 즐기는(?) 것이 기업에게도, 기업가 개인에게도 바람직하다. 모든 것을 놓아버리고 대기업의 영수로 기꺼이 변신하는 것, 이것이 기업가가 뚫어야 할 세 번째 관문이다.

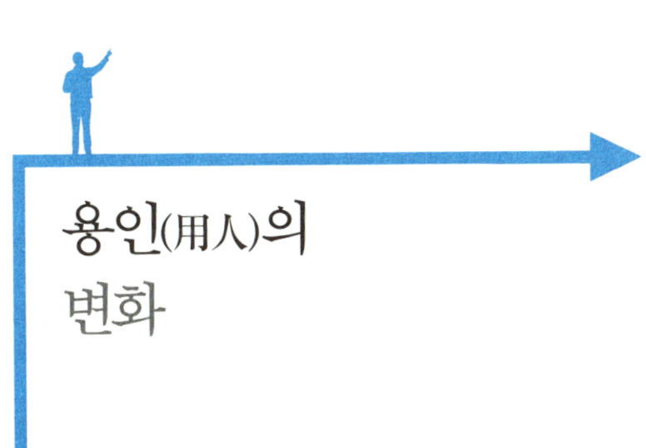

용인(用人)의
변화

　기업 규모에 따른 기업가의 변화를 독립 변수라고 한다면 용인 (用人)의 변화는 가장 먼저 뒤따르는 종속 변수라 할 수 있다. 용인의 변화가 이처럼 기업가의 변화에 민감하게 반응하는 것은 기업가가 사람을 기업의 모든 자원 중 가장 중요한 자원이라고 생각하기 때문이다. 그럼 기업의 일생에 따라 기업가의 용인이 어떻게 변화하는지 정리해보자.

　창업을 할 당시에는 용인(用人)이랄 것도 없다. 창업자는 혼자서 또는 함께 사업에 참여할 동료를 규합하여 사업을 시작한다. 지금은 연간 매출액이 조(兆) 단위인 S제강도 창업 당시인 1960년에는 전체 인원이 고작 19명에 불과하였다. 창업자, 동업자 그리고 공동 참여자 5명을 제외하면 종업원은 12명이다. 그래서 19명 전원이 임원, 생산직 구분 없이 업무를 수행했다고 한다. 그래도 이 정도면 거창한 창업이다. 창업자 1인, 부부 2인, 부자 2인으로 시작하는 창업도 무수히 많다.

유아기의 소기업에 있어서 용인(用人)의 핵심은 충성(忠誠)이다. 인사 고과의 양대 산맥인 업적과 능력은 이 시기에는 중요하지 않다. 설령 기업가가 능력이 있는 인재를 찾고자 해도 인재가 누구인지, 어디에 있는지 알 방법이 없다. 사람이 필요하면 연줄로 사람을 구한다. 약간의 재능이 있는 사람이 걸리면 행운이고, 그냥 성실하기만 해도 다행이다. 이 시기에는 종업원의 충성 자체가 경쟁력이다. 가장 유능한 인재는 기업가 자신이다. 기업가가 최고로 유능하므로 부하는 오직 충성을 다하여 따르기만 하면 그만이다.

청년기가 되면 기업 규모가 갖추어지면서 간접 관리가 시작된다. 간접 관리는 능신을 부른다. 이때에 기업가는 용인(用人)을 함에 있어 조심해야 한다. 재능을 지나치게 중시한 나머지 충성스럽지 못한 인물을 쓰게 되면 위험에 빠질 수 있다. 재능은 넘치지만 신의가 없는 인물은 후환이 무궁하다. 따라서 이 시기의 능신(能臣)은 가까운 곳에서 찾는 것이 안전하다.

청년기 말에서 장년기로 진입하는 과도기에 유입된 능신들은 전문 분야의 책임자가 된다. 기업은 도약을 앞두고 매우 바쁜 상태이므로 당장은 용인과 관련하여 별다른 일이 일어나지 않지만, 도약 후에 기업이 안정되면 능신과 공신과의 갈등이 생긴다.

도약 후에 규모가 재차 확대되면 기업은 대기업의 면모를 갖추기 위하여 간접 관리 체제로의 전환을 서둘러야 한다. 이 시기에 있어서 기업이 당면하는 최대의 위험 요소는 능신에 대한 의존도가 지나치게 크다는 것이다. 이러한 때에 능신에게 문제가 생기면 그 자체로서 기업의 문제가 될 수도 있다. 따라서 이러한 취약성을 보완해 줄 제도적 장치가 절실해지는 것이다.

조직 개편이 이루어진다. 요직(要職)의 보직을 둘러싸고 능신과 공신 간의 갈등이 발생한다. 이 시기에 있어서 중요시되는 것은 충(忠)보다는 능력(能力)이다. 사람이 사람을 관리하는 것이 아니라 제도가 사람을 관리하기 때문이다. 충은 사람과 사람 간의 관계이다. 사람이 아닌 제도는 충, 불충을 중요시하지 않는다. 그렇게 되면 공신은 능신에 비하여 상대적 열위(劣位)에 놓이게 된다.

이러한 공신들을 어떻게 처리해야 할 것인가? 이 문제는 창업가가 풀어야 할 최대의 과업이며, 창업가가 겪어야 할 최대의 고통이다. 그러나 이 문제를 해결하지 못하면 그는 대기업의 영수(領袖)가 될 수 없다. 간접관리 체계를 인정하고, 모든 것을 놓아버리고 대기업의 영수로 변신하기 전에 이 문제를 먼저 해결해 놓아야 책임감 있는 기업가, 아니 책임감 있는 사람이 아니겠는가? 그러므로 이 문제는 세 번째 관문을 뚫어야 하는 기업가 앞에 놓인 커다란 장애물이다.

필자는 이 문제를 푸는 방법에 대하여 어떻게 해야 된다고 의견을 개진할 수 없다. 이 문제를 푸는 것은 기업가의 그릇과 관련되어 있다. 필자가 기업가의 그릇을 바꿀 수는 없는 것이다. 다만 몇 가지 예를 들 수는 있다. 첫째, 공신에게 재학습의 기회를 준다. 안식년을 주고 유학을 보낸다. 재학습의 결과에 따라 후속 조치를 한다. 둘째, 공신에게 창업의 기회를 제공한다. 창업 후 기반이 잡힐 때까지 일정 기간 거래할 기회를 준다. 셋째, 금전적으로 보상한다. 퇴직금 이외에 별도의 보상을 추가한다.

공신은 오늘의 기업을 있게 한 공로자들이다. 필자가 말할 수 있는 것은 그들의 문제를 해결하되 몰인정하게 내쳐서는 안 된다는 것이다. "그동안 수고들 많았습니다. 어쩔 수 없는 결정이니 이해해 주기 바랍니다."라는 식의 말로 밀어붙이지는 말라는 것이다. 공신들은 퇴사를 해도 몸담고 있었던 기업에 대한 정이 각별하다. 그들이 청춘을 바쳤던 조직이기 때문이다. 같은 꿈을 꾸며 생사고락을 같이했던 곳이기 때문이다. 그러한 공신들이 퇴사를 한 후, 회사에 대하여 좋은 추억을 갖도록 하는 것은 매우 중요한 일이다.

공신들은 기업의 졸업생이나 다를 바 없다. 그들은 이 회사 저 회사를 떠돌아다니지도 않았고, 다른 좋은 직장이 있는지 기웃거린 적도 없다. 오직 창업 때부터 기업가와 함께 같은 꿈을 이루기 위해 열심히 땀 흘려 일한 충신들이다. 필자가 S제강에서 일한 지 십여 년이 되던 어느 날, 공신들이 대거 회사를 떠났다. 당시의 서운했던 마음은 무어라 표현할 길이 없다. 필자는 그들을 마음속 깊이 존경한다. 그 마음은 지금도 변함이 없다.

공신들이 정리되면 기업은 장년기 후반에 접어든다. 초로(初老)의 증세를 보이기도 한다. 제2의 창업을 준비할 때가 된 것이다. 제2의 창업과 관련된 새로운 능신들이 유입되기 시작한다. 이 시기에 새로 유입되는 능신들은 새로운 사업 부문을 전담하는 전문 경영자들이다. 이들은 새로운 부문의 이윤 창출을 위해 일하는 일종의 작은 기업가들이다. 이들은 기업가와 상하 관계이기보다는 협력자에 가깝다. 이들의 유입과 함께 초로(初老)의 증세를 보이던 조직이 단연 활기를 되찾는다. 제2의 창업과 함께 기업은 노화의 시기를 늦추며 장년기를 연장시킨다.

모든 것이 좋기만 할 수는 없다. 세상만사가 양면성을 갖는 것은 정해진 이치이다. 새로 유입된 전문 경영자 성격의 능신들로 인하여 조직은 젊음을 되찾지만 그로 인하여 새로운 갈등이 생기는 것은 어쩔 수 없는 현상이다. 갈등은 청년기 때 유입된 전문가형 능신과 장년기 후반에 유입된 경영자형 능신 사이에서 생긴다. 이 문제 역시 제2의 창업을 성공적으로 이끌기 위해 기업가에게 주어지는 새로운 과제이다. 이 문제를 푸는 열쇠는 기업가의 덕(德)과 인간적 매력 그리고 영수로서의 능력일 것이다. 갈등이 해소되면 조직은 상호 존중 체계로 정착된다.

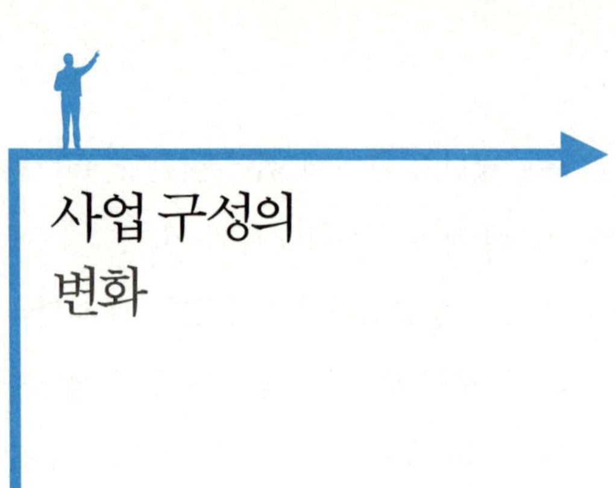

사업 구성의
변화

기업이 생존하기 위하여 절대적으로 필요한 것이 사업이다. 기업가가 있고 조직이 있고 종업원이 있어도 사업이 없으면 아무 소용이 없다. 사업에 따라 조직의 대소(大小)가 결정되고 종업원의 다소(多少)가 결정된다. 사업 내용을 어떻게 구성할 것인가는 기업의 생존과 관련된 중요한 전략적 과제이다. 이 문제에 관한 한 기업가의 소질(素質)도 종업원의 충성(忠誠)도 별로 힘을 쓰지 못한다. 오직 사업 구성의 전략(戰略)이 있을 뿐이다.

사업 구성 전략이라고 하면 흔히 P.P.M. 모델을 떠올린다. 20세기 말에 일세를 풍미(風靡)했던 제품 포트폴리오. 그러나 그것은 대기업에서나 적용할 수 있는 전략 이론이다. 중소기업에게는 어림도 없다.

어떠한 전략이든 범용성은 없다. 어떤 특수한 여건에 있어서만 유효할 뿐이다. 그러므로 전략을 논할 때는 항상 조건이 선행되어야 한다. 우리는 기업의 일생에 있어서 처해진 환경과 조건에 따라 사업 구성 전략을 논해야 한다.

유아기의 기업이 택할 수 있는 전략은 생존형 다원화이다. 생존형 다원화라고 멋있게 표현했지만 쉽게 말하면 살기 위해서 시장의 요구에 따라 생산하는 방법이다. 식탁 몇 개 정도인 작은 식당을 생각해보면 금방 답이 나온다. 규모를 갖춘 전문점도 아닌 작은 식당이 할 수 있는 전략은 손님이 원하는 것을 파는 것이다. 주인에게 아무리 자신이 있는 음식이라도 손님이 원하지 않으면 그만인 것이다. 그것을 무시하고 자신의 신념만을 고집한다면 그 식당은 머지 않아 문을 닫게 될 것이다.

유아기의 기업은 돈이 될 만한 것이면 뭐든지 해야 한다.(그렇다고 해서 나쁜 짓까지 해도 좋다는 말은 아니다) 그래야 생존할 수 있다. 시장을 여기저기 살피고, 고객이 필요로 하는 것이 무엇인지를 어떻게든 알아내야 한다. 양(量)이 적으면 적은 대로 불평 없이 주문을 맡는다. 입맛에 맞는 것만 찾아 편식을 하다가는 굶어 죽기 십상이다. 그런 과정을 거치면서 뼈가 굵어지고 살이 붙으며 근육이 단단해지는 것이다. 그러나 이런 식의 성장은 어느 날 한계에 부딪친다. 조직은 제법 커졌지만 쉽게 피로해지고, 종업원은 열심히 일하지만 성과는 오르지 않는다. 생존 전략을 바꾸어야 할 때가 된 것이다.

청년기에 진입한 시기에 우리의 기업은 아직 중소기업이다. 이 시기에 해야 할 가장 시급한 일은 주력 품목을 정하는 것이다. 주력 품목이 정해지면 다른 품목들은 가차 없이 정리해버려야 한다.

전업(專業)화의 방향을 명확히 하고 한 방향으로 매진할 만반의 준비를 갖추어야 한다. 이 시기에 있어서 다원화 전략은 성공 확률이 지극히 작다. 당연히 전업(專業)화를 통하여 성공 확률을 높이는 것이 상식적이면서 좋은 수이다.

중소기업에 있어서 진정한 의미의 다원화는 불가능하다. 유아기에 생존을 위하여 어쩔 수 없이 다원화를 하였으나 그것은 전략이라기보다는 강요된 선택이다. 이 시기에 있어서 기업의 주된 이윤은 한두 가지 주력 품목이 만들어 내는 것이다.

청년기의 기업은 발전형 전문화를 추진해야 한다. 모든 자원과 에너지를 주력 품목(또는 사업)에 집중시켜야 한다. 그런 후에는 주력 품목이 업계 최고의 품질을 인정받을 수 있도록 노력해야 한다. 피나는 노력 끝에 업계에서 최고의 품질로 공인될 때 드디어 명실공히 전문 업체로 변신하는 것이다. 이제 이륙(takeoff)을 시도할 때가 된 것이다. 대기업으로의 도약을 시도할 때가 된 것이다.

takeoff에 성공한 기업은 청년기와는 전혀 다른 차원의 세계에 들어선다. 업계에서 인정된 품질은 산을 넘고 바다를 건너간다. 시장은 넓어지고 고객은 늘어난다. 시장과 고객의 다변화가 자연스럽게 진행되는 것이다. 시장의 확대에 힘입어 기업 규모는 하루가 다르게 커진다. 어느새 장년기의 기업이 된 것이다. 그러나 행복한 포만감에 사로잡혀 있으면 거기서 끝이다. 잠시 행복한 돼지가 되

있다가 추격자에게 잡아먹히고 만다.

이 시기에 해야 할 일은 제품의 차원을 높이는 일이다. 지속적인 연구 개발을 통하여 제품을 고급화하는 것이다. 이것이야말로 추격해오는 후발 주자를 따돌릴 수 있는 유일한 길이다. 그러나 연구 개발을 통하여 제품을 고급화한다는 것은 말처럼 쉬운 일이 아니다. 그 길은 험하고 고되며, 성공한다는 보장도 없는, 얼핏 생각하면 바보들이나 택할 수 있는 방법처럼 보인다. 그래서 대개의 기업은 대기업이 되면 꽤가 나서 전업화의 길을 버리고 다른 길을 찾아 나선다. 그럴듯한 말로 표현하면 사업 다각화이다. 건설 회사는 전자를 넘보고, 전자 회사는 자동차를 넘본다. 남의 떡이 커 보이는 것이다. 남의 분야를 넘본들 얼마나 따라가겠는가? 성공하면 아류(亞流)이고 실패하면 크게 내상을 입는다. 한 부문에서 독보적인 명성을 유지하는 것이 아름다운 모습이 아니겠는가?

단일 품목을 고수(固守)할 것인지 다원화를 할 것인지 고민할 필요는 없다. 이는 시기와 관련된 문제이다. 단일 품목의 고수는 주도적 위치에서 자기만의 독보적인 영역을 확보하는 데 유리한 반면, 성장에는 한계가 있다. 다원화는 넓은 시장을 대상으로 할 수 있어서 운신의 폭이 넓고 시장 적응에 유리한 반면, 어느 품목에 있어서도 주도적 위치를 차지하기 어렵다.

그렇다면 답은 나와 있는 것이나 다름없다. 유아기에는 무엇을 하더라도 후발 주자이다. 어느 품목에 있어서도 주도적 위치와는 거리가 멀다. 더욱 중요한 점은 무엇보다도 생존이 보장되어 있지 않다는 것이다. 그러니 시장을 주시하고 시장이 원하는 대로 무엇이든 하는 것이 최선이다. 생존형 다원화가 바로 그것이다.

청년기가 되면 키도 크고 시야도 넓어진다. 생존형 다원화가 생존을 위한 일시적 방편에 불과함을 깨닫게 된다. 유아기를 보내면서 무엇이 적성에 맞고 유망한 품목인지를 알게 된다. 누가 시키지 않아도 전업화의 길로 들어서야 한다. 그리고는 한 방향을 향해 매진한다. 자신의 품목에서 독보적인 위치에 설 수 있도록 부단히 노력하다 보면 근육이 붙고 힘이 강해진다. 축적된 에너지가 주체할 수 없을 정도로 차고 넘치면 드디어 이륙을 시도할 때가 되는 것이다.

이륙에 성공한 순간 갑자기 대기업이 되어 있는 것은 아니지만 차원이 다른 세계로 들어선 것만은 사실이다. 이때부터 본격적인 전업화가 시작된다. 청년기의 전업화가 에너지의 축적을 위한 것이었다면, 이륙 이후의 전업화는 독보적인 위치를 확보하기 위한 전업화이다. 규모가 커져서 대기업이 되어도 장년기 전반(前半)에는 하나의 기업으로 일체화된 중소기업의 장점을 견지하는 것이 필요하다. '매우 좁은 범위'의 사업으로 '매우 넓은 범위'의 시장을 석권하는 송곳 전략을 유지해야 한다. 이러한 전략을 받쳐주는 것은 지속적인 기술 개발이다.

마침내 독보적인(또는 주도적인) 위치에 이르면 전업화로 매진하던 발길을 잠시 멈추고 숨을 고른다. 지나 온 길을 돌아보는 시간을 갖는 것이다.(복습 기간이라고 생각하면 된다) 강점을 정리하고 실패 사례도 정리해서 자료화한다.

이때쯤이면 자타가 공인하는 '크고 강한 기업'이 되어 있을 것이다. 이때부터 다시 다원화가 시작된다. 유아기 때의 생존형 다원화가 아니라 주력 품목과 연관된 다원화이다. 이 시기에 계속해서 전업화만을 고집할 수도 있다. 성장이 멈추거나 완만해질 수 있는데 그렇다고 안 될 것은 없다. 그러나 더 확실하게 성장하기를 원한다면 연관형 다원화를 타진해 보는 것이 바람직한 전략이다.(주력 품목과 전혀 관계없는 사업에 뛰어드는 다원화는 매우 위험하다. 십중팔구는 고생만 실컷 하고 남 좋은 일만 하는 셈이 된다) 연관형 다원화는 다분히 실험적이다. 그러므로 작게 시작해야 한다. 성공하면 규모를 키우고 실패하면 미련 없이 버린다. 실패한 것을 버리는 것이 연관형 다원화의 핵심이다. 키울 것을 키우고 버릴 것을 버리면서 기업은 계속 성장한다. 몇 개의 신규 사업이 자라서 어느 정도 규모가 되면 기업은 장년기 후기에 접어든다.

다원화와 전업화는 기업의 일생에 있어서 이처럼 시기와 규모에 따라 교차하면서 일어나는 전략이다. 또한 시장 상황의 변화에 따라 달라질 수도 있다. 중요한 것은 전업화이든 다원화이든 기업의 일생을 통하여 항상 가변적이라는 것이다. 유아기에 다원화로 생존에 성공하면, 청년기에는 전업화로 체질을 강화하고, 장년기에 '크고 강한 기업'이 되면 다시 성장하기 위하여 다원화 전략으로 전환하는 것이다. 실험적 다원화를 통하여 키울 사업이 결정되면 다시 해당 사업에 대한 전업화를 추진하여 신규 사업의 체질을 강화한다.(이때 강한 체질을 확보한 신규 사업은 향후 사업 포트폴리오의 구성 인자가 되는 것이다)

장년기 후기(또는 초로기)가 되면 본격적인 사업 다각화가 일어난다. 사업 리스크를 분산시키기 위하여 사업 포트폴리오를 구축한다. 애써 이룩한 '크고 강한 기업'을 지켜내기 위하여 자연스럽게 일어나는 변화이다. 사업 다각화 전략은 대기업에게는 매우 중요한 과제이다. 그러나 필자는 본서의 집필 목적을 고려하여 여기서 멈추기로 한다.

기업가 삼권(三權)의 변화

기업가의 삼권이란 기업가가 창업을 하는 순간부터 갖게 되는 세 가지 기본적 권리이다. 세 가지 기본권이란 소유권(재산 소유권), 처분권(이익 처분권), 경영권(인사 경영권)을 말한다. 기업가의 삼권은 그가 출자한 자본에서 비롯된 것이기는 하나 현실적으로는 사업에 대한 모든 리스크를 떠안는 대가로 주어지는 권리일 수도 있다.

기업가의 삼권은 모두 기업가 1인의 것이며 그 누구도 침해할 수 없는 독점적, 배타적 권리이다. 그렇다고 해도 언제까지나 삼권을 모두 움켜쥐고 있을 수는 없다. 움켜쥔다고 해서 법에 저촉되거나 사회적으로 문제가 되는 것은 아니지만, 기업이 성장하여 규모가 커지면 기업가 스스로 삼권의 일부를 양도 또는 위임의 형식으로 타인에게 나누어 주게 된다. 필자는 이를 삼권의 사회화(社會化: socialization)라 부른다.

왜 삼권의 사회화가 불가피한 것인가? 그것은 기업가 한 사람이 관리할 수 있는 범위가 무한하지 않기 때문이다. 기업가가 삼권의 가족화 상태를 계속 유지하기를 원한다면 기업은 일정 한계 이상 커질 수 없다. 운 좋게 커진다 하더라도 강해지지 못하므로 결국 제자리로 돌아오게 된다. 강해지지 못하면 커진 규모를 유지할 수 없기 때문이다.

기업은 기업가가 가지고 있는 세 가지 기본권을 사회화(社會化)하는 정도만큼 커질 수 있다. 삼권을 얼마만큼 사회화(社會化)할 것인가는 기업가의 그릇과 관련이 있다. 그러나 무작정 기업가의 삼권을 사회화하기만 하면 기업이 커진다는 이야기는 아니다. 사회화는 해야 하지만 올바른 수순과 정확한 타이밍이 요구된다. 여기서 수순(手順)이란 "삼권 중 어느 것부터 사회화(社會化)하는 것이 옳은가" 하는 것에 관한 이야기이다. 기업가의 삼권 중 가장 먼저 사회화해야 하는 것은 과연 무엇일까? 많은 기업가와 학자들은 입을 모아 '경영권의 사회화'를 말한다. 한편 필자는 이익처분권의 사회화가 먼저임을 주장한다.

사실 기업가 삼권의 사회화는 1단계와 2단계가 끝나면 재산소유권만 기업가에게 남고, 3단계가 끝나면 삼권 모두가 사회화된다. 논쟁의 대상은 1단계 사회화 과정에서 처분권과 경영권 중 어느 것부터 사회화하느냐인데, 어떠한 수순을 택하는가에 따라 기업의 미래가 아주 달라지는 것이다.

어떻게 해도 3단계까지 가는 것이라면 별 차이가 없겠지만, 정확한 수순만이 다음 단계로 전진할 수 있는 것이라면 이야기는 크게 달라진다. 삼권(三權) 중 이권(二權)이 사회화되는 것은 먼 훗날의 일이다. 삼권 모두가 사회화되는 것은 경우에 따라서는 일어나지 않을 수도 있다. 첫 번째 단추를 잘못 끼우면 2단계 사회화 과정에 진입도 못하고 도중하차(途中下車)할 수도 있는 것이다. 필자가 수순(手順)의 중요성을 역설하는 이유는 여기에 있는 것이다. 그런데 많은 기업가와 학자들은 입을 모아 '경영권의 사회화'가 먼저라고 말한다. 타당성의 근거는 어디에 있는 것인가?

이점에 관하여 필자는 제2장에서 자세히 설명한 바 있다. 같은 이야기를 반복할 생각은 없다. 다만 강조하건대 경영권(經營權)이 먼저 사회화되고 처분권(處分權)이 요지부동(搖之不動)인 조직 내에서는 기업 활동의 성과가 주주와 경영권을 위임받은 전문경영자 사이만을 오갈 뿐 종업원과는 무관한 것이 되어버린다. 기업 활동의 성과가 조직에서 일하는 종업원과는 아무 관계도 없는 것이라면 어느 종업원이 열과 성을 다하여 일하겠는가? 그럼에도 불구하고 미국 경영학에 젖어 버린 대다수의 학자들과 기업가들이 별다른 비판 없이 경영권의 우선적 사회화를 받아들이고 당연시하고 있는데 필자는 이에 동의하지 않는다.

기업가 삼권(三權)의 사회화 수순을 먼저 거론하는 것은 기업가 삼권의 변화를 쉽게 설명하기 위함이다. 수순이 정해지면 기업 일생에 따른 기업가 삼권(三權)의 변화가 저절로 설명이 되기 때문이다. 수순을 다시 정리해 보면 [이익 처분권 → 인사 경영권 → 재산 소유권]이 된다.

유아기와 청년기에는 수순에 따라 처분권을 사회화한다. 이를 통하여 당신은 종업원으로부터 '나 자신을 위해서 스스로 일 한다'에 대한 동의를 이끌어낼 수 있다. 이러한 동의는 종업원의 주인의식을 고취시키고 자발적으로 일하는 직장 분위기를 만들어낼 것이다. 경영권의 사회화는 언젠가는 거쳐야 할 과정이다. 그러나 그 시기는 유아기나 청년기가 아니라 대기업이 된 장년기에나 시행할 과제이다.

중소기업의 기업가들이 정도의 차이는 있으나 나름대로 경영권의 사회화를 시행하고 있다. 중소기업의 기업가라고 해서 만능일 수 없으므로 자신에게 취약한 부분의 경영권을 사회화하는 경향이 있다. 영업부문 또는 제조부문 등을 전문경영자에게 맡기기도 하고, 때로는 특정한 아이템(item)을 통째 전문경영자에게 맡기기도 한다. 그러나 진행과정은 매끄럽지 않으며, 결과 또한 대체로 신통치 않다. 이 문제를 해결하는 방법은 간단하다.

중소기업 특히 청년기에 진입한 중소기업은 사업의 범위를 명백히 해야 한다. 취급할 사업과 취급해서는 안 될 사업을 명확히 구분해야 한다. 취급할 사업이란 기업가가 잘 아는 전문 분야이고, 취급해서는 안 될 사업이란 기업가가 잘 모르는 분야의 사업이다. 잘 모르는 사업에는 결코 손을 대서는 안 된다. 이 점만 철저히 지킨다면 때 이른 경영권의 사회화는 일어나지 않는다. '사업의 선택과 집중'이야말로 청년기의 기업이 견지해야 할 성공의 열쇠이다.

때 이른 경영권의 사회화가 일어나는 원인은 간단하다. 초기 단계의 때 이른 성공으로 제법 큰돈을 벌어 자금이 확보된다. 이것으로 당초에 정해진 사업과 개념이 다른 다원화를 시도하는 것이다. 초심을 잃고 얇은 귀에 의존한 그릇된 의사 결정이 문제의 씨앗이다. 청년기에는 한 마리의 토끼만 노려야 한다. 치타가 영양을 사냥할 때처럼 하나의 목표물을 향해 전력투구해야 성공할 수 있다.

기업은 우선 강해져야 한다. 강한 기업은 집중력에서 나온다. 한 가지 품목으로는 큰 사업이 될 수 없다고 속단할 필요는 없다. 비록 한 가지 품목이라도 전 세계를 상대로 한다면 시장은 너무나 넓고, 사업 규모는 주체할 수 없을 정도로 크다. 강한 기업은 강한 제품이 있어야 가능하다. 강한 제품은 강한 기술이 만들어 낸다. 청년기의 기업이 갖고 있는 자원은 지극히 제한적이다. 자원을 분산하면 강한 기술도 강한 제품도 기대할 수 없다.

경영권의 사회화는 장년기의 대기업에서 자연스럽게 진행된다. 소유권의 사회화와 병행하여 진행되기도 하고, 선행하여 진행되기도 한다. 소유권의 사회화라는 것이 다분히 기업가의 의지나 신념과 관련된 일이므로 양자(兩者)의 선후(先後)에 관하여는 선악을 논할 일이 아니다. 다만 일반적으로 볼 때, 소유권의 사회화가 일어나지 않으면 세계 굴지의 기업으로 성장하기에는 한계가 있을 것이다. 기업의 일생 중 단계가 바뀔 때마다 적절한 범위의 사회화로 대응하는 것이 존속에 유리하다는 것이 필자의 소견이다.

지금까지 기업이 창업을 한 후 유아기와 청년기를 거쳐 장년기에 이르는 과정을 단계별로 나누어 검토해 보았다. 지구에 존재하는 모든 생물과 마찬가지로 기업도 생로병사(生老病死)의 굴레를 벗어날 수는 없다. 영구히 존재할 수 없을 뿐만 아니라 환경 변화에도 매우 취약하다. 그러한 특성을 지닌 기업이기에 장수하기 위해서는 특별하게 강해지지 않으면 안 된다.

각 장(章)의 제목이 암시하는 바와 같이, 기업은 지속적으로 부단히 성장하면 장수하지 못한다. 유아기, 청년기, 장년기의 각 단계마다 적절한 시기에 체력을 강화하기 위해 일정 기간 성장을 보류해야 할 필요가 있다. 그래서 성공하는 기업은 [성장 → 체력 강화 → 성장 → 체력 강화]의 순환 과정을 거치면서 크고 강해진다.

따라서 필자는 본서의 내용을 그런 식으로 구성하였다. 그처럼 기업의 일생을 단계별로 나누다 보니 단계를 구분할 기준이 모호하게 되는 어려움이 있다. 유아기, 청년기, 장년기의 구분은 학술적으로도 정의하기 어렵고 숫자(종업원 수, 매출액, 자산 규모 등)로도 구분이 용이하지 않다. 그러나 그러한 모호함 속에서도 우리는 느낌으로 구분이 있음을 알고 있다. 그러므로 필자는 크게 우려하지 않는다. 우리 모두 딱 부러지게 설명하지는 못해도, 기업에는 일생이 있고 그 일생은 시기적으로 구분되며 어떤 기업도 영원히 살지는 못한다는 사실을 잘 알고 있는 것이다.

이 글을 읽는 독자라면 기업가이거나 아니면 기업가 후보자일 것이다. 짧은 기간 동안 '크고 강한 기업'을 만들고 싶은 마음이 누구에게인들 없겠는가? 그러나 그러한 수를 찾으려고 애쓰지 않기를 바란다. 위대한 기업을 만드는 지름길은 어디에도 없다. 지름길을 노리는 한, 결코 위대한 기업을 만들 수 없다.(지름길을 노리다가 하루아침에 사라져 버린 기업은 많이 있다. 율산, 제세 등 어찌 이름을 일일이 열거할 수 있겠는가?)

필자는 젊었던 시절, 인생의 한 토막을 기업에서 보냈다. 회사의 선진적인 인사 관리 제도 덕분에 여러 부문의 업무를 경험할 수 있었고, 다수의 교육 프로그램에도 참여하여 다양한 경험을 쌓을 수 있는 행운도 얻었다. 학창 시절에 열심히 공부해서 학문의 기초를 세우고 원리를 터득하는 것에 못지않게, 회사 생활을 성실히 하면서 실무를 통하여 업무와 관련된 지식과 경험을 탄탄히 하는 것 또한 중요하다. 학창 시절의 성실함이 제1의 인생을 시작하는 기초가 되는 것이라고 한다면 성실한 직장 생활은 제2의 인생을 시작할 수 있는 밑천이 된다고 하겠다.

제2의 인생을 시작한 지 어언 사반세기, 경영컨설턴트로서 기업가들과 머리를 맞대며 살고 있지만, 필자의 지식이나 경험의 원천은 제1의 인생을 보낸 S제강 시절에 이루어진 것이다. 학교에서 지식을 익히는 것도 중요하겠지만, 기업에서 배우고 터득하여 지혜롭게 되는 것이 훨씬 더 중요하고 값진, 살아 있는 자산이 될 수 있다는 사실을 직장 생활을 하는 후배들에게 말해주고 싶다.

기업 경영에 관하여 특별히 많이 배우고 연구한 것은 없지만 살아오면서 보고 듣고 겪은 것을 글로 엮어가다 보니 한 권의 책이 되었다. 본서가 현재 또는 미래의 기업가인 여러분께 미력하나마 도움이 되기를 바랄 뿐이다.

대한민국 모든 중소기업에 행복한 에너지가
팡팡팡 샘솟으시기를 기원드립니다!

– 권선복(도서출판 행복에너지 대표이사, 한국정책학회 운영이사)

대한민국의 경제발전 과정, 그 중심에는 늘 대기업이 있었습니다. 우리나라가 세계를 놀라게 한 한강의 기적을 거쳐 현재의 경제 대국 반열에 오르기까지 대기업들의 공은 무척 크다고 할 수 있습니다. 하지만 대기업 위주의 정책이 가지는 장점만큼 그 폐단 역시 적지 않으며, 세계 경제 위기와 맞물려 체질 개선이 요구되고 있는 상황입니다. 대기업과 중소기업이 조화를 이루어 더 협력과 발전을 도모할 시기를 맞이한 것입니다. 그런 의미에서 『기업의 성공적 발전 MODEL』 출간은 무척 의미 있는 일이라 할 수 있습니다.

저자는 중소형 가족기업(家族企業)이 중견기업을 거쳐 대기업으로 성장해 가는 과정을 직접 보고 겪음은 물론, 퇴직 이후 여러 기업의 경영 고문(顧問)으로 일해 오며 기업의 험난한 성장과정과 그 절묘한 수순을 온몸으로 체득한 경제계의 산증인입니다. 『기업의 성공적 발전 MODEL』 책은 하나의 기업이 창업에서 시작하여 대기업에 이르기까지, 다양한 사례와 연구를 바탕으로 '기업의 일생'을 그려내고 있습니다. 저자의 오랜 연륜과 심도 있는 연구가 곳곳에서 빛을 발하고 있으며, 현재 우리나라 중소기업가들과 창업을 준비하는 이들에게 꼭 필요한 사업 노하우를 알기 쉽게 전하고 있습니다.

하루에도 수많은 중소기업들이 새로 생겨나고 문을 닫습니다. 세계적인 경제 위기와 내수 침체 분위기 속에서 늘 위태로운 경영을 이어갑니다. 이제는 그 작은 기업들이 잘 성장하게 할 실전 경영기술을 전하여 온 국민이 행복한 대한민국의 기틀을 마련할 때입니다. 수많은 중소기업들이 이 책의 출간을 기점으로 무한한 성장과 발전을 도모하기를 바라오며, 이 책을 읽는 모든 독자들의 삶에 행복과 긍정의 에너지가 팡팡팡 샘솟으시기를 기원드립니다.

Happy Energy books

좋은 **원고**나 **출판 기획**이 있으신 분은 언제든지 **행복에너지**의 문을 두드려 주시기 바랍니다.
ksbdata@hanmail.net www.happybook.or.kr 단체구입문의 ☎ 010-3267-6277

도서출판 행복에너지

하루 5분 나를 바꾸는 긍정훈련

행복에너지

'긍정훈련'당신의 삶을
행복으로 인도할
최고의, 최후의'멘토'

'행복에너지
권선복 대표이사'가 전하는
행복과 긍정의 에너지,
그 삶의 이야기!

인터파크
자기계발 분야 주간
베스트 1위

권선복 지음 | 15,000원

권선복

도서출판 행복에너지 대표
지에스데이타(주) 대표이사
대통령직속 지역발전위원회
문화복지 전문위원
새마을문고 서울시 강서구 회장
전) 팔팔컴퓨터 전산학원장
전) 강서구의회(도시건설위원장)
아주대학교 공공정책대학원 졸업
충남 논산 출생

책『하루 5분, 나를 바꾸는 긍정훈련 - 행복에너지』는 '긍정훈련' 과정을 통해 삶을 업
그레이드하고 행복을 찾아 나설 것을 독자에게 독려한다.
긍정훈련 과정은 [예행연습] [워밍업] [실전] [강화] [숨고르기] [마무리] 등 총
6단계로 나뉘어 각 단계별 사례를 바탕으로 독자 스스로가 느끼고 배운 것을 직접
실천할 수 있게 하는 데 그 목적을 두고 있다.
그동안 우리가 숱하게 '긍정하는 방법'에 대해 배워왔으면서도 정작 삶에 적용시키
지 못했던 것은, 머리로만 이해하고 실천으로는 옮기지 않았기 때문이다. 이제
삶을 행복하고 아름답게 가꿀 긍정과의 여정, 그 시작을 책과 함께해 보자.

『하루 5분, 나를 바꾸는 긍정훈련 - 행복에너지』

"좋은 책을 만들어드립니다"

저자의 의도 최대한 반영!
전문 인력의 축적된 노하우를
통한 제작!
다양한 마케팅 및 광고 지원!

최초 기획부터 출간에 이르기까지, 보도
자료 배포부터 판매 유통까지! 확실히
책임져 드리고 있습니다. 좋은 원고나
기획이 있으신 분, 블로그나 카페에 좋은
글이 있는 분들은 언제든지 도서출판
행복에너지의 문을 두드려 주십시오!
좋은 책을 만들어 드리겠습니다.

| 출간도서종류 |
시·수필·소설·자기계발·
일반실용서·인문교양서·평전·칼럼·
여행기·회고록·교본·경제·경영 출판

도서출판 행복에너지
www.happybook.or.kr
☎ 010-3267-6277
e-mail. ksbdata@daum.net

가슴 설렌다, 오늘 내가 할 일들!

김종호 지음 | 값 15,000원

『가슴 설렌다, 오늘 내가 할 일들』은 저자가 '프로회계사'라는, 37년의 외길 인생을 걸어오면서 보고 듣고 느끼고 경험했던 의미 있는 이야기들을 엮은 책이다. 단순히 돈을 받고 일하는 아마추어의 삶이 아니라 자신의 일을 즐기면서 고객을 위해 봉사하는 프로의 삶이 무엇인지 잘 보여주고 있다.

내 마음 안아주기

김소희 지음 | 값 15,000원

아픈 가슴 끌어안고 살아가는 이들에게 '토닥토닥' 작지만 한없이 따스한 온기와 위로를 전하는 책 『내 마음 안아주기』는 한국토닥토닥연구소 김소희 소장의 첫 번째 책이다. 아픈 가슴을 끌어안고 살아가는 수많은 현대인들에게, 자기 자신과 삶 자체가 얼마나 소중하고 아름다운 것인지 깨닫게 해 줄 것이다.

중년의 고백

이채 지음 | 값 13,500원

『중년의 고백』은 노을이 물드는 가을날 들판을 수놓은 코스모스처럼, 어딘지 수줍은 모습이지만 한편으로는 당당한 중년의 고백들을 담아내고 있다. 이미 제7시집 『마음이 아름다우니 세상이 아름다워라』가 2014년 세종도서에 선정되며 문학적, 대중적으로 실력을 인정받은 시인의 이번 시집은, 전작을 넘어서는 통찰과 혜안, 관능미로 가득하다.

성공하고 싶은 여자, 결혼하고 싶은 여자

김나위 지음 | 값 13,800원

현재 조직성장, 인재양성, 라이프 컨설팅 전문가로 활동 중인 김나위 소장의 책 『성공하고 싶은 여자, 결혼하고 싶은 여자』는 이제 막 사회에 발을 들여놓은 2, 30대 여성은 물론 지금까지의 인생을 돌아보고 앞으로의 삶에 새로운 활력을 불어넣을 계기를 찾고 있는 4, 50대 여성들까지 꼭 한 번은 유심히 읽어봐야 할 내용들을 담아냈다.

사람이 행복이다

최세규 지음 l 값 13,800원

책 『사람이 행복이다』는 총 26장으로 구성되어 저자 최세규, 그가 걸었던 인생길의 곳곳을 담담하게 보여주고 있다. 그것은 한 개인의 역사에 머물 수 있으나 그가 건네는 인생길을 천천히 더듬어 가다 보면 그곳에 저자가 열망하고 행복을 느끼고 성공을 보는 사람의 아름다운 기운을 감지할 수 있을 것이다.

눈부신 희망

이건수 지음 l 값 15,000원

182 실종아동찾기센터 '이건수 추적팀장'은 평생 실종자를 찾기 위해 모든 열정과 에너지를 쏟아 온 참된 경찰관으로 평가받는다. 그의 책 『눈부신 희망』 역시 실종자 가족들에게 마음의 평온과 희망을 전달하기 위해 저자가 평소 가졌던 생각들과 신앙에 대한 이야기들을 담아냈다.

대학생이 바라본 파워리더 국회의원 33인

권선복 지음 l 값 20,000원

책 『대학생이 바라본 파워리더 국회의원 33인』은 대학생과의 인터뷰를 통해 열심히 의정활동을 펼치고 있는 국회의원 33인의 숨겨진 이야기, 생생히 다가오는 그들의 진솔한 삶과 열정을 담아 낸 책이다. 우리 청년들과 국회의원들의 작은 만남으로 엮은 이 한 권의 책이, 온 국민의 행복한 삶을 이룩할 작은 씨앗이 되어 줄 것이다.

명강사 25시: 고려대 명강사 최고위 과정 2기

구자현 외 22인 지음 l 값 20,000원

『고려대 명강사 최고위과정 2기 – 명강사 25시』는 고려대 명강사 최고위과정 2기 수료생의 각기 다른 인생 여정 속 풀어내지 못한 무수한 질문들을 함께 고민하고 그 결과물을 함께 들려주는 자리라고 할 수 있다. 다양한 분야, 다양한 이야기로 삶의 지혜와 노하우, 혜안과 성찰을 전한다.